J'APPRENDS les maths CE1

FICHIER DE L'ÉLÈVE

Rémi Brissiaud
Professeur IUFM de Versailles (centre de Cergy)

Pierre Clerc
Instituteur

André Ouzoulias
Professeur IUFM de Versailles (centre de Cergy)

Illustrations:
Régis Mac - Alvaro Parès - Marie Thoisy

RETZ
1, RUE DU DÉPART
75014 PARIS

PRESENTATION

Favoriser l'apprentissage de la résolution de problèmes arithmétiques et géométriques, enseigner le calcul mental, le calcul écrit, les techniques géométriques, et faire en sorte que les enfants réinvestissent ces savoir-faire pour résoudre des problèmes, tel est le but de toute pédagogie des mathématiques.
La mise au point d'une progression qui permette d'atteindre ces objectifs implique tout un ensemble de choix pédagogiques. Dans l'impossibilité de les présenter tous ici, nous nous limitons à analyser le seul cas de la multiplication. Mais ce cas est exemplaire. Il témoigne de la démarche suivie dans l'ensemble du fichier.

Apprendre à résoudre des problèmes

Distinguer plusieurs niveaux de résolution

Il est essentiel de remarquer qu'avant de savoir résoudre un problème à l'aide d'une opération arithmétique, les enfants savent généralement le faire par d'autres moyens et notamment en manipulant des objets ou en dessinant pour se livrer à une sorte de mime de l'énoncé du problème.
En fait, on peut distinguer 3 niveaux dans les procédures de résolution des différents problèmes arithmétiques.
Considérons, par exemple, ce problème : «Un jardinier a planté 4 rangées de 5 salades. Combien a-t-il planté de salades ?».
Au 1er niveau, l'enfant se livre à une espèce de mime de l'énoncé : il va par exemple dessiner 4 rangées de 5 ronds, puis il comptera le nombre total de ronds.
L'enfant est donc capable de résoudre ce type de problème dit de "multiplication" bien avant d'avoir étudié l'opération arithmétique qu'est la multiplication, bien avant de savoir écrire 4 x 5 = 20.
Le 3e niveau, le plus expert, est celui où l'enfant reconnaît qu'une opération arithmétique, ici la multiplication, est pertinente.
Un 2e niveau, intermédiaire, se définit par opposition aux deux extrêmes. Dans ce cas, par exemple, l'enfant peut poser une suite d'additions : 5 + 5 + 5 + 5.

Avant la réforme des maths modernes de 1970

Jusqu'en 1970, les 4 opérations arithmétiques étaient au programme du C.P. (la multiplication et la division par 2 et 5 seulement). Mais on exigeait généralement que les enfants résolvent ces problèmes en utilisant les opérations arithmétiques enseignées, c'est-à-dire au niveau de procédure le plus expert. Considérons un enfant de C.P. d'avant 1970 qui était confronté au "problème du jardinier" : cet enfant devait poser une multiplication ! Pas question qu'il dessine les rangées de salades avant de les compter. Les premier et deuxième niveaux de procédures lui étaient généralement interdits, l'enfant était censé résoudre directement le problème de façon experte.

Pour la plupart des enfants, cette exigence était évidemment prématurée et cela créait des dysfonctionnements. Lorsqu'on exige trop précocement des élèves qu'ils résolvent des problèmes en mobilisant "la bonne opération" arithmétique, certains sont conduits à choisir une opération sur des indices superficiels (l'opération qu'on étudie en ce moment en classe, un mot de l'énoncé tel que "reste" qui est souvent associé à la soustraction, etc.). Ils n'essaient plus de se représenter mentalement ce qui est dit dans l'énoncé. On a donc eu raison de retarder cette exigence.

Après 1970

Mais la solution adoptée depuis 1970 n'est guère plus satisfaisante : aujourd'hui, la plupart des enseignants ne proposent plus de problèmes dits "de multiplication", "de soustraction" ou "de division" avant d'avoir enseigné ces opérations, c'est-à-dire, selon l'opération, avant le milieu ou la fin du CE1, voire au CE2. C'est oublier que certains de ces problèmes peuvent être résolus précocement par un mime de l'énoncé (au premier niveau de procédure). Et aujourd'hui encore, lorsqu'une opération a été enseignée, on exige de tous les enfants qu'ils résolvent directement les problèmes au niveau le plus expert, celui de l'opération arithmétique. Plutôt que de transformer le mode d'apprentissage, on a simplement retardé le moment de cet apprentissage.

Nos choix

Nous considérons que l'apprentissage de la résolution de problèmes est un apprentissage de longue durée. C'est pourquoi, régulièrement (2 pages sur 8) des séances sont consacrées à ce que nous avons appelé des Ateliers de Résolution de Problèmes. Dans ces ateliers, les enfants sont confrontés à des problèmes dits de soustraction, de multiplication ou de division bien avant d'avoir étudié les opérations arithmétiques correspondantes. Ils apprennent à résoudre ces problèmes en faisant un schéma, ils s'approprient des locutions langagières peu familières comme "n *rangées* de p objets", "n objets à 3F *l'un*", "*chaque* sac contient n objets", etc.
Et lorsqu'une opération arithmétique a été enseignée, dans les ateliers suivants, on trouve d'autres problèmes que ceux qui correspondent à cette opération. C'est ainsi que les enfants sont toujours amenés à *comprendre* les énoncés qui leur sont proposés, ils ne peuvent pas choisir mécaniquement une opération.
De même, nous nous gardons bien d'exiger de tous les enfants qu'ils réinvestissent en même temps l'usage d'une opération qui vient d'être étudiée.

Apprendre à calculer et à réinvestir ses compétences en calcul

Avant 1970

Jusqu'en 1970, la multiplication était introduite comme addition réitérée et une écriture telle que "7 x 8" devait nécessairement se lire de droite à gauche : "8 fois 7". Les réformateurs de 1970 ont critiqué avec raison ce choix ; il fait obstacle à la compréhension de la propriété de la multiplication qu'on appelle la "commutativité" : 7 x 8 c'est aussi bien "7 fois 8" que "8 fois 7". En prenant un autre exemple, 2 x 43 par exemple, on comprend mieux qu'il est fondamental de ne pas enfermer les élèves dans un sens de calcul : l'enfant, qui calcule 2 x 43 comme 43 fois 2 (2 + 2 + 2 + 2 + ...) plutôt que comme 2 fois 43, ne s'y prend pas de la meilleure façon!

Après 1970

La solution adoptée par les réformateurs de 1970 fut radicale : ils préconisèrent de ne plus introduire la multiplication comme addition réitérée et de ne plus utiliser le mot "fois".

Dans la progression qui est le plus souvent adoptée, les enfants rencontrent dès le CE1 le produit de 2 nombres de 2 chiffres, 24 x 32, par exemple. Ce produit est associé au nombre de cases d'un quadrillage de 24 lignes et 32 colonnes ou, bien sûr, de 32 lignes et 24 colonnes. Les résultats obtenus sont cependant décevants : à l'évaluation CE2 de 1991, 20% des enfants seulement savaient calculer mentalement 17 x 10 ! Or l'enfant qui sait calculer 24 x 32 devrait savoir mener à bien un calcul mental simple comme 17 x 10. En fait, beaucoup d'enfants savent effectivement déterminer le nombre de cases d'un quadrillage de 24 lignes et 32 colonnes, mais comme ce décompte n'est pas rattaché à une addition réitérée, ces enfants perdent totalement de vue qu'ils sont en train de faire une multiplication.
Par ailleurs, lorsqu'on n'utilise pas le mot "fois", il est très difficile de mémoriser les tables de multiplication : mémoriser "*six multiplié par sept égale quarante-deux*" est bien plus difficile que mémoriser "*six fois sept, quarante-deux*".

Mais l'abandon du mot "fois" a un autre inconvénient, peut-être le plus grave. S'il s'agit de déterminer "2 multiplié par 43", par exemple, s'interdire d'utiliser le mot "fois", c'est se priver du vocabulaire qui permet d'échanger avec les enfants sur le fait que "2 fois 43" (43 + 43) est plus facile à calculer que "43 fois 2" (2 + 2 + 2 + 2 +....).

Nos choix

▶ *L'introduction de la multiplication*

Avant l'introduction du signe x, les enfants s'approprient l'addition réitérée et la notion de multiple, en utilisant seulement le mot «fois» : "18 est un multiple de 3, c'est 6 fois 3". C'est dans un deuxième temps que nous introduisons le signe x et que nous utilisons le quadrillage pour enseigner la commutativité. En effet, les enfants comprennent d'autant mieux cette propriété de la multiplication qu'ils ont déjà de solides connaissances sur l'addition réitérée : 6 fois 3, c'est aussi 3 fois 6. Ils construisent ainsi leurs connaissances sur une plus longue durée, ils ne découvrent pas tout d'un seul coup.

▶ *Le vocabulaire utilisé : "fois" ou "multiplié"?*

La description d'un moment de classe va nous permettre d'expliciter notre choix.

L'enseignant dicte aux enfants : *"Vous écrivez sur votre cahier de brouillon, 2 multiplié par 14 , 12 multiplié par 3 ..."*.
Les élèves écrivent bien entendu 2 x 14 puis 12 x 3...
Au moment de la correction, l'enseignant demande :
- *Comment as-tu calculé 2 multiplié par 14 ?*
- *J'ai calculé 2 fois 14, c'est 28*
- *Et pour 12 multiplié par 3 ?*
- *J'ai calculé 3 fois 12, c'est 36.*

Nous utilisons donc tout autant le mot "multiplié" que le mot "fois". Le mot "multiplié" sert à dire la nature de l'opération arithmétique demandée et le mot "fois" à décrire la procédure de calcul : 2 x 14 est calculé comme 2 fois 14 (de gauche à droite) et 12 x 3 comme 3 fois 12 (de droite à gauche). Grâce à l'usage du mot "fois" l'enfant peut exprimer qu'il a su adapter sa procédure de calcul au cas particulier des nombres proposés : il a su faire ce qu'on appelle du "calcul réfléchi" (en utilisant la commutativité de la multiplication).

▶ *La résolution de problèmes*

Nous proposons de nombreux problèmes de ce type : *"Combien de timbres y a-t-il dans 125 sachets de 3 timbres ?"*, tandis que la plupart des auteurs privilégient les problèmes du type : *"Combien de timbres y a-t-il dans 3 sachets de 125 timbres ?"*.

En effet, pour résoudre ce second type de problème (3 sachets de 125 timbres), l'addition suffit amplement (125 + 125 + 125), on comprend mal l'intérêt de cette nouvelle opération qu'est la multiplication. En revanche, avec le premier type de problème (125 sachets de 3 timbres), le sens de l'énoncé est du côté de "125 fois 3" alors que le passage par la multiplication permettra de calculer le résultat sous la forme "3 fois 125". Voilà une situation où il est bien utile de savoir que la multiplication est commutative !

Contrairement à ce que pensaient les réformateurs de 1970, il n'est donc pas indispensable d'aborder d'emblée le produit de 2 nombres de 2 chiffres pour convaincre les enfants de l'intérêt de la multiplication.

▶ *La mémorisation des tables*

Rappelons qu'avant 1970 une table comme celle de 3 se mémorisait sous la forme *"3 fois 1, 3 fois 2, 3 fois 3, 3 fois 4, etc."* et non sous la forme *"1 fois 3, 2 fois 3, 3 fois 3, 4 fois 3, etc."*. La tradition pédagogique avait retenu la première forme et non la seconde. Des travaux récents en psychologie cognitive montrent que ce choix était vraisemblablement le bon.

En effet, avec *"1 fois 3, 2 fois 3, 3 fois 3, 4 fois 3, 5 fois 3, etc."*, les enfants se reposent trop sur l'addition réitérée. Dans ce cas, le mot "fois" indique immédiatement qu'un résultat s'obtient à partir du précédent en lui ajoutant 3. Du coup, certains enfants, plutôt que de mémoriser les résultats, les reconstruisent systématiquement (les psychologues disent de cet apprentissage qu'il est exclusivement "procédural").
Avec l'autre forme, *"3 fois 1, 3 fois 2, 3 fois 3, 3 fois 4, 3 fois 5, etc."*, il est beaucoup moins évident que les résultats vont de 3 en 3, on ne peut plus s'appuyer sur la signification du mot "fois" pour retrouver cette propriété. Ce qui pourrait apparaître comme un obstacle à la mémorisation devient une aide lorsque les enfants disposent de tables structurées avec les repères 5 et 10 et lorsqu'ils utilisent ces repères pour faire du calcul réfléchi (les psychologues diraient de cet apprentissage qu'il est à la fois "procédural" et "déclaratif").

Introduction de la multiplication, vocabulaire utilisé, résolution de problèmes, mémorisation des tables, sur tous ces points, nous avançons donc des idées nouvelles.

Un tournant pour la didactique des mathématiques?

Tout un ensemble de travaux (en psychologie cognitive notamment) ont confirmé le bien-fondé de certaines analyses faites par les réformateurs de 1970 et la nécessité d'aller plus loin encore dans certaines directions (dans la critique d'une pédagogie où tous les problèmes ne sont que des problèmes d'application, par exemple).

Mais ces travaux ont aussi révélé des erreurs qui ont été commises en 1970. Les réformateurs ont eu tendance à rejeter globalement les pratiques pédagogiques de leurs prédécesseurs sans se livrer à une analyse plus nuancée de ces pratiques.

Aujourd'hui, on dispose d'un plus grand recul pour entreprendre une analyse précise des outils pédagogiques, des tâches qu'on propose aux élèves et de leur graduation. Cette analyse peut aboutir à des résultats qui surprennent : tel sera étonné qu'il soit possible de proposer des problèmes dits de multiplication ou de division avant d'introduire ces opérations arithmétiques; tel autre sera étonné que l'addition en colonnes d'un nombre à 2 chiffres et d'un nombre à 1 chiffre puisse avoir des effets bénéfiques dans une phase initiale de l'apprentissage.

Un tournant est peut-être en train de s'amorcer pour la didactique des mathématiques : elle est désormais en mesure de dépasser les catégorisations hâtives et d'évaluer les choix pédagogiques, non à partir de discours généraux, mais à partir d'une analyse précise de leurs effets d'apprentissage.

Nous remercions A. Macron, C. Ménégon, D. Ohayoun et J.C. Soret, instituteurs à Cergy, qui ont testé une première version de ce fichier.

Les auteurs

L'organisation en 4 périodes

Périodes	Arithmétique	Géométrie et mesure	Pages
1re (rouge)	Les 100 premiers nombres Calcul réfléchi de l'addition	Droites, segments et points ; parallèles et perpendiculaires ; repérage sur quadrillages	6 à 39
2e (jaune)	Calcul réfléchi de la soustraction ; les multiples ; numération : la centaine	Analyse et reproduction de tracés ; triangles, carrés et rectangles ; longueurs : le centimètre	40 à 79
3e (verte)	Calcul réfléchi de la multiplication ; technique écrite de l'addition ; preuve de la soustraction ; calcul d'une différence	Solides ; reproduction sur quadrillages ; heures et durées	80 à 119
4e (bleue)	Techniques écrites de la soustraction et de la multiplication ; numération : le millier	Symétrie et pavages ; longueurs : le mètre ; masses : le kilogramme ; durées	120 à 144

Un code de couleur pour savoir si une activité est un moment :

- de découverte
- d'appropriation
- d'entretien

Exemple dans une page de 1re période :

Cadre à la couleur pure :
découverte d'une nouvelle notion ou d'un nouvel outil.

Cadre à la couleur tramée:
activité d'appropriation de ces nouveautés.

Cadre grisé :
activité d'entretien des notions ou des outils introduits dans des pages antérieures.

Les **A**teliers de **R**ésolution de **P**roblèmes (ARP)

Régulièrement, toutes les huit pages, **une double page** est consacrée à un Atelier de Résolution de Problèmes.
Dans chaque ARP, la structure est la même :

Page de gauche

• *Partie supérieure* : les élèves doivent rechercher, dans une image ou un document, les informations pertinentes pour résoudre un problème. Ils apprennent à **traiter l'information de façon sélective**.

• *Partie inférieure* : les élèves doivent trier parmi un ensemble de questions celles dont la solution peut être calculée. Cette activité permet aux enfants de comprendre comment est construit un énoncé de problème et de s'approprier ainsi **les particularités de ce genre de texte.**

Page de droite

• *Partie supérieure* : pour un problème donné, les élèves doivent déterminer laquelle de 3 schématisations est correcte et justifier leur choix. Ils sont donc amenés à **analyser des erreurs** et apprennent, à cette occasion, à **schématiser la situation décrite dans un problème**.

• *Partie inférieure* : face à des problèmes variés, les élèves peuvent faire un schéma ou écrire une égalité, c'est-à-dire **utiliser des procédures diverses**. Ils apprennent aussi à **résoudre certains problèmes avant de disposer des écritures arithmétiques correspondantes** (par exemple, résoudre des problèmes de partage, avant de savoir faire une division).

Un cahier d'ARP

Le travail dans ces doubles pages d'ARP exige **l'utilisation d'un cahier séparé.** Les élèves peuvent :

• y réaliser leurs schémas ou écrire leurs opérations
• y rédiger leurs solutions.

Index

Arithmétique

Les nombres et les écritures

Les stratégies de calcul

Les techniques opératoires

Ateliers de Résolution de Problèmes (ARP)

Géométrie

Mesure

Arithmétique : les 100 premiers nombres, calcul réfléchi de l'addition.

Géométrie : reproduction de figures ; droites, segments et points ; quadrillages.

Mathieu et Mathilde ont lancé trois fléchettes chacun.
Qui a gagné ?

Mathieu

..... + ... + ... = ...

Mathilde

..... + ... + ... = ...

C'est .... qui a gagné.

A

Jeu des cibles Chaque enfant a lancé 3 fléchettes qui sont toutes dans la cible.
Dessine les 3 trous et complète l'égalité.

Eric a 9 points

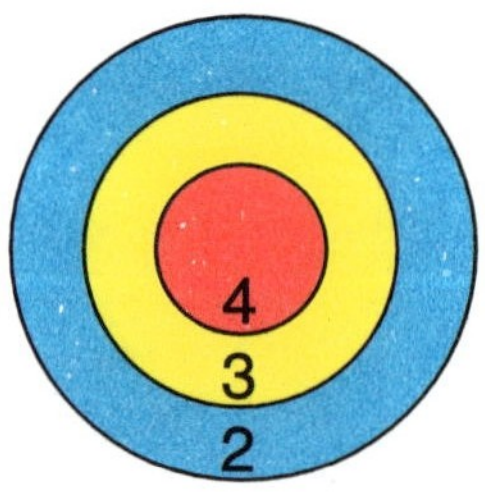

9 = ... + ... + ...

Julie a 10 points

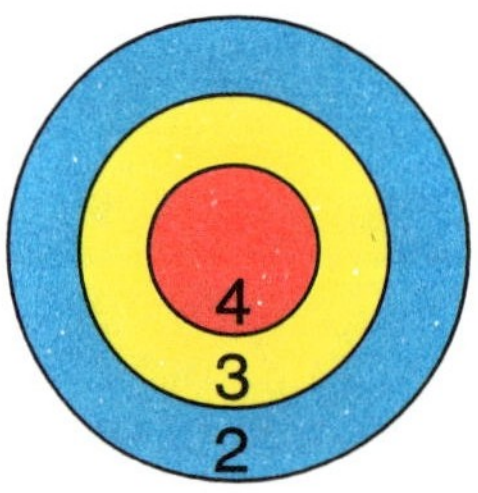

10 = ... + ... + ...

Pierre a 7 points

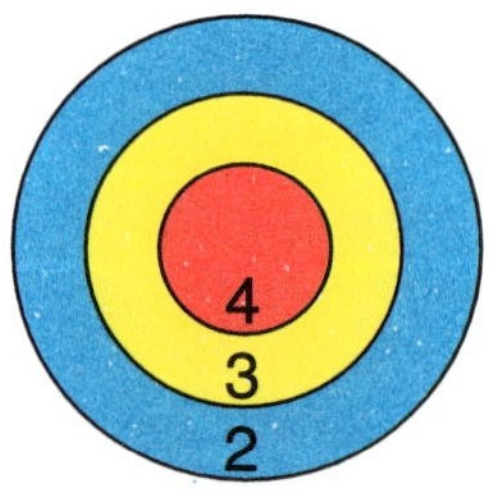

7 = ... + ... + ...

Anne a 8 points

8 = ... + ... + ...

B

Ecris les nombres en chiffres.

Vingt-huit	....	Trente-deux	....	Cinquante-sept	....	Onze	....
Quarante	....	Dix-neuf	....	Soixante-trois	....	Seize	....

C

Range du plus petit au plus grand.

10, 23, 48, 30, 61, 32, 4, 67, 57, 17

4, 10, ...

Range du plus grand au plus petit.

69, 41, 28, 12, 60, 63, 36, 59, 14, 5

69, 63, ...

D

A et B Introduction du jeu des cibles (décompositions additives des 20 premiers nombres) et appropriation de la règle : les 3 fléchettes sont dans la cible.

C Lire les écritures littérales jusqu'à 69.
D Rangement de nombres.

Ecris ton prénom et ton nom. *Ce livre appartient à :* ....

Observe ce modèle. Dessine ce qui manque (il y a 7 erreurs).

Le modèle

Dessine ici ce qui manque.

A

Colorie les doubles puis complète les égalités.

5 + 3 = ...
7 + 7 = ...
6 + 6 = ...
2 + 7 = ...
8 + 8 = ...
9 + 9 = ...
4 + 5 = ...

Ecris les doubles si c'est possible, sinon laisse en blanc.

..... + ... = 7
5 + 5 = 10
..... + ... = 6
..... + ... = 20
..... + ... = 8
..... + ... = 17

B

Ecris en chiffres.

Vingt-quatre	......	Douze	......
Quarante-cinq	......	Trente	......
Soixante et un	......	Dix	......
Trente-six	......	Quinze	......
Cinquante-trois	......	Treize	......
Quatorze	......	Dix-sept	......

C

Jeu des cibles

Dessine les 3 trous dans la cible et complète l'égalité.

Eric a 12 points

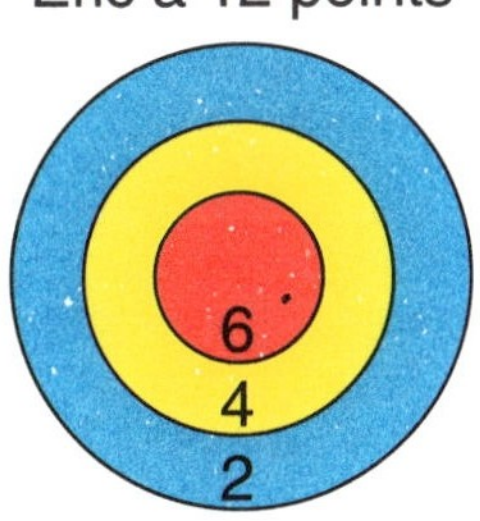

12 = ... + ... + ...

Julie a 14 points

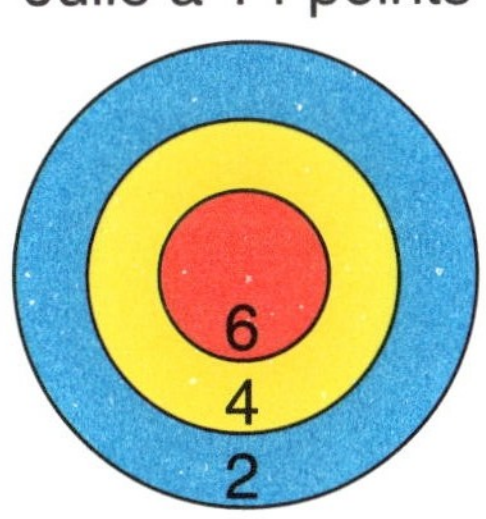

14 = ... + ... + ...

Pierre a 10 points

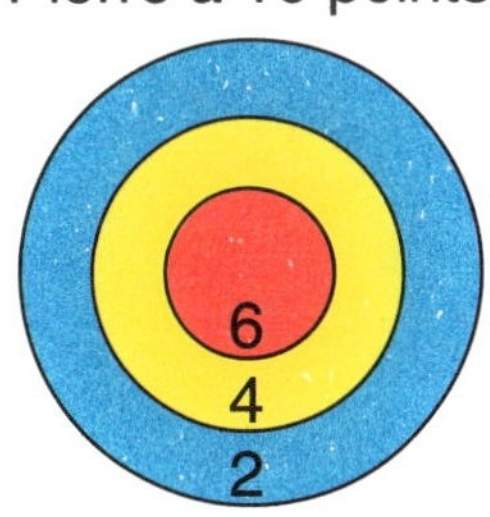

10 = ... + ... + ...

Anne a 6 points

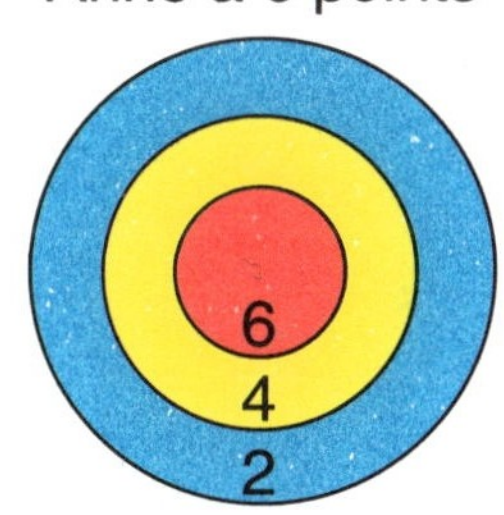

6 = ... + ... + ...

D

A Comparaison de deux images ressemblantes.

B Recherche des nombres qui peuvent s'écrire sous forme d'un double.

C Lire les écritures littérales des nombres jusqu'à 100.

D Décompositions additives des 20 premiers nombres.

lecture 38 29 66 41 14 53 35 45 A

Observe comment Picbille et Dédé rangent leurs billes.

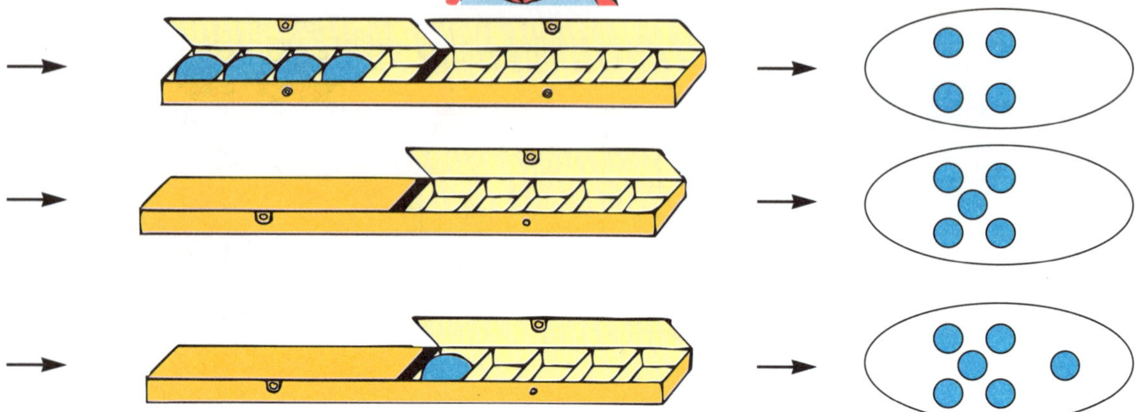

Dessine les billes dans les boîtes et colle les couvercles*.
Puis dessine les billes comme Dédé.

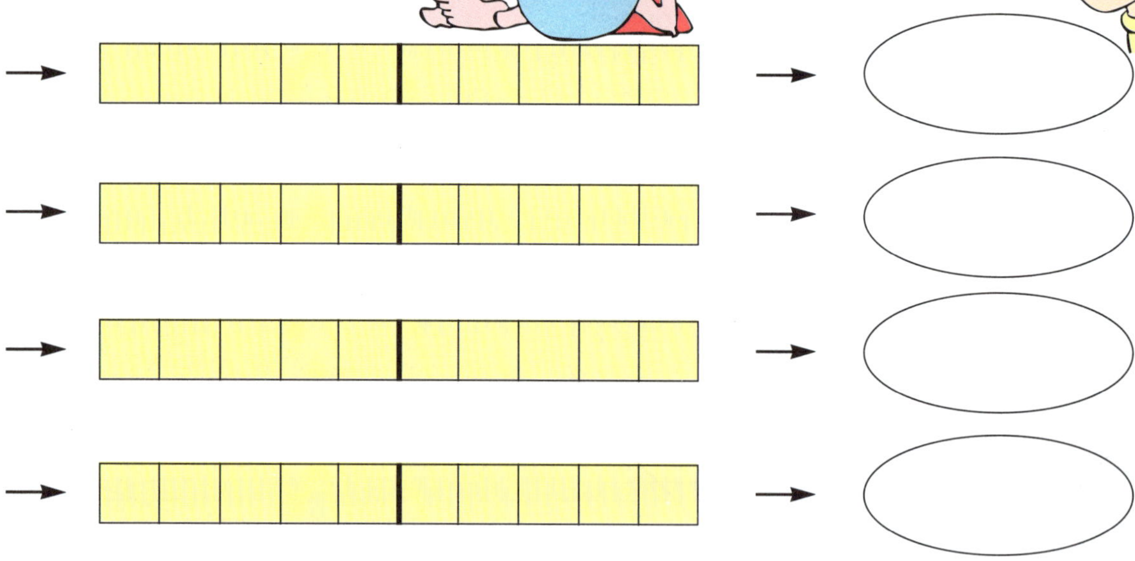

* Les couvercles autocollants sont à la fin du livre. B

Continue.

8 = 5 + 3
9 = 5 + ...
6 = 5 + ...
10 = 5 + ...
7 = 5 + ...

C

Ecris en chiffres.		Ecris en lettres.	
Quarante-trois	....	21	....
Soixante-huit	....	36	....
Cinquante-neuf	....	52	....
Trente-cinq	....	64	....
Soixante-neuf	....	67	....

D

A L'enseignant dit un de ces nombres (41 par ex.) et une couleur (vert par ex.) ; l'élève cherche 41 et le colorie en vert. On recommence avec un autre nombre et une autre couleur.

B Deux modes de représentation des quantités qui privilégient le repère 5 : la boîte de Picbille et les "nombres comme Dédé". Dans la boîte de Picbille, dès qu'un compartiment de 5 cases est plein, on ferme le couvercle.

C Décompositions additives avec 5.

D Ecritures littérales ↔ écritures chiffrées.

dictée

A

Mathilde a commencé à reproduire un modèle. Il manque 9 traits.
Achève son travail en traçant avec ta règle.

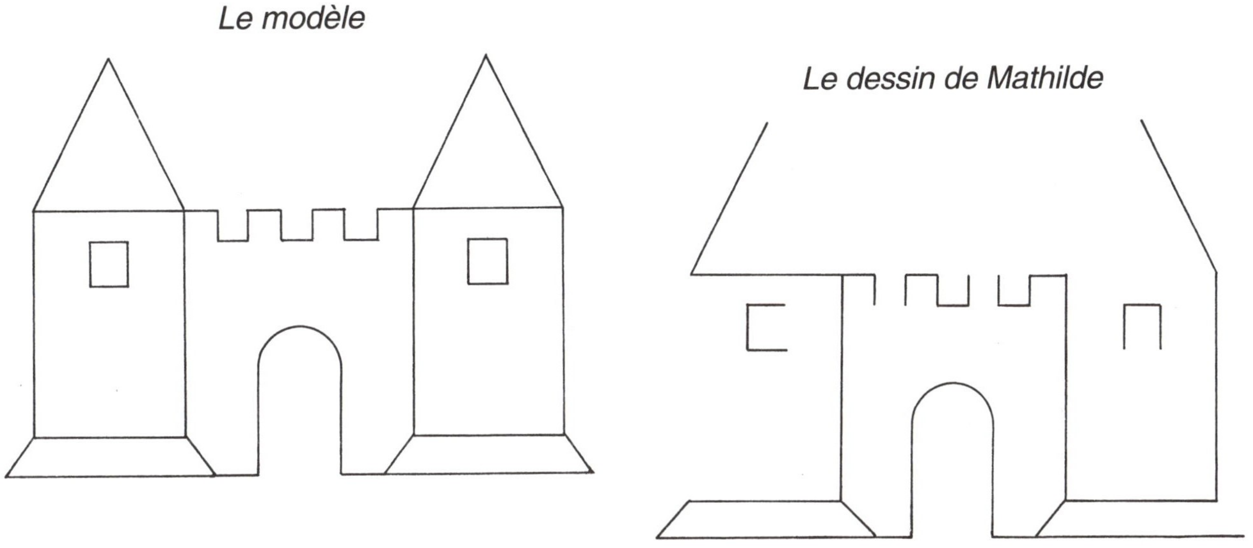

B

Imagine qu'on prolonge ces droites…
Entoure le point où elles se croisent, puis vérifie en traçant avec ta règle.

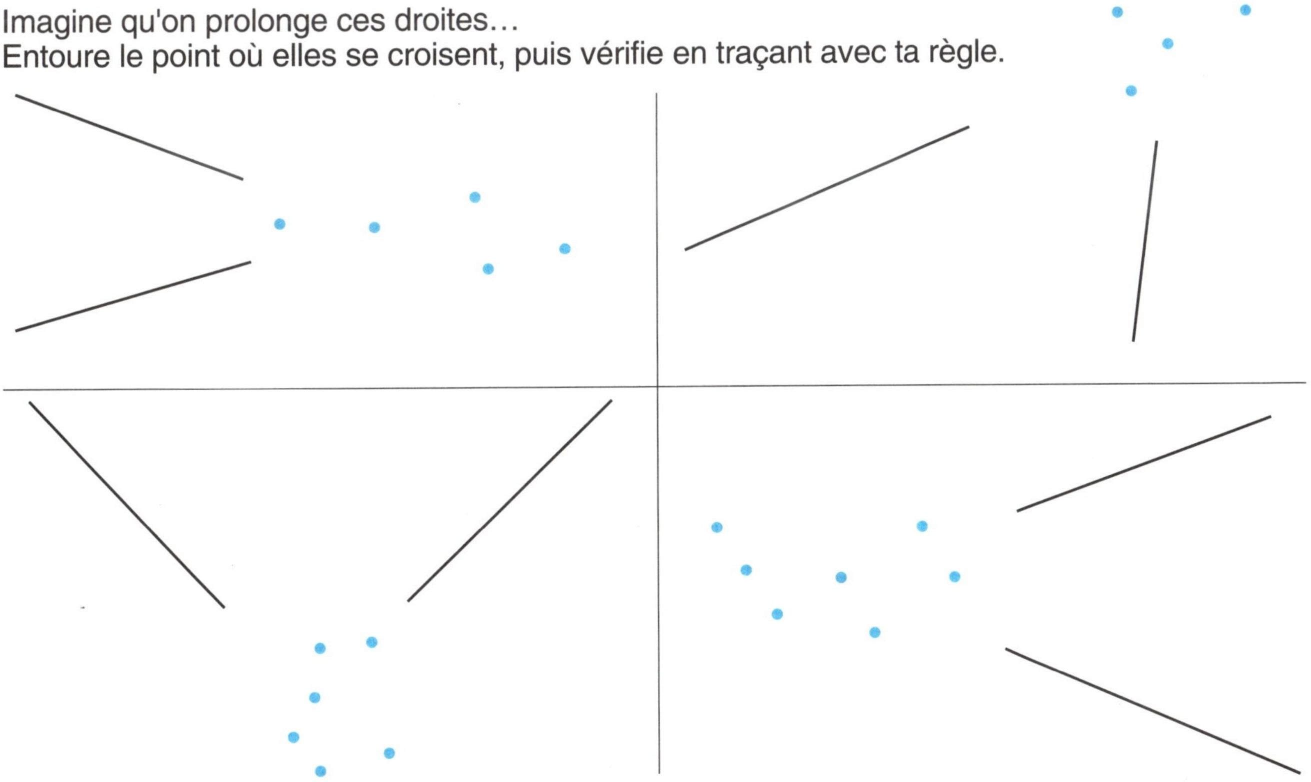

C

Ecris en lettres.

18 .... 43 .... 65 ....

30 .... 57 .... 24 ....

D

A Dictée de nombres jusqu'à 69 (dont quelques nombres entre 11 et 16).

B Prendre des repères pour reproduire un tracé figuratif.

C Anticiper la position du point d'intersection de 2 droites et vérifier par le tracé à la règle.

D Produire les écritures littérales des nombres (jusqu'à 69).

Compléments à 10.
Collections organisées par paires

lecture 46 55 13 31 26 62 52 25

A

Picbille veut une boîte pleine.

Imagine ce qu'il voit.
Dessine dans le chariot les billes qui complèteront la boîte.

6 + ... = 10

B

Picbille veut une boîte pleine.
Dessine dans le chariot les billes qui complèteront la boîte.

7 + ... = 10

4 + ... = 10

9 + ... = 10

2 + ... = 10

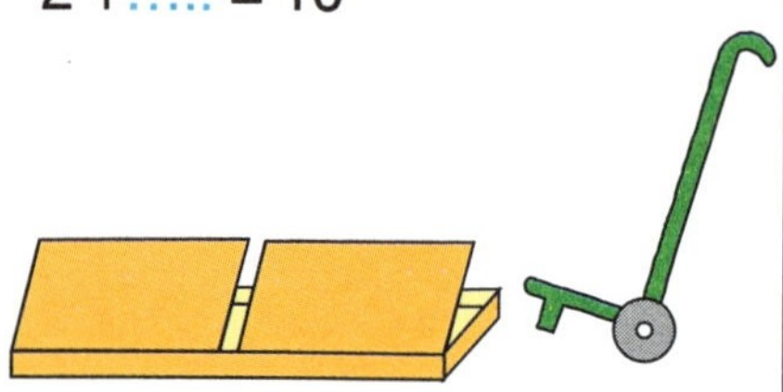

3 + ... = 10

8 + ... = 10

C

Ecris les doubles si c'est possible, sinon laisse en blanc.

..... + ... = 13

..... + ... = 6

..... + ... = 14

..... + ... = 17

..... + ... = 16

..... + ... = 9

..... + ... = 12

..... + ... = 20

D

Ecris en lettres.

33 ....

59 ....

45 ....

69 ....

12 ....

15 ....

11 ....

13 ....

E

A Lecture de nombres jusqu'à 69 (même activité que page 8).

B et C La boîte de Picbille pour déterminer un complément à 10 : 8 par exemple, c'est un compartiment plein et 3 billes qu'on voit ; le complément à 10 correspond aux 2 cases vides.

D Chercher les nombres qui peuvent s'écrire comme un double : entretien.

E Produire les écritures littérales des nombres jusqu'à 69.

..... + ... = 10	..... + ... = 10	..... + ... = 10	..... + ... = 10	..... + ... = 10	..... + ... = 10

A

Réponds.

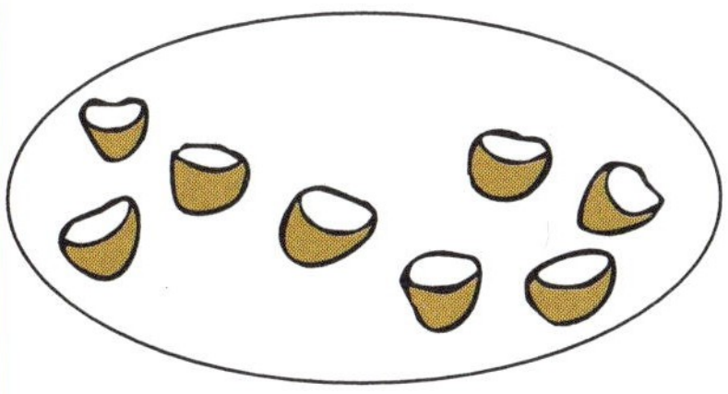

L'écureuil a ..... noisettes.

Perrine a ..... balles de tennis.

Qui voit le mieux combien il a d'objets ? Pourquoi ?

Observe et continue, puis entoure les nombres qui sont des doubles.

2 3 4 5 6 7 8 9 10

B

Dessine comme Dédé et comme Perrine.

	Comme Dédé	Comme Perrine
6	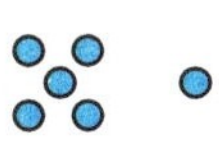	
8		
9		
7		
10		

C

Jeu des cibles

Dessine les 3 trous dans la cible et complète l'égalité.

Eric a 18 points

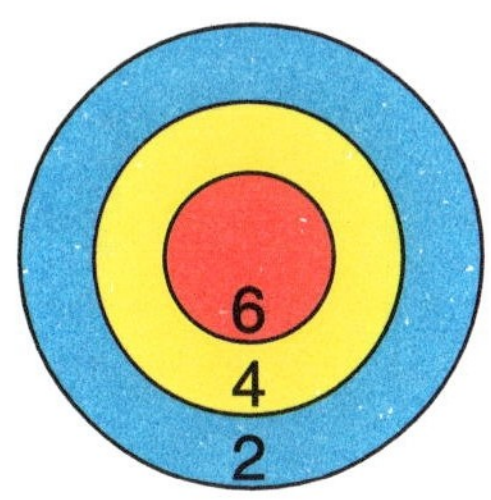

18 = ... + ... + ...

Julie a 8 points

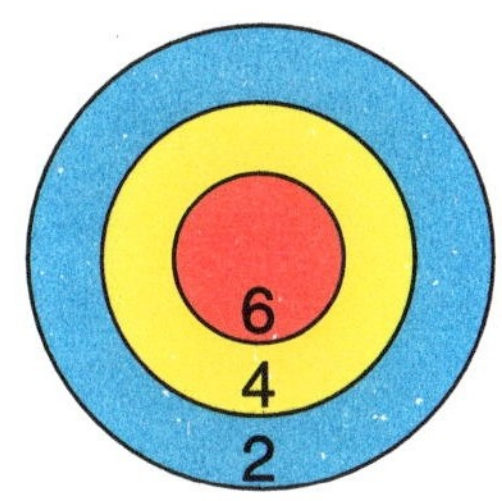

8 = ... + ... + ...

Pierre a 10 points

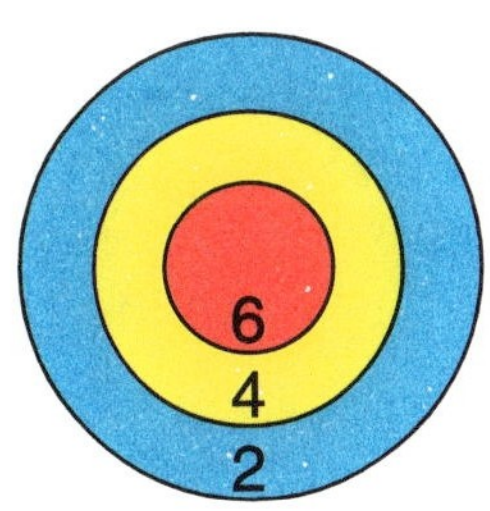

10 = ... + ... + ...

Anne a 16 points

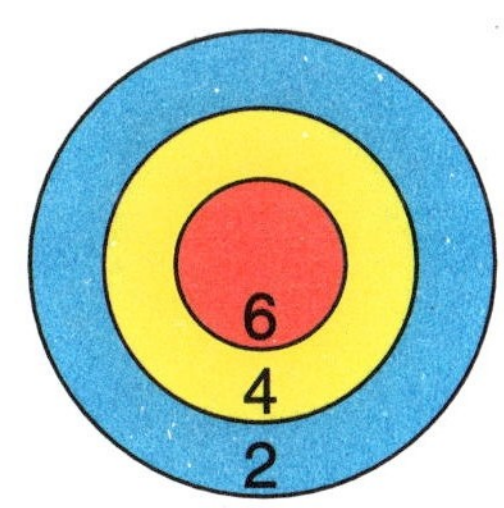

16 = ... + ... + ...

D

A Calcul mental : l'enseignant propose un nombre (n < 10), l'élève trouve le complément à 10.

B Introduction d'un nouveau mode de représentation des quantités où les nombres pairs sont représentés comme des doubles et les nombres impairs comme des doubles + 1. Ainsi 9 est représenté comme 4 + 4 + 1.

C Comparaison de cette représentation avec les "nombres comme Dédé".

D Décompositions additives des 20 premiers nombres.

..... + ... = 10	..... + ... = 10	..... + ... = 10	..... + ... = 10	..... + ... = 10

A

L'écureuil compte 8 + 7.

Vérifie et complète l'égalité. 8 + 7 = ...

Picbille calcule 8 + 7.

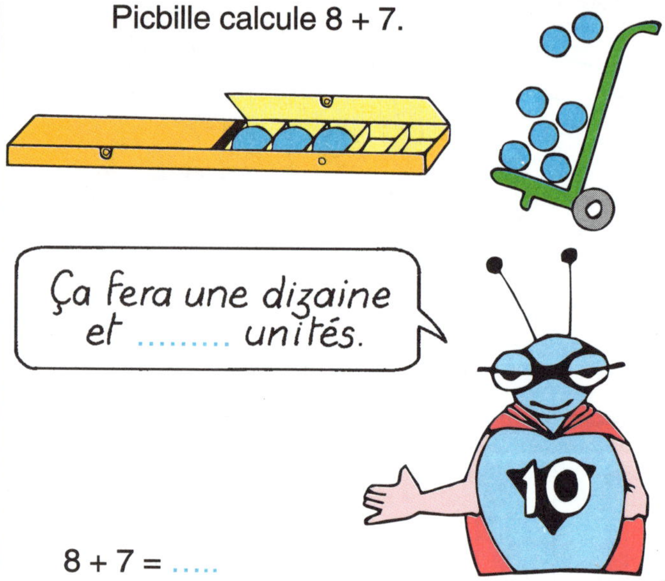

8 + 7 = ...

B

Dessine les billes dans la boîte et colle le couvercle.
Puis dessine les billes dans le chariot.

9 + 4 = ...

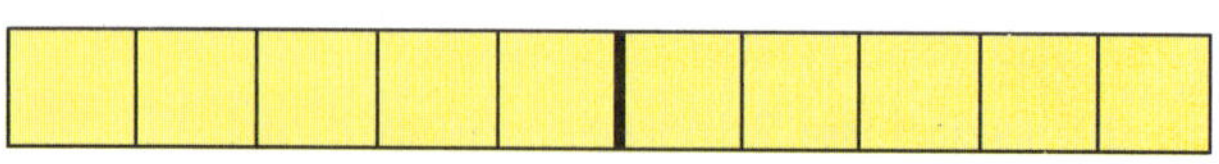

8 + 6 = ...

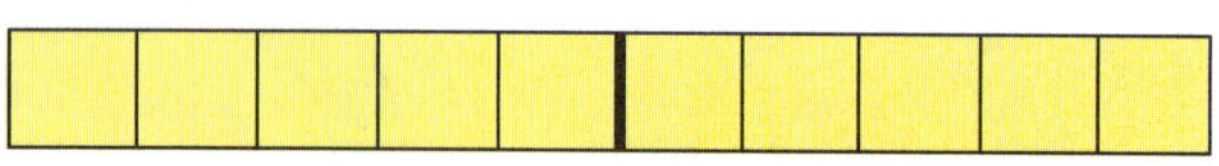

Imagine les boîtes et calcule.

9 + 6 = ...

8 + 3 = ...

9 + 8 = ...

9 + 5 = ...

3 + 9 = ...

4 + 8 = ...

C

Jeu des cibles Dessine les 3 trous dans la cible et complète l'égalité.

Eric a 18 points

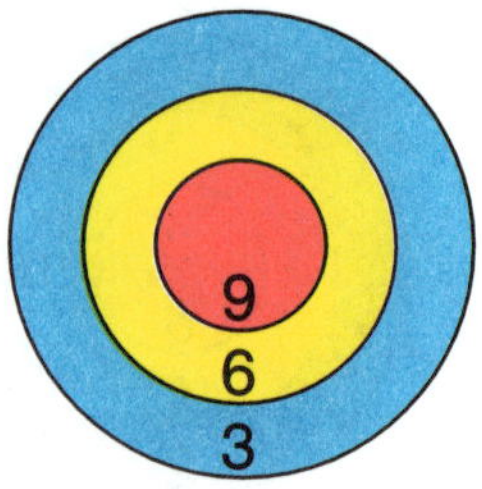

18 = ... + ... + ...

Julie a 15 points

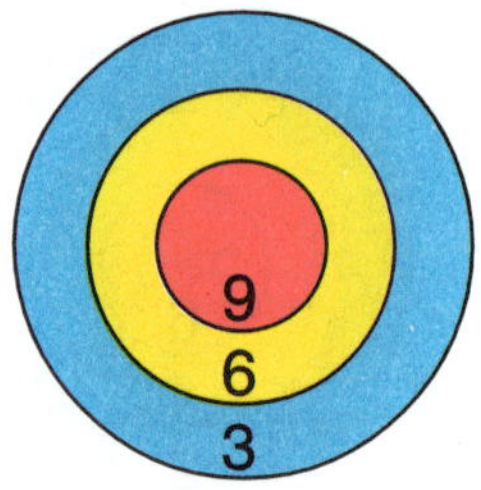

15 = ... + ... + ...

Pierre a 9 points

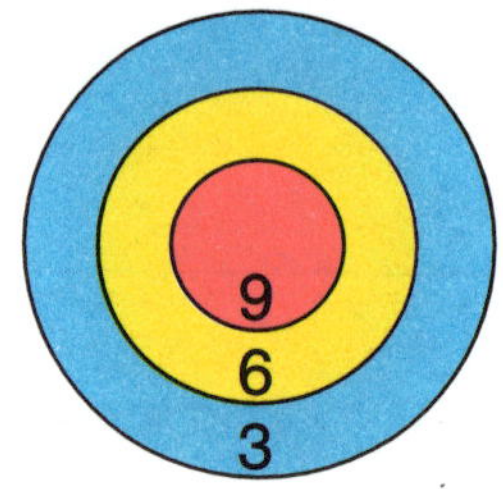

9 = ... + ... + ...

Anne a 12 points

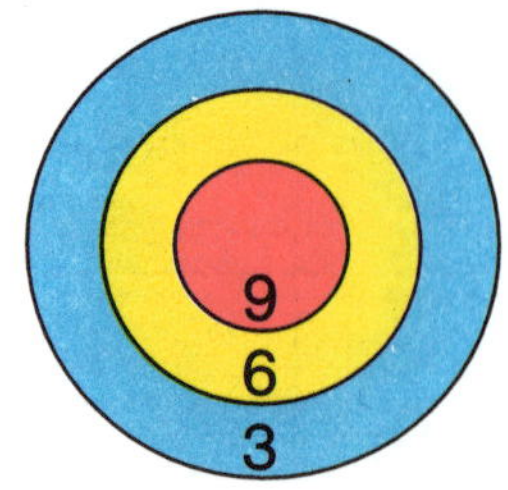

12 = ... + ... + ...

D

A Compléments à 10. Même activité que page 11.

B Comparaison du comptage et du calcul pour des additions de la forme 8 + n ou 9 + n. Pour 8 + 7, Picbille fait un "passage de la dizaine" : 8 + 7 = 8 + 2 + 5.

C Appropriation de cette stratégie par le dessin et évocation mentale des boîtes pour calculer sans le dessin.

D Décompositions additives des 20 premiers nombres.

lecture 68 69 70 71 72 73 74 75 76 77

A

Imagine qu'on prolonge ces droites à l'aide d'une règle et réponds (entoure la bonne réponse).

Ces 2 droites
- se croisent dans la zone verte
- se croisent après la zone verte
- ne se croisent jamais

Ces 2 droites
- se croisent dans la zone verte
- se croisent après la zone verte
- ne se croisent jamais

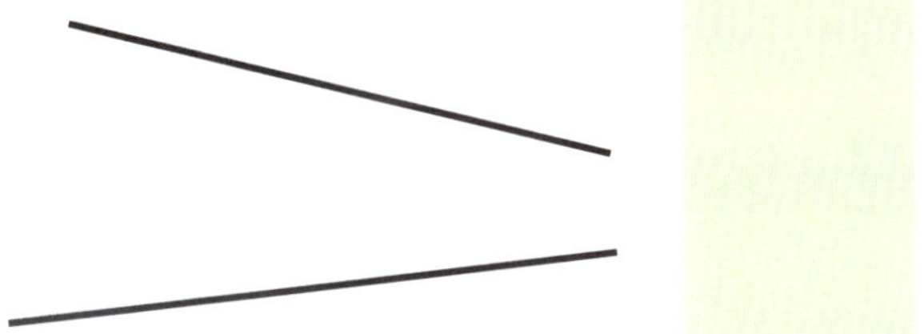

Ces 2 droites
- se croisent dans la zone verte
- se croisent après la zone verte
- ne se croisent jamais

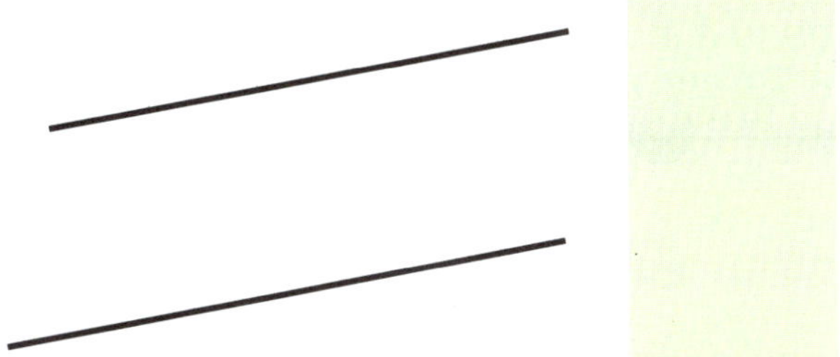

Ces 2 droites
- se croisent dans la zone verte
- se croisent après la zone verte
- ne se croisent jamais

Vérifie tes réponses
en prolongeant les droites avec ta règle.

J'apprends :

Quand 2 droites ne se croisent jamais,
on dit qu'elles sont **parallèles.**

B

Ecris en lettres.

67 ....

75 ....

71 ....

70 ....

78 ....

C

Dessine.

	Comme Dédé	Comme Perrine
5		
10		
9		
6		

D

Calcule.

6 + ... = 10

3 + ... = 10

1 + ... = 10

2 + ... = 10

8 + ... = 10

4 + ... = 10

5 + ... = 10

7 + ... = 10

E

A Lecture de nombres au-delà de 68. Ils sont préalablement explorés dans l'ordre. Puis, même activité que page 8.
B Etudier les positions respectives de 2 droites en prolongeant mentalement ces deux droites. Mise en évidence du cas des parallèles.
C Produire les écritures littérales des nombres jusqu'à 79.
D Nombres "comme Perrine" et "comme Dédé" (même activité que page 11).
E Compléments à 10 : entretien.

A

Mathieu a dépensé 10 francs exactement.
Ecris ce qu'il a pu acheter.

Première possibilité : ....

Ecris l'égalité :..

Deuxième possibilité : ....

Ecris l'égalité :..

Troisième possibilité : ....

Ecris l'égalité :..

B

Imagine : *Julie, Nicolas et Olivier veulent faire un cadeau à leur papa pour son anniversaire. Julie a 5 francs. Nicolas a 4 francs. Olivier a 7 francs.*

Barre les questions quand on ne peut pas savoir.
Réponds aux autres questions.

1 ▶ *Combien d'argent ont-ils ensemble ?* ....

2 ▶ *Quel âge a leur papa ?* ....

3 ▶ *Peuvent-ils acheter ensemble un cadeau à 15 francs ?* ....

....

4 ▶ *Peuvent-ils acheter le stylo-feutre que leur papa a vu chez le libraire ?* ....

....

5 ▶ *Combien leur manque-t-il pour acheter un cadeau à 20 francs ?*.......................................

....

C

A Calcul oral : additions du type 9 + n, 8 + n (n < 10). L'enseignant dit par exemple : « Vous imaginez 8 billes dans la boîte. 8 plus 6, écrivez. »

B Rechercher dans une image les informations pertinentes pour résoudre un problème : *différents compléments à 10.*

C Discerner, parmi un ensemble de questions, celles dont la réponse est calculable. Le travail sur un cahier réservé à la résolution de problèmes est recommandé : les élèves ont alors plus de place pour rédiger leurs solutions, ou pour faire un schéma.

lecture (65) (78) (67) (77) (71) (76) (61) (70) (73) (75)

A

Problème : Au marché, Madame Dupuis a acheté 12 fruits.
8 de ces fruits sont des oranges et les autres sont des bananes.

Combien de bananes Madame Dupuis a-t-elle achetées ?

Pour résoudre ce problème, Sébastien, Mélanie et Cécile ont fait un schéma.
Un seul schéma est juste. Entoure-le.

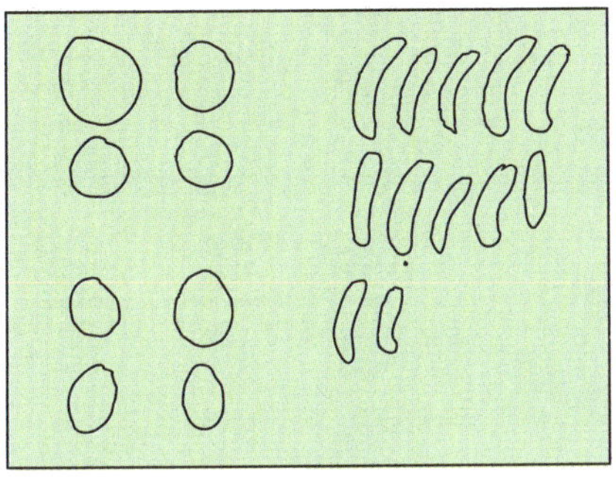

Sébastien

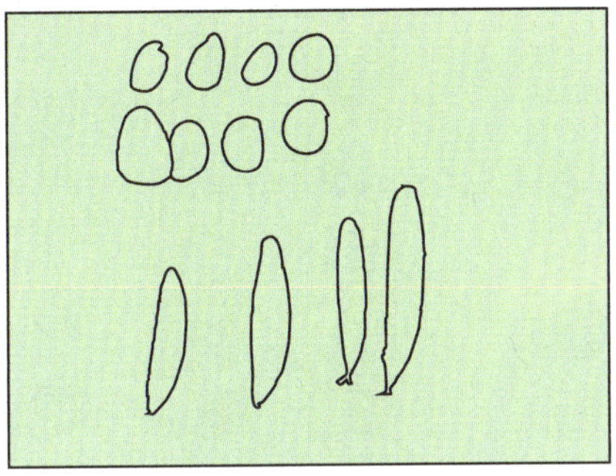

Mélanie

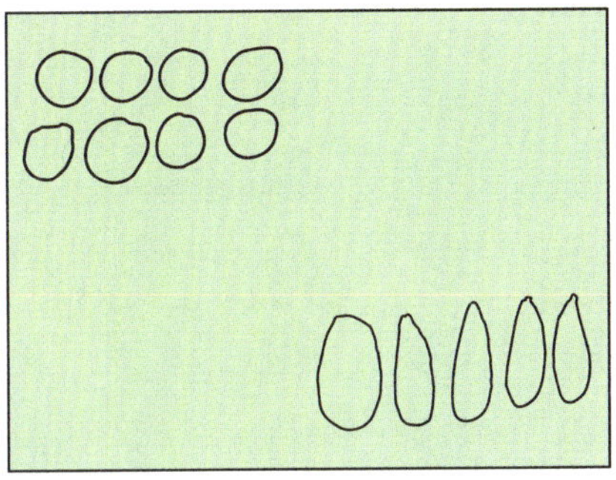

Cécile

Le schéma juste est celui de ....

Madame Dupuis a acheté .... bananes.

Le schéma de .... est faux parce que ....

....

Le schéma de .... est faux parce que ....

....

B

Problèmes à résoudre sur le cahier

Fais un schéma et réponds.

1 ▶ Olivia a fait un collier avec 11 perles bleues et 8 perles rouges.

Combien de perles y a-t-il sur le collier d'Olivia ?

2 ▶ Dans un parc, il y a 12 arbres. 9 de ces arbres sont des sapins et les autres sont des chênes.

Combien y a-t-il de chênes dans ce parc ?

Fais un schéma ou écris une égalité.

3 ▶ Dans une classe de 24 élèves, tous les élèves ont leur ardoise sauf 3.

Combien d'élèves ont leur ardoise ?

4 ▶ Paul a 8 billes. Son copain Samuel lui donne 6 billes.

Combien de billes Paul a-t-il maintenant ?

5 ▶ Marie a 12 billes. Elle donne 3 billes à Julie.

Combien de billes Marie a-t-elle maintenant ?

C

A Lecture de nombres jusqu'à 79 : même activité que page 8.

B Apprendre à schématiser la situation décrite dans un problème : *un tout et une de ses parties sont connus, on cherche l'autre partie.*

C Résolution de problèmes variés énoncés de façon classique.

La dizaine (boîtes pleines et pièces de 10 F)

dictée A

Picbille et Dédé mettent leurs billes ensemble.
Ils n'utilisent une boîte que lorsqu'ils peuvent la remplir.
Colle les couvercles et complète.

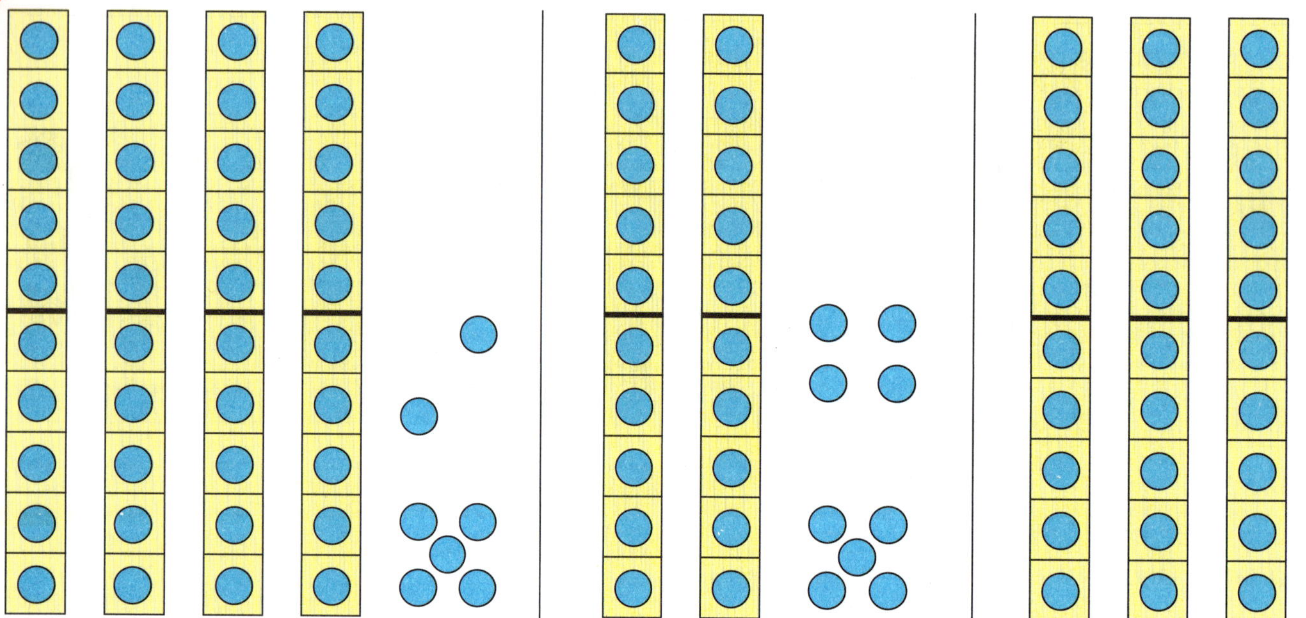

Il y a ..... billes.
10 + 10 + 10 + 10 + 7 = ...

Il y a ..... billes.
.... = ...

Il y a ..... billes.
.... = ...

B

Groupe les billes par 10 puis dessine les boîtes pleines et les billes comme Dédé.

***Avant** de remplir les boîtes.*

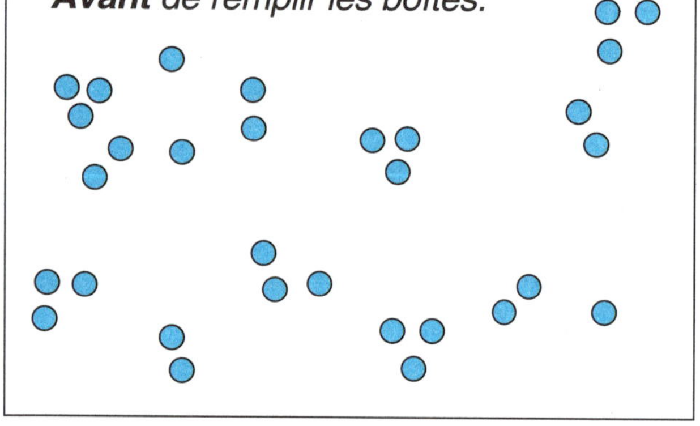

Il y a .... dizaines et ..... unités.

Après

Il y a .... boîtes pleines
et .... billes comme Dédé.

Ecris une égalité avec des 10 :
.... = ...

C

Complète les égalités avec des 10.

45 = ...

39 = ...

84 = ...

14 = ...

60 = ...

D

A Dictée de nombres jusqu'à 79.

B Numération : dès qu'il y a 10 billes, elles sont rangées dans une boîte et les deux couvercles sont fermés. Les boîtes pleines représentent les dizaines, les billes comme Dédé représentent les unités.

C Grouper par 10 les objets d'une collection pour faire apparaître dizaines et unités.

D Décompositions de nombres en dizaines et unités.

lecture	78	79	80	81	82	83	84	85	86	87

A

Qui a le plus d'argent, Mathieu ou Perrine ?

Mathieu a ...... francs. Perrine a ...... francs.

....

B

Combien d'argent y a-t-il ?

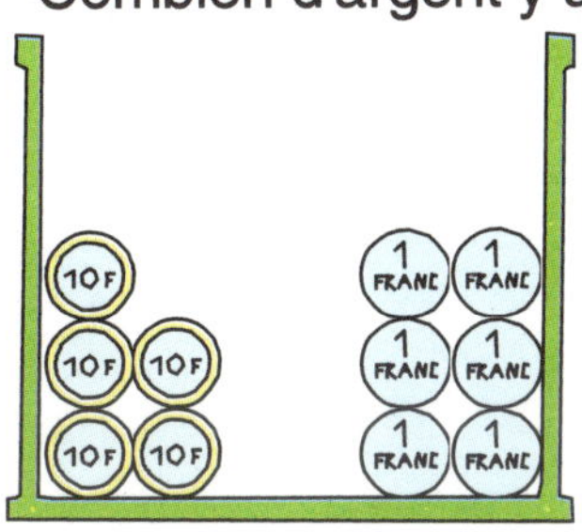
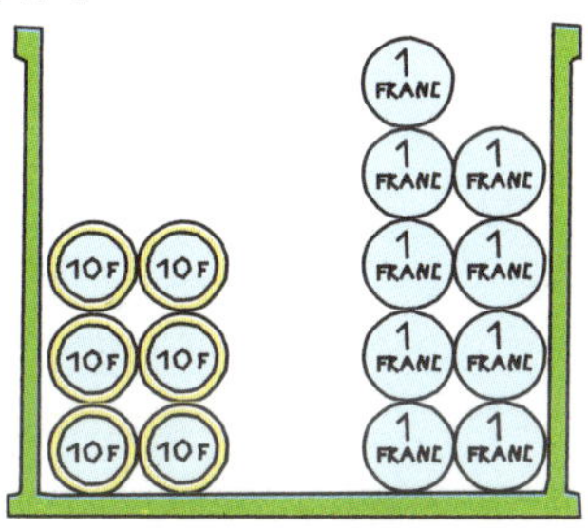
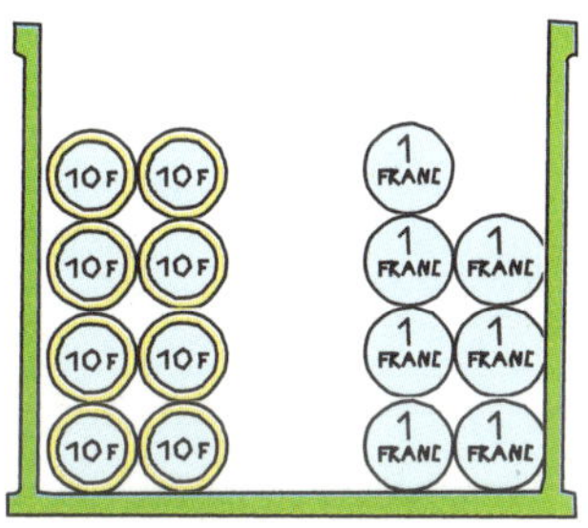
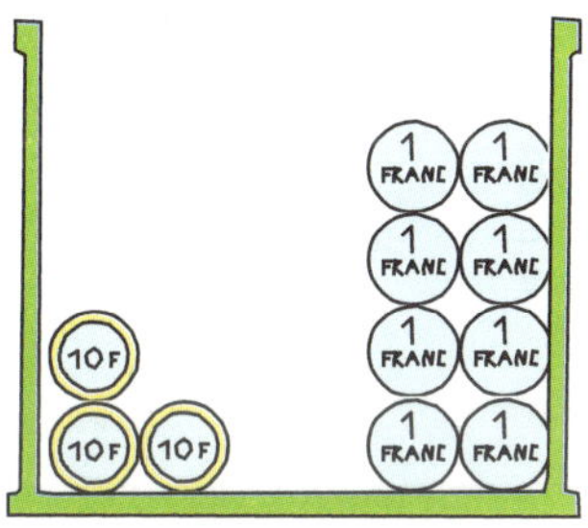

On voit

pièces de 10 F	pièces de 1 F
.....	.....

Il y a ...... francs.

On voit

pièces de 10 F	pièces de 1 F
.....	.....

Il y a ...... francs.

On voit

pièces de 10 F	pièces de 1 F
.....	.....

Il y a ...... francs.

On voit

pièces de 10 F	pièces de 1 F
.....	.....

Il y a ...... francs.

C

Dessine comme Perrine les sommes indiquées.

51 francs

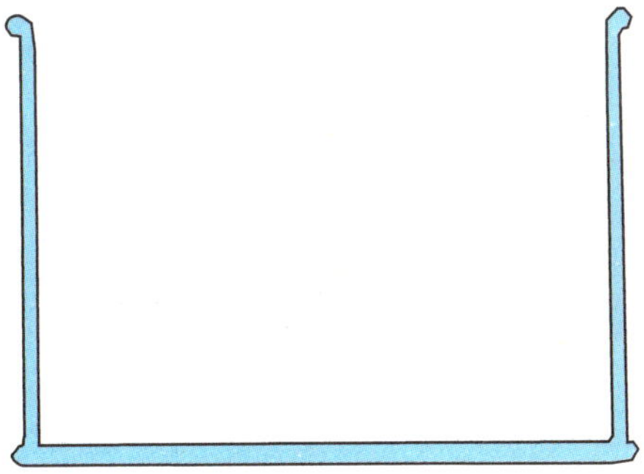

29 francs

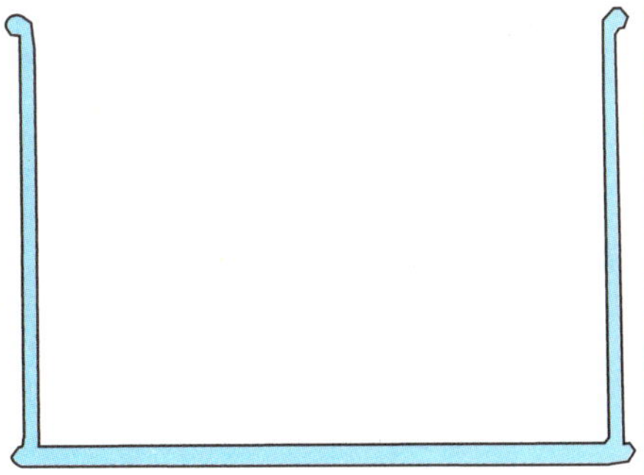

72 francs

D

A Lecture de nombres : même activité que page 13 avec les nombres de 78 à 87.

B Comparer deux sommes d'argent composées de pièces de 10 F et de 1 F. Les pièces sont disparates dans un cas, et organisées dans l'autre.

C et D Utiliser l'organisation en dizaines et unités pour déterminer ou former une somme d'argent.

A

Mathilde et Perrine ont-elles autant d'argent ?
Pour répondre, utilise un des signes =, > ou <.

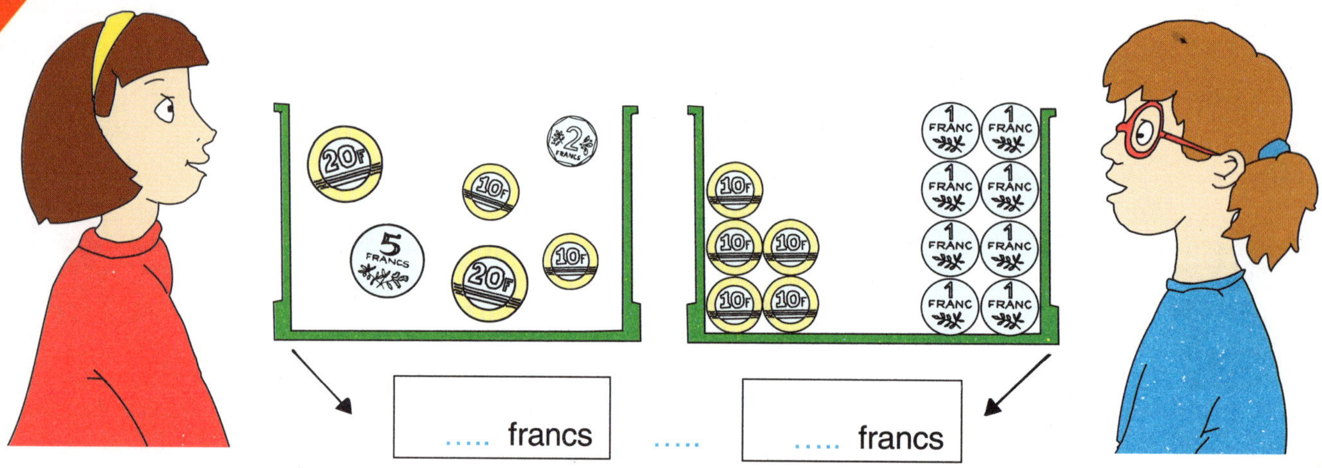

..... francs .... francs

B

Place le signe qui convient =, > ou <.

32 29	10 + 10 + 10 + 5 35	62 ..... 10 + 10 + 10 + 10 + 10 + 10
16 13	56 ..... 10 + 10 + 10 + 10 + 6	10 + 10 + 10 + 10 + 8 47
47 74	10 + 10 + 10 + 10 + 10 60	10 + 10 + 10 + 10 + 10 + 1 51

C

Ecris en lettres.

80 .... 98 ....

88 .... 90 ....

87 .... 97 ....

D

Jeu des cibles Dessine les 3 trous dans la cible et complète l'égalité.

Eric a 11 points

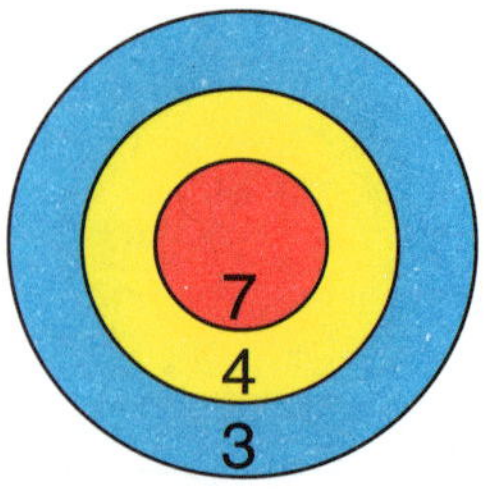

11 = ... + ... + ...

Julie a 14 points

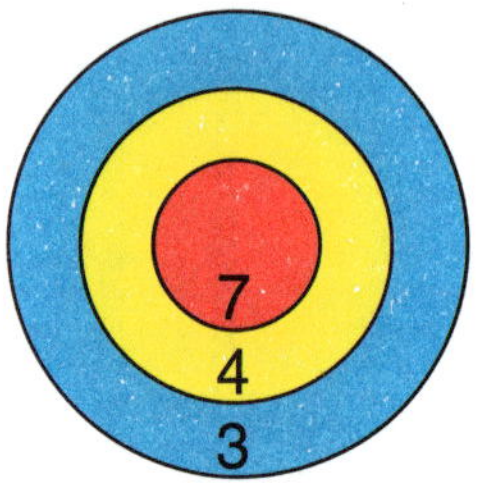

14 = ... + ... + ...

Pierre a 12 points

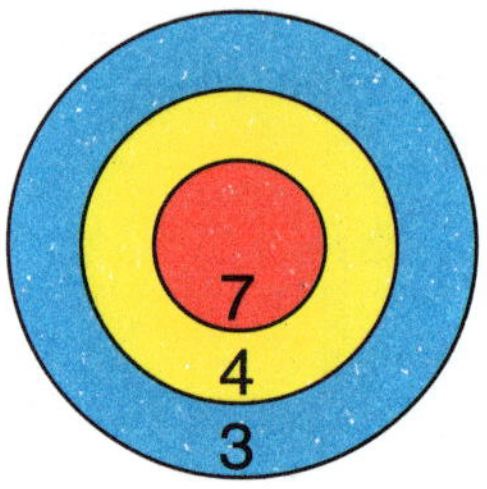

12 = ... + ... + ...

Anne a 15 points

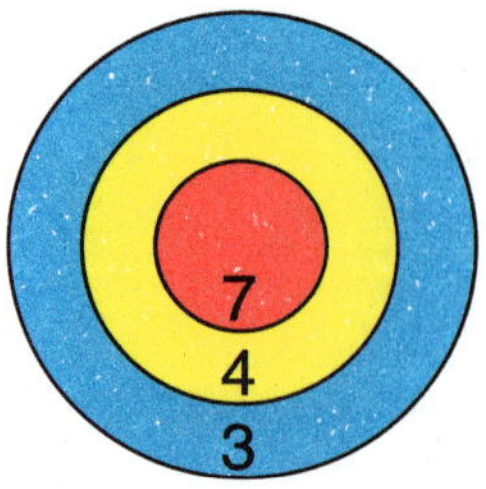

15 = ... + ... + ...

E

A Calcul oral : même activité que page 14.

B Les signes < et > sont comme des flèches qui sont toujours pointées vers le plus petit des deux nombres.

C Utiliser les signes <, > et = pour comparer différentes écritures de nombres.

D Produire les écritures littérales de nombres jusqu'à 98.

E Décompositions additives des 20 premiers nombres.

A

lecture 88 89 90 91 92 93 94 95 96 97

B

Dans chaque cadre, il y a 2 droites parallèles.
Repasse-les en vert.

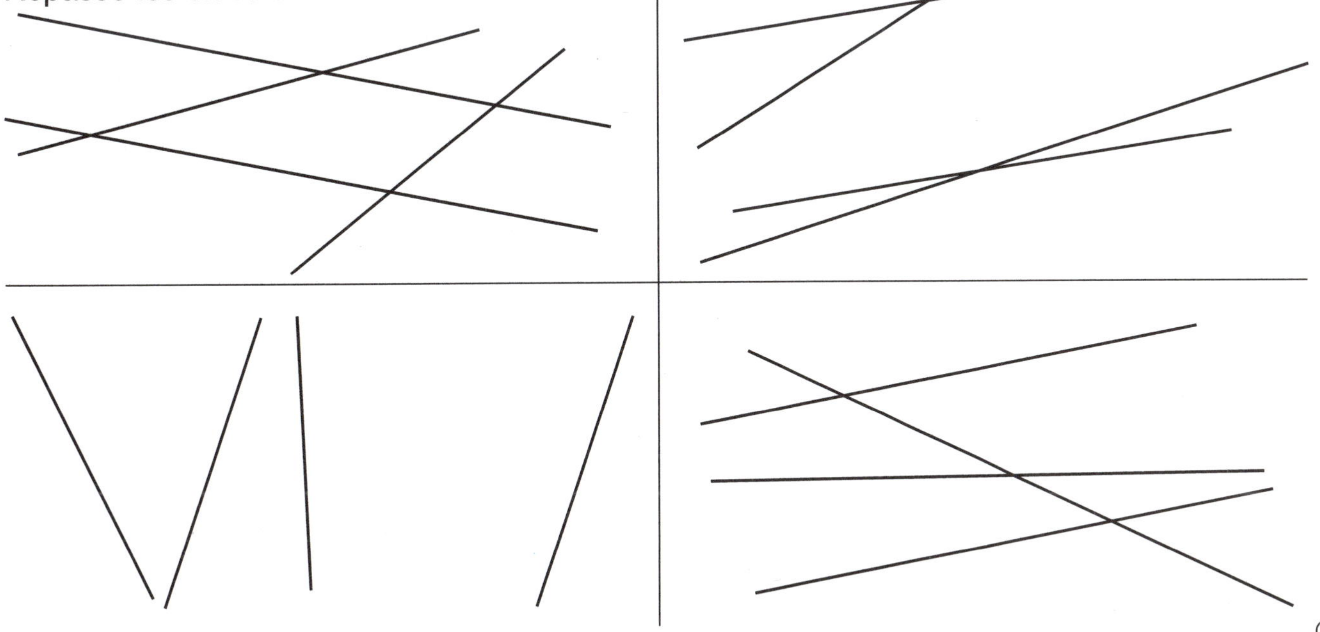

C

Range du plus petit au plus grand.
11, 25, 60, 49, 7, 38, 74, 86, 19

7, 11, ...

Range du plus grand au plus petit.
81, 40, 98, 70, 67, 31, 93, 13

98, ...

D

Combien Picbille et Dédé ont-ils de billes ensemble ?

Ici, il y a ...... billes.

Ici, il y a ...... billes.

Dessine comme Picbille et Dédé.

28 billes

35 billes

E

Ecris les doubles si c'est possible, sinon laisse en blanc.

..... + ... = 9
..... + ... = 18
..... + ... = 8
..... + ... = 15
..... + ... = 12
..... + ... = 14
..... + ... = 19
..... + ... = 16
..... + ... = 20

A Lecture de nombres : même activité que page 8 avec les nombres de 88 à 97.
B Recherche de droites parallèles parmi un ensemble de droites.
C Rangement de nombres inférieurs à 100.
D Déterminer ou former une quantité organisée en dizaines et unités.
E Recherche de nombres qui peuvent s'écrire comme un double : entretien.

lecture 88 95 99 91 89 93 85 83

A

Combien Picbille et Dédé ont-ils de billes ensemble ?
Observe comment Picbille range ses boîtes.

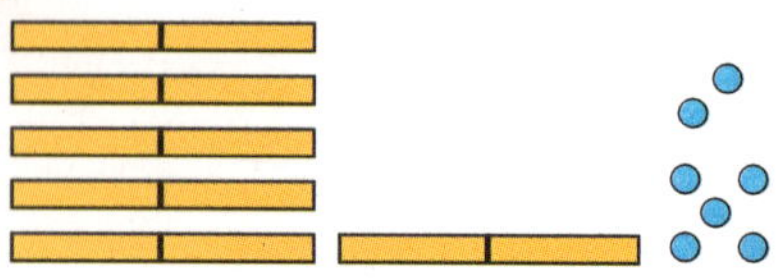

Il y a ..... billes.
50 + 17 = ...

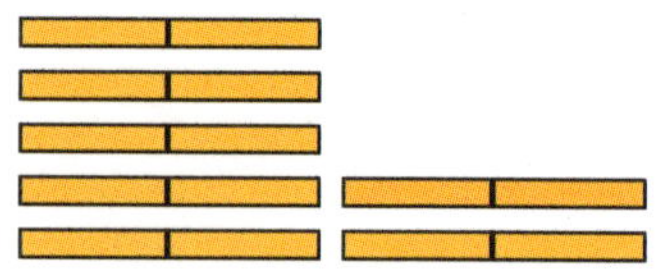

Il y a ..... billes.
50 + 20 = ...

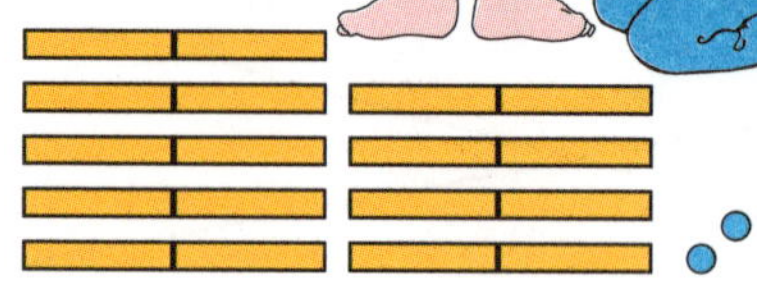

Il y a ..... billes.
50 + 42 = ...

B

Dessine en rangeant comme Picbille et Dédé, puis complète.

73	81	90
73 = 50 + ...	81 = 50 + ...	90 = 50 + ...

Complète les égalités.

60 = 50 + ...	68 = 50 + ...	86 = 50 + ...
100 = 50 + ...	89 = 50 + ...	75 = 50 + ...
79 = 50 + ...	91 = 50 + ...	80 = 50 + ...

C

Mets le signe qui convient : > ou <.

47 51	84 48	72 69	87 76	89 90
82 78	71 80	26 62	69 74	97 92

D

Ecris sous la file numérique les nombres suivants : ~~11~~, ~~50~~, 43, 19, 31, 25, 46, 38.

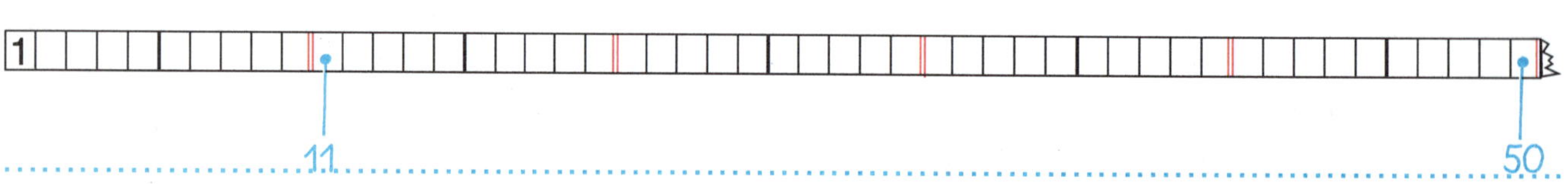

E

A Lecture de nombres de 80 à 99 : même activité que page 8.
B et C Décompositions de nombres en utilisant le repère 50.
D Comparer des nombres : entretien.
E Repérer des nombres sur une file numérique vide : les nombres 10, 20, 30, … sont juste avant un double trait rouge et les nombres 5, 15, 25, 35, … sont juste avant un trait épais.

cartons éclairs

A

Qui a le plus d'argent ?

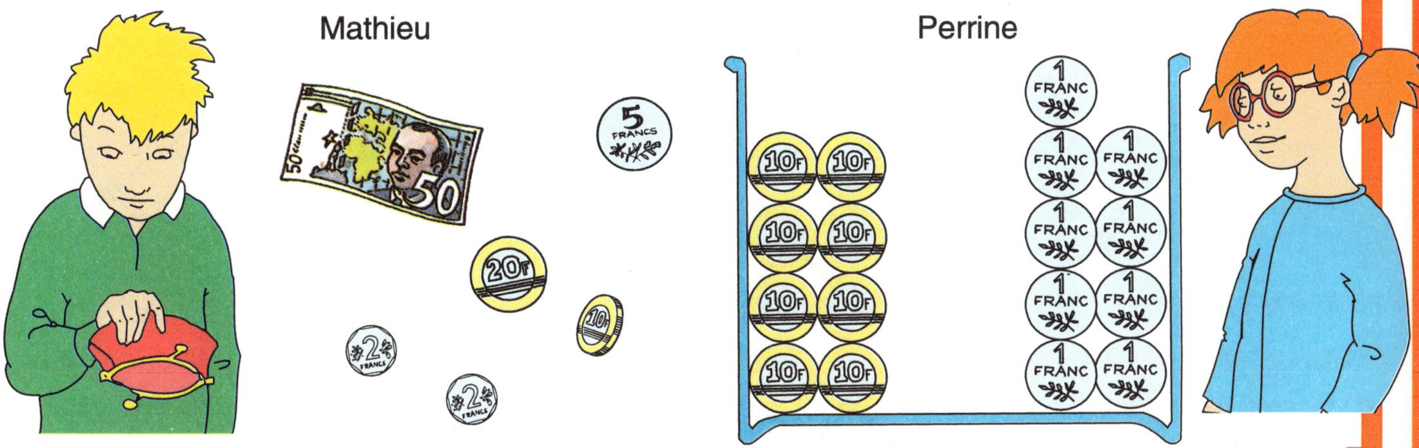

B

Ici Mathieu et Perrine ont autant d'argent. Dessine les pièces de Perrine.

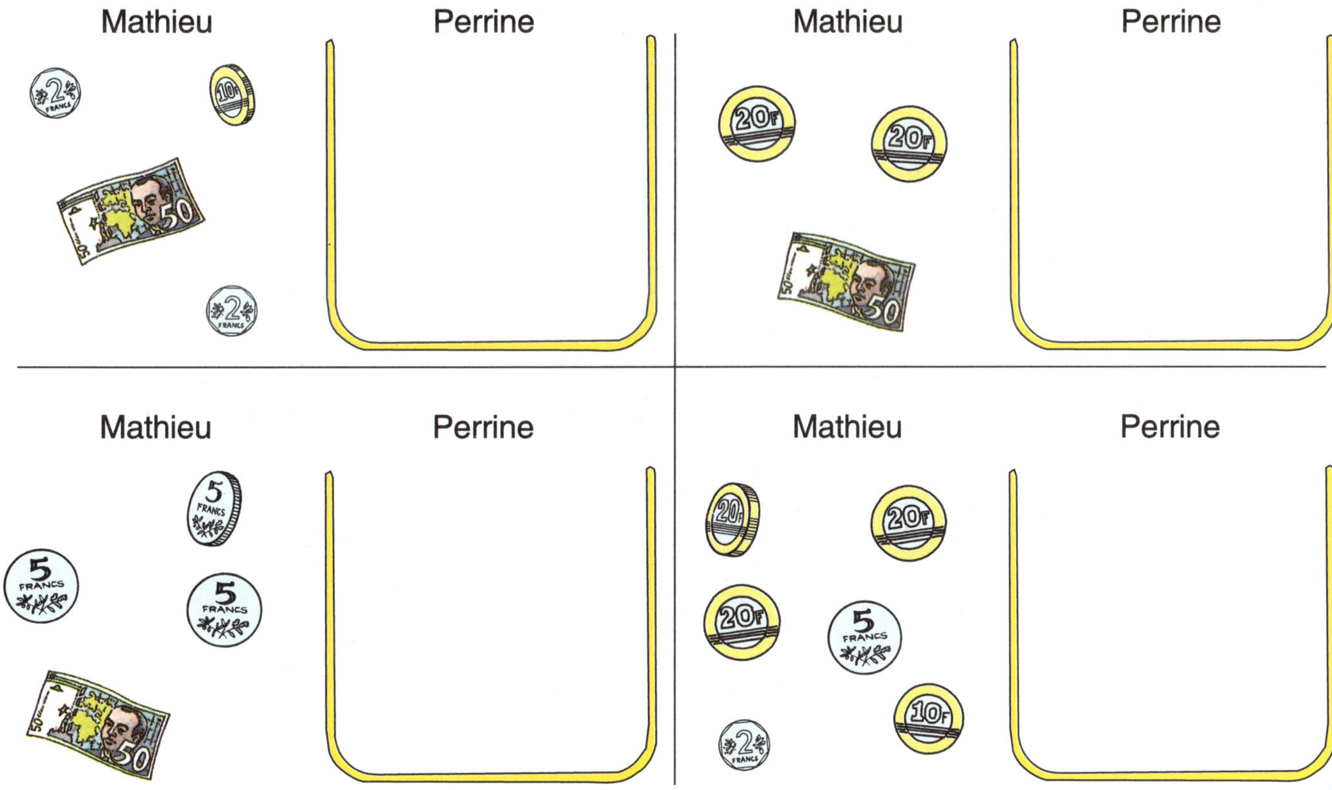

C

Ecris sous la file numérique les nombres suivants : 61, 80, 73, 69, 95, 100, 87, 56.

D

A Cartons éclairs : l'enseignant montre brièvement une constellation de points organisés comme Perrine, les élèves écrivent le nombre correspondant sur leur ardoise.

B et C Différentes décompositions de nombres. Introduction du billet de 50 F.

D Repérer des nombres (jusqu'à 100) sur une file numérique vide.

ARP ATELIER DE RESOLUTION DE PROBLEMES

dictée

A

Trois escargots sont partis de la fleur et se sont déplacés sur le grillage.

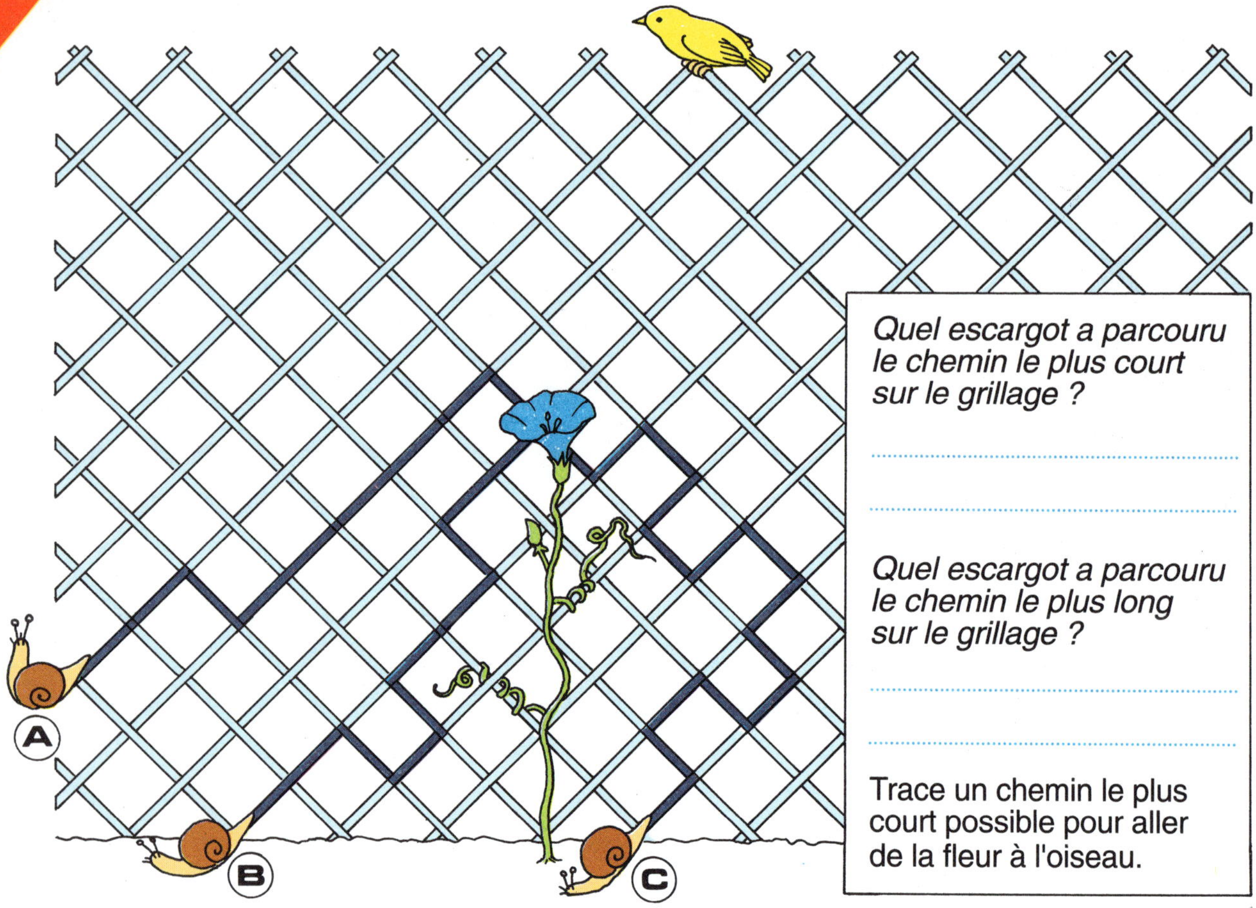

Quel escargot a parcouru le chemin le plus court sur le grillage ?

Quel escargot a parcouru le chemin le plus long sur le grillage ?

Trace un chemin le plus court possible pour aller de la fleur à l'oiseau.

B

Imagine : *La fleuriste prépare un bouquet de fleurs pour Madame Sambon.*
Il y a 12 fleurs dans le bouquet.
9 de ces fleurs sont des roses et les autres sont des glaïeuls.

Barre les questions quand on ne peut pas savoir.
Réponds aux autres questions.

1 *Combien Madame Sambon paiera-t-elle le bouquet ?*

2 *Combien y a-t-il de fleurs dans le bouquet ?*

3 *Dans combien de jours les fleurs seront-elles fanées ?*

4 *Combien y a-t-il de glaïeuls dans le bouquet ?*

C

A Dictée de nombres de 79 à 100.

B Rechercher dans une image les informations pertinentes pour résoudre un problème : *comparer la longueur de différents itinéraires sur un quadrillage.*

C Discerner, parmi plusieurs questions, celles dont la réponse est calculable : *un tout et une de ses parties sont connus, on cherche l'autre partie.*
Le travail sur un cahier est recommandé (cf. page 14).

A

Problème : Dans la cour d'une école, il y a 4 rangées de 5 arbres.
Combien y a-t-il d'arbres dans la cour de cette école ?

Pour résoudre ce problème, Sébastien, Mélanie et Cécile ont fait un schéma.
Un seul schéma est juste. Entoure-le.

Sébastien

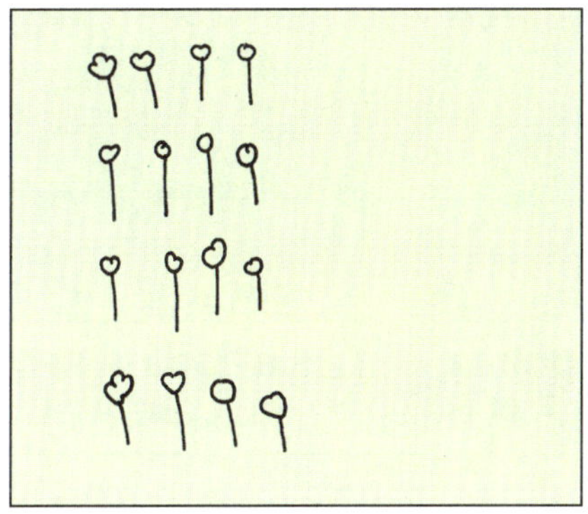
Mélanie

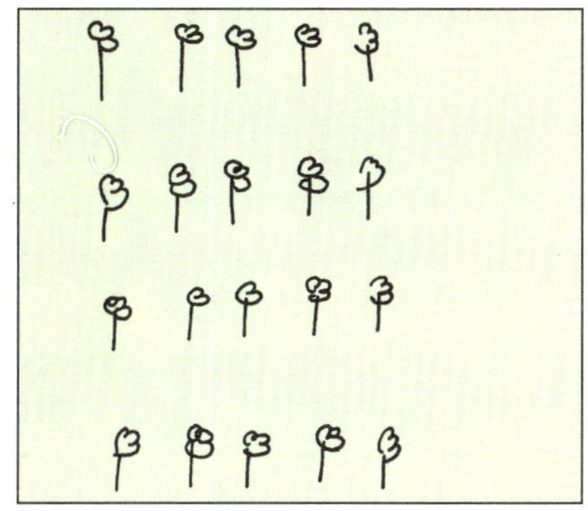
Cécile

Le schéma juste est celui de ....

Termine son travail en écrivant une égalité et la solution : ....

....

Le schéma de .... est faux parce que ....

....

Le schéma de .... est faux parce que ....

....

B

Problèmes à résoudre sur le cahier

Fais un schéma et réponds.

1 ▶ Un jardinier a planté 3 rangées de 6 salades.
Combien de salades ce jardinier a-t-il plantées ?

2 ▶ Dans un parking, il y a 16 places. 9 places sont déjà occupées par des voitures.
Dans ce parking, combien de places sont libres ?

Fais un schéma ou écris une égalité.

3 ▶ Dimanche, à la pâtisserie, Monsieur Mangetot achète 5 éclairs, 4 tartelettes et 6 mille-feuilles.
Combien de gâteaux Monsieur Mangetot achète-t-il ?

4 ▶ Paul ouvre un paquet de 25 gaufrettes et il en mange 3.
Combien de gaufrettes y a-t-il maintenant dans le paquet ?

5 ▶ Dans sa tirelire, Marie n'a que des pièces de 5 F. En tout, elle a 20 francs.
Combien Marie a-t-elle de pièces de 5 F ?

C

A Calcul oral : même activité que page 14 (additions du type 9 + n, 8 + n).

B Apprendre à schématiser la situation décrite dans un problème : *situation multiplicative (signification de l'expression : "x rangées de n objets").*

C Résolution de problèmes variés énoncés de façon classique.

Points, segments et droites

A

Observe.

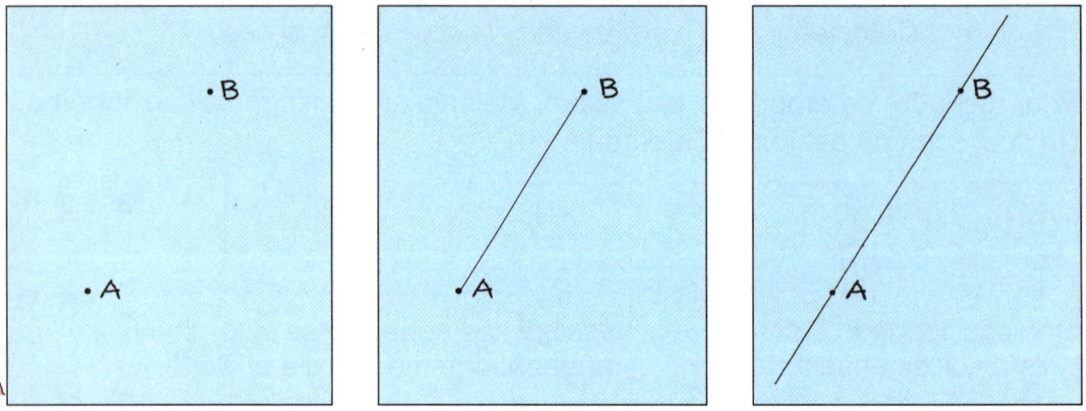

Sur cette feuille, on voit **2 points**. Mathilde leur a donné **2 noms** : A et B.

Elle a tracé le **segment** qui relie A et B.

Elle a tracé la **droite** qui passe par A et B.

Fais comme Mathilde, donne 2 noms à ces 2 points (choisis les lettres que tu veux).

Trace le **segment** qui relie ces deux points.

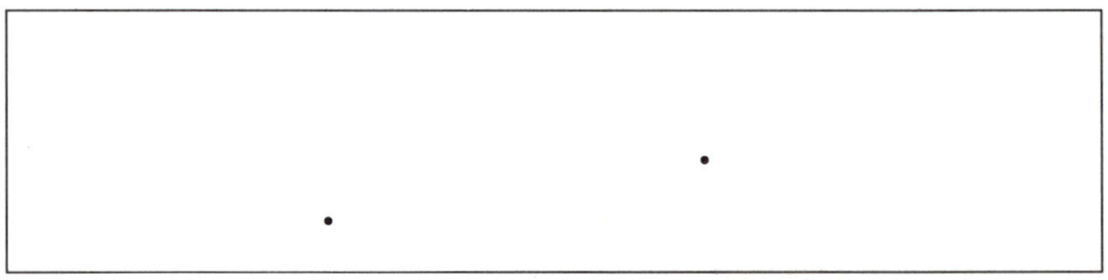

Donne 2 noms à ces 2 points (choisis les lettres que tu veux).

Trace la **droite** qui passe par ces deux points.

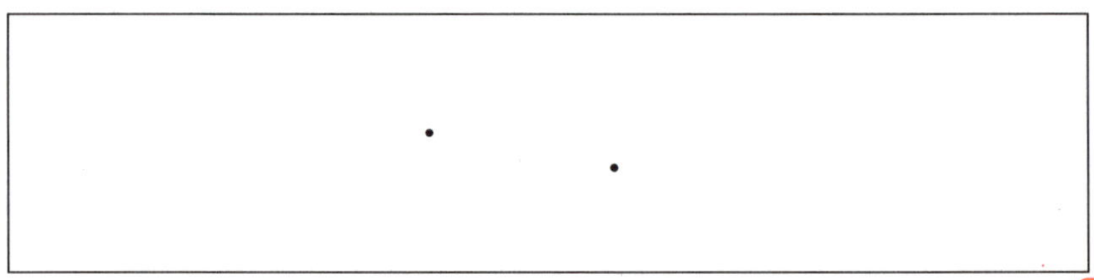

B

1 Trace la droite qui passe par B et E.

2 Trace la droite qui passe par A et D.

3 Dessine le point où se croisent la droite B E et la droite A D. Appelle ce point F.

4 Trace la droite qui passe par C et F.

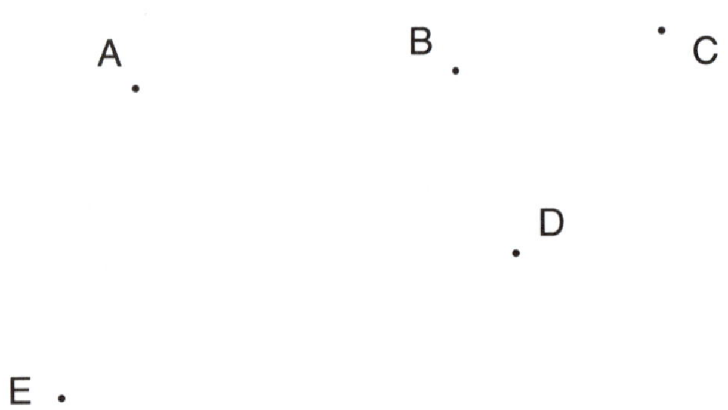

C

1 Trace le segment F H.

2 Trace le segment K G.

3 Dessine le point où se croisent les segments F H et K G. Appelle-le M.

4 Trace le segment M J.

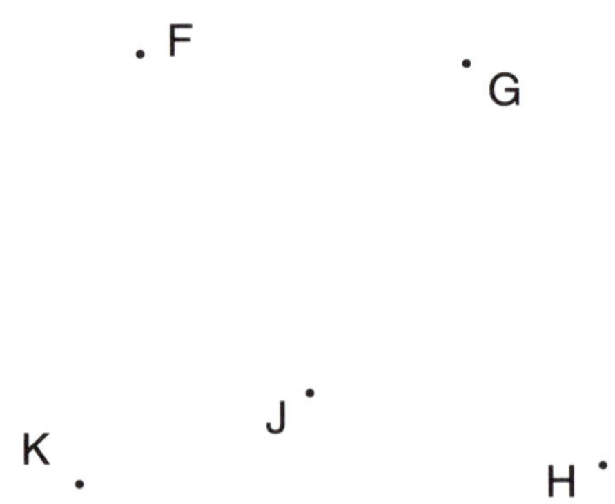

D

A Calcul rapide : on propose des additions de la forme 9 + n et des doubles.

B Distinguer les points et leur nom. Distinguer le segment et la droite.

C et D Comprendre les consignes d'un exercice de géométrie : tracer des droites et des segments. Leur intersection détermine un point.

bilan intermédiaire 1re période

dictée
jusqu'à 100

Ecris en lettres.
32 ....
56 ....
70 ....
89 ....

Ecris en chiffres.

Quarante-huit .... Douze ....

Vingt et un .... Seize ....

Soixante-cinq .... Onze ....

Quatre-vingt-dix-sept ....

Combien Picbille et Dédé ont-ils de billes ensemble ?

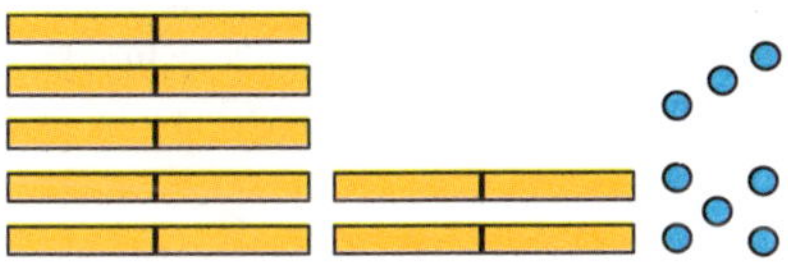

Ici il y a ...... billes.

Ici il y a ...... billes.

Dessine les boîtes et les billes en les rangeant comme Picbille et Dédé.

62 | 85

Complète.

Il y a ...... francs.

Dessine comme Perrine les pièces de 10 F et les pièces de 1 F.

73 francs | 58 francs

Ecris les doubles, sinon laisse en blanc.

...... + ... = 8	...... + ... = 18
...... + ... = 11	...... + ... = 13
...... + ... = 16	...... + ... = 10
...... + ... = 9	...... + ... = 14

Calcule.

9 + 6 = ...	8 + 5 = ...
8 + 3 = ...	7 + 9 = ...
4 + 9 = ...	9 + 5 = ...
9 + 8 = ...	6 + 8 = ...

Vers le calcul oral : 20 + 30, 28 + 30

dictée

A

Mathilde et Mathieu calculent ***"vingt + trente"***.

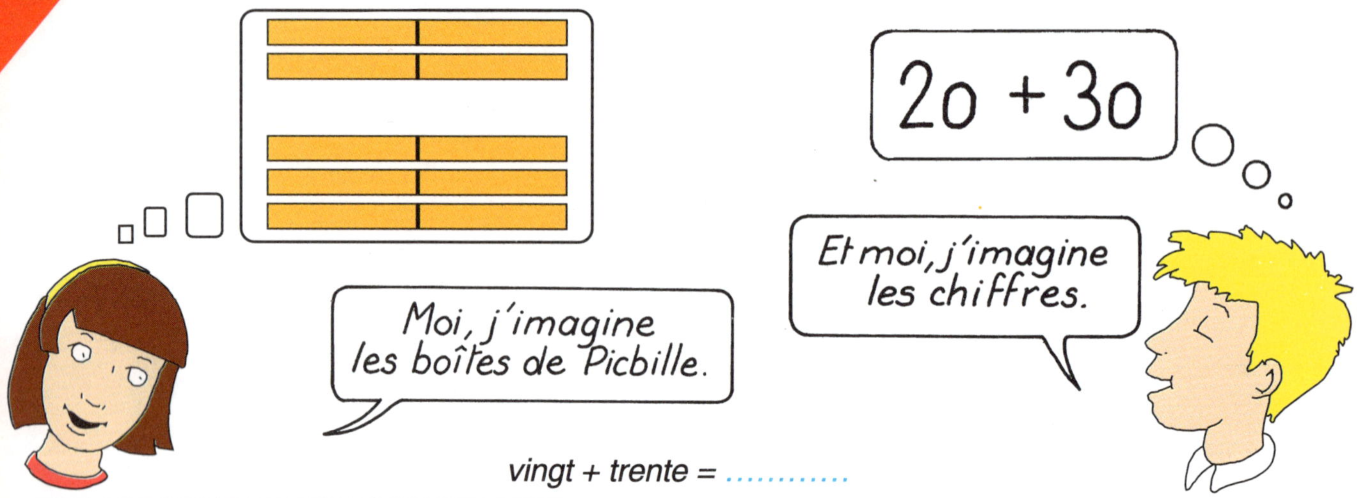

vingt + trente = ...

Calcule.

vingt + vingt = ...

quarante + vingt = ...

trente + trente = ...

cinquante + vingt = ...

cinquante + trente = ...

quarante + trente = ...

soixante + vingt = ...

cinquante + cinquante = ...

soixante-dix + vingt = ...

quarante + quarante = ...

B

Jeu des cibles Dessine les 3 trous dans la cible et complète l'égalité.

Eric a 18 points — Julie a 10 points — Pierre a 17 points — Anne a 13 points

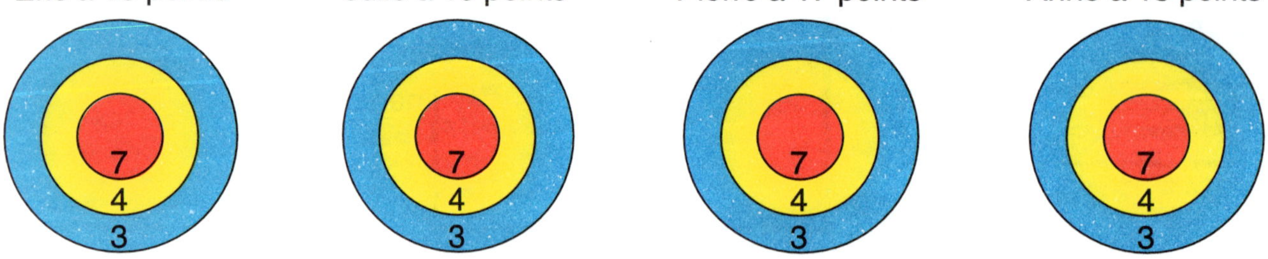

18 = ... + ... + ...

10 = ... + ... + ...

17 = ... + ... + ...

13 = ... + ... + ...

C

Ecris sous la file numérique les nombres suivants : 65, 89, 94, 71, 98, 75, 83, 57.

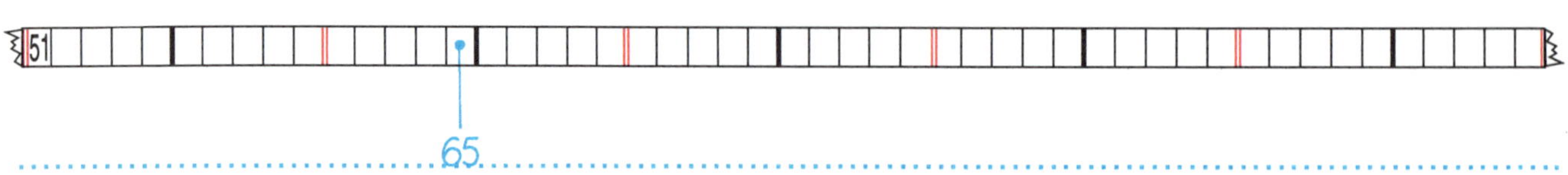

D

A Dictée de nombres de 69 à 100.

B Vers le calcul *oral* : alors que le calcul de *"deux plus trois"* est immédiat, celui de *"vingt plus trente"* n'est pas évident. Il faut donc se ramener au calcul simple : *"deux dizaines plus trois dizaines, c'est cinq dizaines"*.

C Décompositions additives de nombres inférieurs à 20.

D Repérer des nombres < 100 sur la file numérique.

A

Picbille calcule ***"vingt-huit + trente".***

vingt-huit + trente = ...

Imagine les boîtes ou les chiffres et calcule.
Si tu n'es pas sûr(e), écris ou dessine au brouillon.

cinquante-trois + vingt = ...

trente-sept + trente = ...

dix-neuf + quarante = ...

vingt et un + quarante = ...

trente-deux + soixante = ...

quarante-six + quarante = ...

vingt-cinq + cinquante = ...

B

Complète.

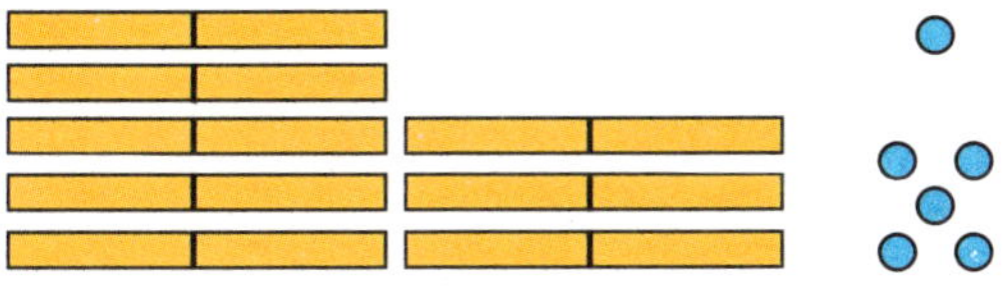

86 = 50 + ...

70 = 50 + ...	99 = 50 + ...
78 = 50 + ...	80 = 50 + ...
65 = 50 + ...	92 = 50 + ...
90 = 50 + ...	100 = 50 + ...

C

1 Trace la droite qui passe par A et B.

2 Trace la droite qui passe par C et D.

3 Trace les 4 segments suivants :
AD, CB, AC et DB.

D

A Calcul oral : additions du type 20 + 30.

B Vers le calcul *oral* : on entend *"vingt-huit plus trente"*, on le calcule en se ramenant à *"vingt plus trente"* (le nombre des unités n'est affecté par aucune transformation).

C Le repère 50 pour structurer les nombres jusqu'à 100 : entretien.

D Tracer des droites et des segments : entretien.

A

Dès que Perrine a 10 pièces de 1 F, elle les échange contre une pièce de 10 F.
Dessine les pièces après l'ajout.

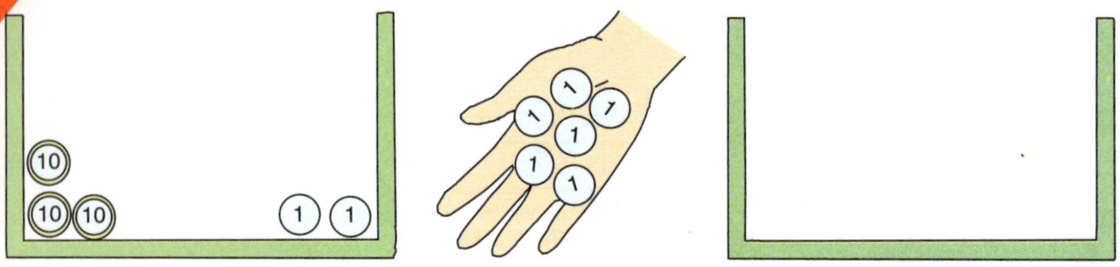

avant — après

$$\begin{array}{r} 32 \\ +\ \ 6 \\ \hline \dots\dots \end{array}$$

Une nouvelle dizaine exactement.

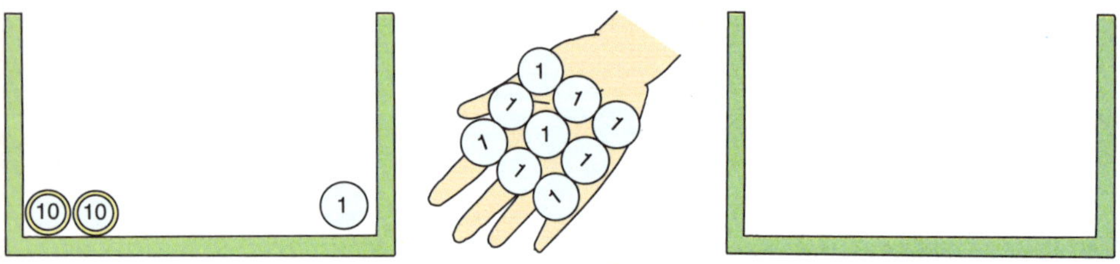

avant — après

$$\begin{array}{r} 21 \\ +\ \ 9 \\ \hline \dots\dots \end{array}$$

Une nouvelle dizaine et 2 unités.

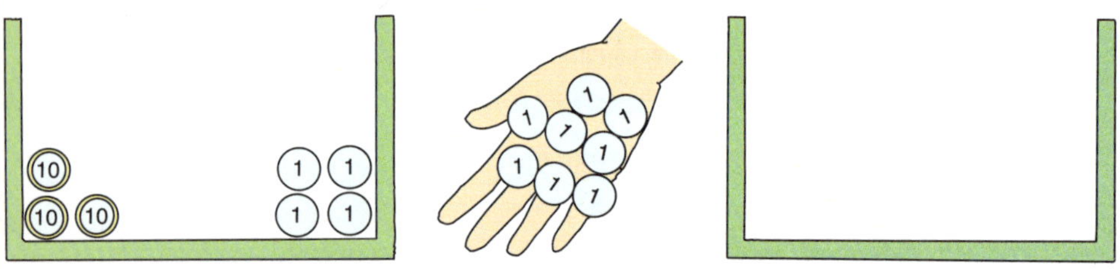

avant — après

$$\begin{array}{r} 34 \\ +\ \ 8 \\ \hline \dots\dots \end{array}$$

B

Calcule en colonnes.

$$\begin{array}{r} 53 \\ +\ \ 8 \\ \hline \dots\dots \end{array} \quad \begin{array}{r} 32 \\ +\ \ 6 \\ \hline \dots\dots \end{array} \quad \begin{array}{r} 29 \\ +\ \ 4 \\ \hline \dots\dots \end{array} \quad \begin{array}{r} 43 \\ +\ \ 7 \\ \hline \dots\dots \end{array} \quad \begin{array}{r} 36 \\ +\ \ 6 \\ \hline \dots\dots \end{array} \quad \begin{array}{r} 45 \\ +\ \ 9 \\ \hline \dots\dots \end{array}$$

C

Calcule en ligne.

23 + 9 = ...	*cinquante et un + neuf =* ....
46 + 4 = ...	*trente-cinq + deux =* ....
59 + 4 = ...	*vingt-huit + deux =* ....
37 + 7 = ...	*trente-quatre + huit =* ....
64 + 9 = ...	*quarante-six + six =* ....

D

A Calcul oral : l'enseignant propose d'abord une addition du type 20 + 30. La suivante est du type 28 + 30 : le résultat de la première aide à trouver le résultat de la seconde. On continue avec 10 + 40 et 17 + 40 par ex., etc.

B C D Vers le calcul oral des additions du type 34 + 8. Dans l'addition en colonnes, on ne commence pas toujours par le nombre qui est en haut (pour 34 + 8 par exemple, on commence par calculer 8 + 4). C'est pourquoi cette disposition favorise l'apprentissage du calcul mental de ce type d'addition (cf. activité D).

A

Mathieu a tracé cette figure
à partir de points colorés.
Ecris le code des différents points.

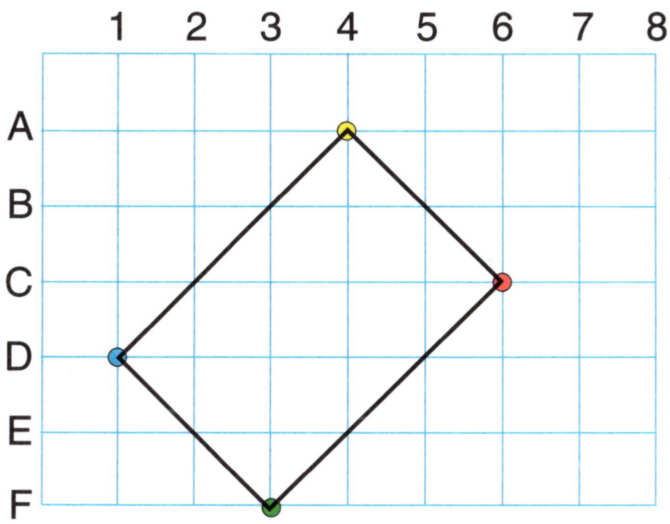

● (jaune) : (.... , ...) ● (vert) : (.... , ...)
● (rouge) : (.... , ...) ● (bleu) : (.... , ...)

Cette figure est un ....

Place les points suivants :

● (jaune) : (A, 2) ● (vert) : (E, 1)
● (rouge) : (G, 5) ● (bleu) : (C, 3)

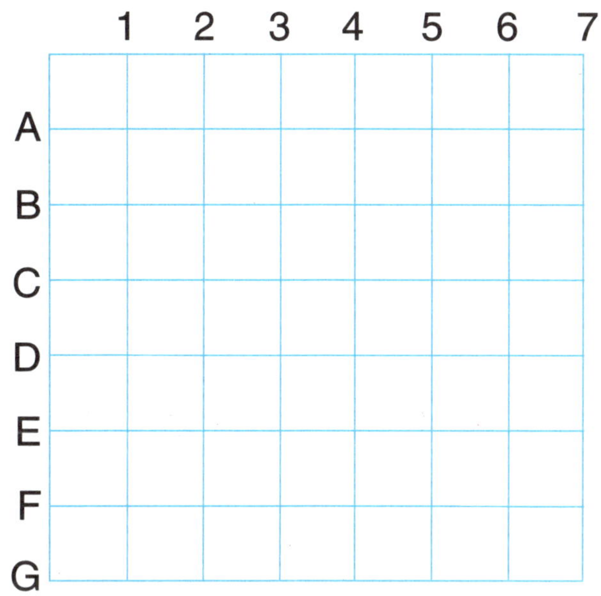

A la règle, relie soigneusement
les points dans l'ordre ● (rouge) → ● (vert) → ● (jaune) → ● (bleu) → ● (rouge)

Cette figure est un ....

B

Calcule en colonnes.

```
  2 9      4 3
+   8    +   6
 ....     ....

  6 5      7 3
+   5    +   8
 ....     ....
```

C

Calcule en ligne.

dix + vingt = ...

trente + vingt = ...

quarante + cinquante = ...

dix + cinquante = ...

quarante + vingt = ...

soixante + trente = ...

soixante-dix + vingt = ...

D

Ecris sous la file numérique les nombres suivants : 79, 90, 70, 99, 59, 85, 64, 74.

.... 79 ....

E

A Calcul oral : addition d'un nombre à 2 chiffres et d'un nombre à 1 chiffre. Cas sans retenue (ex. : 43 + 5), avec une nouvelle dizaine exactement (ex. : 24 + 6) et "passage de la dizaine" (ex. : 39 + 7).

B Repérage de nœuds sur un quadrillage par des coordonnées cartésiennes.

C Addition en colonnes : entretien.

D Vers le calcul oral de l'addition des nombres de 2 chiffres : entretien.

E Repérer des nombres jusqu'à 100 sur la file numérique.

A

Observe : Dans ce tableau, la directrice d'une école a écrit combien d'enfants mangent à la cantine.

Cantine 2e semaine d'octobre

	CP	CE 1	CE 2	CM 1	CM 2
Lundi	2	5	3	5	9
Mardi	3	7	4	3	8
Jeudi	3	8	5	4	9
Vendredi	2	5	3	5	10

Combien d'élèves de CM 1 mangent à la cantine le jeudi ? ....

Quel est le jour où 7 élèves de CE 1 mangent à la cantine ? ....

Combien d'élèves de CE 2 mangent à la cantine le lundi ? ....

Quel est le jour où 10 élèves de CM 2 mangent à la cantine ? ....

Le mardi, dans quelle classe y a-t-il le plus d'élèves qui mangent à la cantine ? ....

Le vendredi, combien y a-t-il d'élèves dans la cantine de l'école ? ....

....

B

Imagine : *Un matin, dans une classe de CM, 13 filles et 10 garçons sont présents.*

Barre les questions quand on ne peut pas savoir.
Réponds aux autres questions.

1 ▶ *Combien d'enfants sont présents dans cette classe ?* ....

2 ▶ *Combien d'élèves sont absents ?* ....

3 ▶ *Combien de tables y a-t-il dans cette classe ?* ....

4 ▶ *Y a-t-il plus de filles que de garçons ?* .... *Combien ?* ....

5 ▶ *Combien de ces élèves mangeront à la cantine le midi ?* ....

....

C

A Calcul oral : même activité que page 29.

B Rechercher dans un document les informations pertinentes pour résoudre un problème : *lecture d'un tableau à double entrée.*

C Discerner, parmi des questions, celles dont la réponse est calculable : *problème de comparaison.* Le travail sur un cahier est recommandé (cf. p. 14).

A

Problème : A la boulangerie, le prix d'une brioche est de 5 francs.
Dimanche matin, Monsieur Legrand achète 4 brioches.

Combien doit-il payer ?

Pour résoudre ce problème, Sébastien, Mélanie et Cécile ont fait un schéma.
Un seul schéma est juste. Entoure-le.

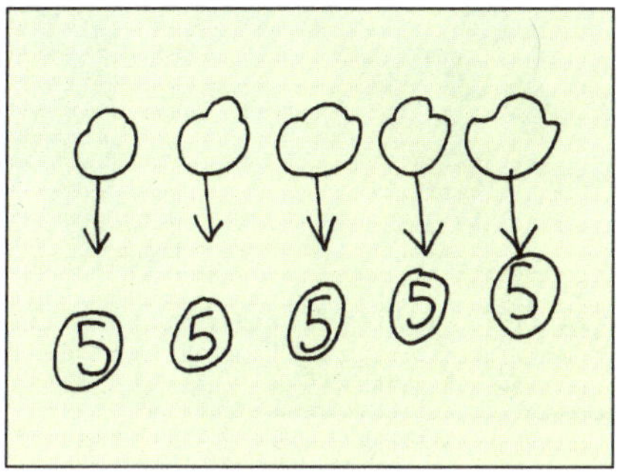

Cécile

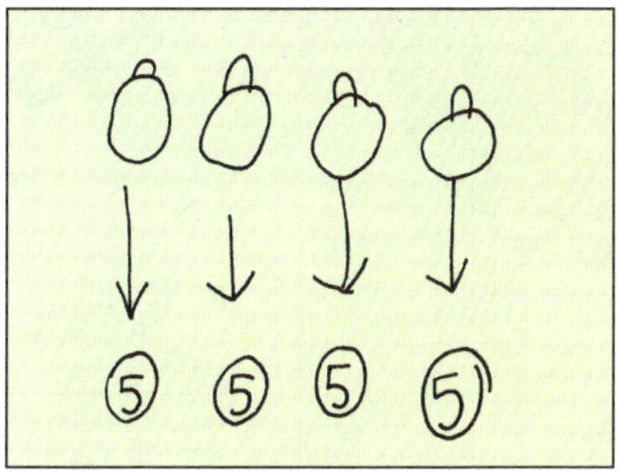

Mélanie

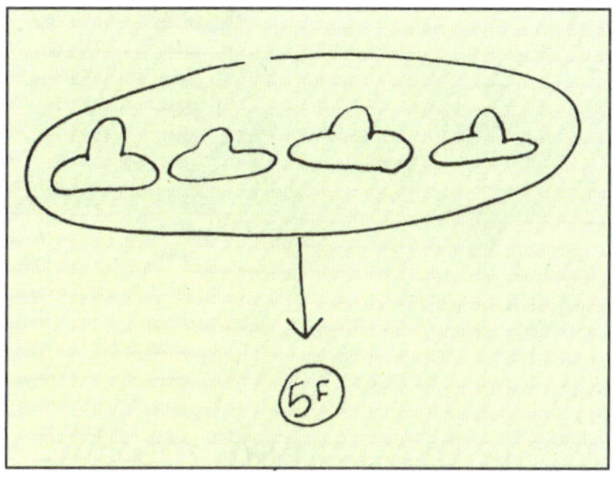

Sébastien

Le schéma juste est celui de ....

Termine son travail en écrivant une égalité et la solution : ....

Le schéma de .... est faux parce que ....

....

Le schéma de .... est faux parce que ....

....

B

Problèmes à résoudre sur le cahier

Fais un schéma et réponds.

1 Le billet de tombola d'une école coûte 10 francs.
Vincent a vendu 6 billets de tombola.
Combien d'argent Vincent a-t-il obtenu pour l'école ?

2 Dans sa trousse, Maria a 10 crayons.
3 de ces crayons sont des crayons noirs et les autres sont des crayons de couleur.
Combien y a-t-il de crayons de couleur dans la trousse de Maria ?

Fais un schéma ou écris une égalité.

3 Au restaurant, Madame Dupré a mangé une pizza à 24 F et un dessert à 10 F.
Elle a pris aussi un café à 5 F.
Combien doit-elle payer pour son repas ?

4 Dans une classe de CE 2,
Il y a 3 rangées de 6 tables.
Combien y a-t-il de tables ?

5 Charlotte avait 16 images d'animaux.
Mais son petit frère a déchiré 5 de ces images.
Combien Charlotte a-t-elle d'images maintenant ?

C

A Calcul oral : suite de deux additions du type 20 + 30, 24 + 30 (même activité que page 28).

B Apprendre à schématiser la situation décrite dans un problème : *situation multiplicative (signification de l'expression : "le prix d'un...").*

C Résolution de problèmes variés énoncés de façon classique.

L'ajout de 5 (7 + 5, 27 + 5)

A

L'écureuil compte 7 + 5.

Vérifie et complète l'égalité. 7 + 5 = ...

Picbille et Dédé calculent 7 + 5.

7 + 5 = ...

B

Dessine les billes et complète les égalités.

8 + 5 = ... | 6 + 5 = ... | 5 + 9 = ...

C

Calcule en colonnes.

3 5	2 7	6 8	5 5	8 5	6 5
+ 8	+ 5	+ 5	+ 6	+ 9	+ 7
....	....	....	....	....	....

D

Calcule en ligne.

25 + 6 = ...

57 + 5 = ...

45 + 8 = ...

78 + 5 = ...

66 + 5 = ...

85 + 7 = ...

trente-cinq + sept = ...

cinquante-six + cinq = ...

vingt-cinq + huit = ...

soixante-huit + cinq = ...

quarante-six + cinq = ...

quatre-vingt-cinq + sept = ...

E

A Calcul oral : même activité que page 28 (suite de deux additions de la forme 30 + 20, 37 + 20).

B C D E Comparaison du comptage et du calcul : l'écureuil compte successivement 7 et 5 puis il recompte le tout. Picbille et Dédé "voient" 7 comme 5 + 2 ; ils calculent 7 + 5 comme 5 + 2 + 5 (stratégie du "retour aux 5"). En D et E, réinvestissement de cette stratégie pour l'addition d'un nombre de 2 chiffres et d'un nombre de 1 chiffre.

A

Observe ces deux morceaux de file numérique.

22	23	24	25	26	27	

Ecris le nombre qui vient **juste après 27.**

	70	71	72	73	74	75

Ecris le nombre qui vient **juste avant 70.**

Complète.

nombre juste avant	nombre donné	nombre juste après
......	6	......
......	8	......
......	51	......
......	12	......
......	15	......
......	60	......
......	80	......
......	99	......

B

Calcule.

vingt + quarante = ...

dix + trente = ...

vingt + cinquante = ...

trente + quarante = ...

quarante + dix = ...

vingt + soixante = ...

soixante + trente = ...

C

Observe les schémas de ces meubles.

Une commode

Une armoire

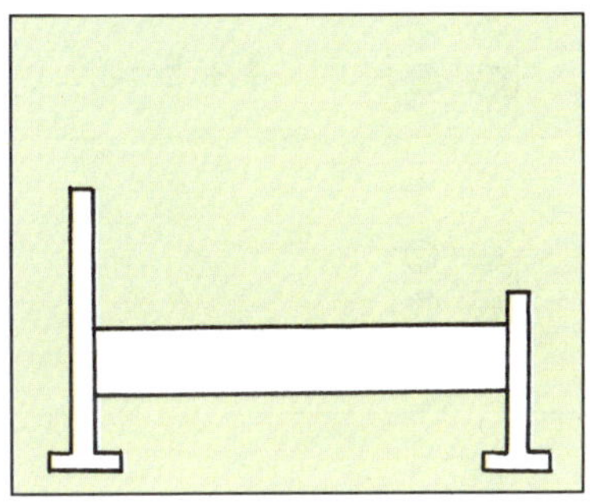

Un lit

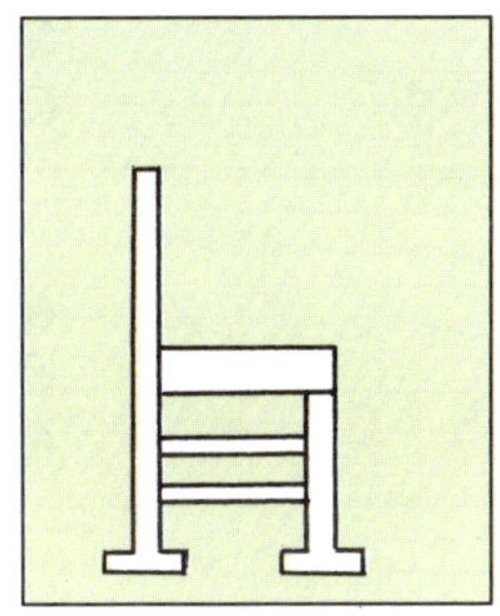

Une chaise

Imagine qu'on relie ces points dans l'ordre suivant :
- d'abord **A B C D A**
- puis **E F G H E**
- enfin **I J K L I**

On obtiendra le schéma d' ....

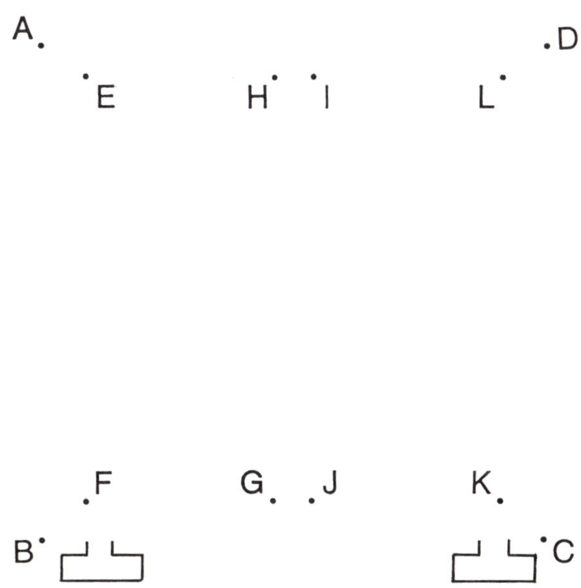

Vérifie en reliant les points avec ta règle.

D

A Calcul oral : addition d'un nombre à 2 chiffres et d'un nombre à 1 chiffre (même activité que page 29).

B Nombre précédent et nombre suivant d'un nombre donné.

C Vers le calcul oral : entretien.

D Anticiper une forme à partir de points qui en déterminent le contour.

A

Observe comment Perrine fait l'addition d'un nombre et de celui qui vient juste après. Continue son travail.

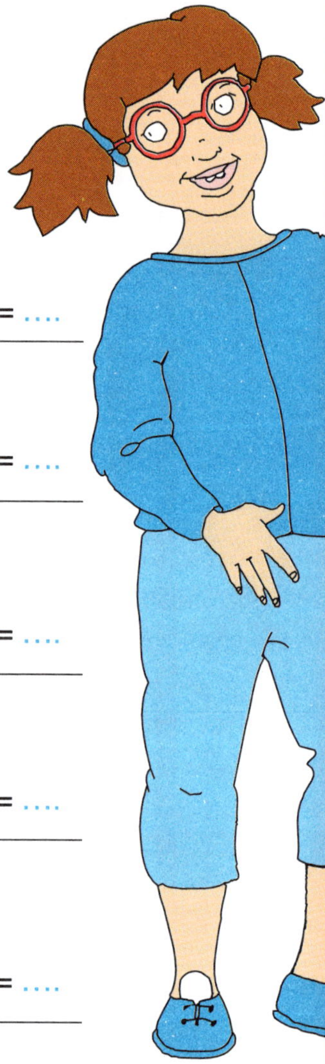

3 + 4 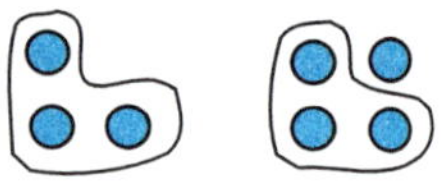 3 + 4 = ...

4 + 5 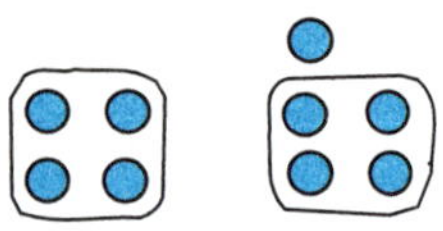 4 + 5 = ...

5 + 6 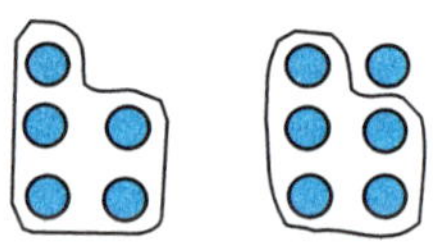 5 + 6 = ...

6 + 7 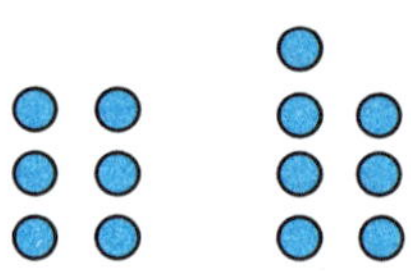 6 + 7 = ...

7 + 8 7 + 8 = ...

8 + 9 8 + 9 = ...

B

Calcule.

36 + 7 = ...	83 + 4 = ...
57 + 6 = ...	47 + 8 = ...
65 + 6 = ...	78 + 7 = ...
77 + 8 = ...	88 + 9 = ...

C

Calcule en ligne.

27 + 8 = ...	*quarante-sept + huit =* ......
46 + 7 = ...	*vingt-six + sept =* ......
73 + 4 = ...	*soixante-quatorze + cinq =* ......
68 + 9 = ...	*trente-sept + huit =* ......
58 + 7 = ...	*quatre-vingt-cinq + six =* ......
86 + 7 = ...	*quatre-vingt-treize + quatre =* ......

D

A Calcul oral : additions du type 7 + 5 ("retour aux 5") et passage de la dizaine (9 + n, 8 + n).

B Calculer l'addition d'un nombre et de son suivant en s'appuyant sur la connaissance des doubles.

C et D Réinvestissement de cette stratégie dans l'addition d'un nombre à 2 chiffres et d'un nombre à 1 chiffre.

A

Fabrique-toi une équerre en suivant ces indications.

1 Prends une feuille de papier et plie-la comme tu veux.

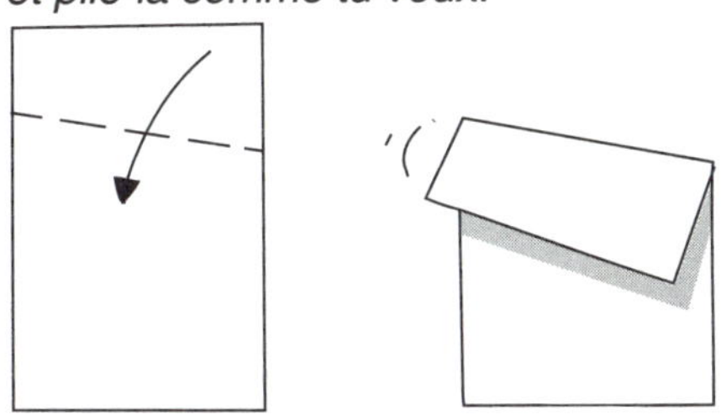

2 Avec beaucoup de soin, fais un deuxième pli en mettant bien bord à bord, comme ceci :

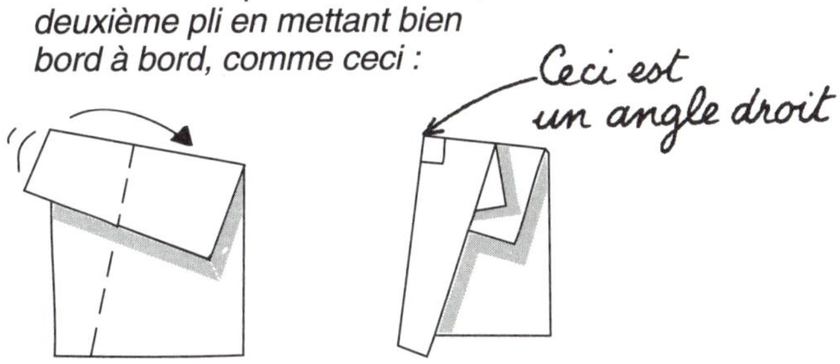

3 Colorie l'angle droit sur ton équerre.

4 Vérifie ces angles avec ton équerre. Colorie les angles droits.

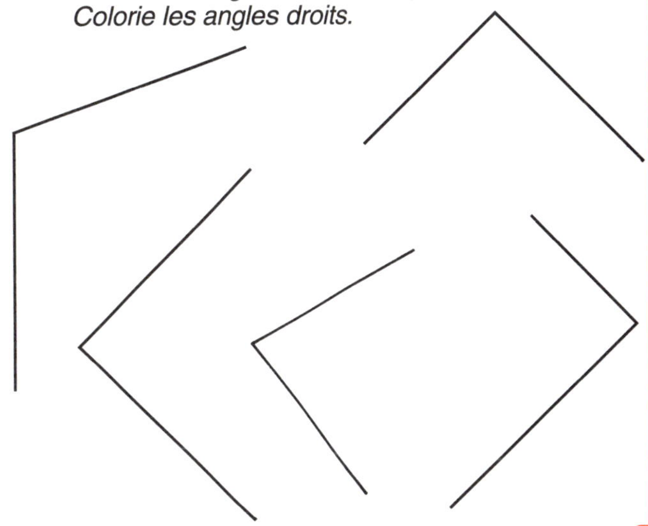

B

Imagine qu'on prolonge ces droites à l'aide d'une règle et réponds (entoure ce qui est vrai).

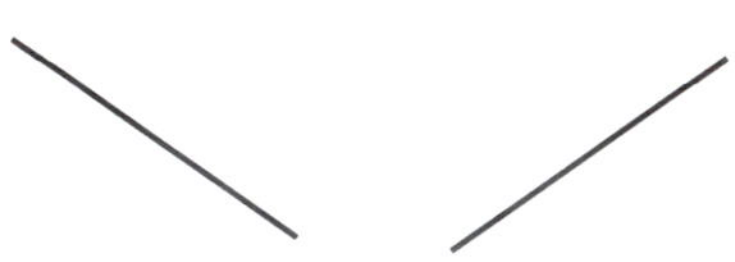

Ces 2 droites se croisent à angle droit : OUI NON

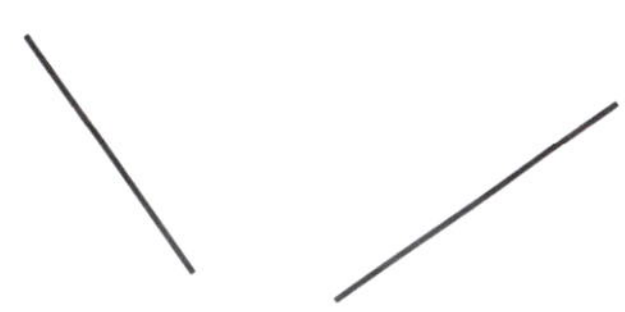

Ces 2 droites se croisent à angle droit : OUI NON

Ces 2 droites se croisent à angle droit : OUI NON

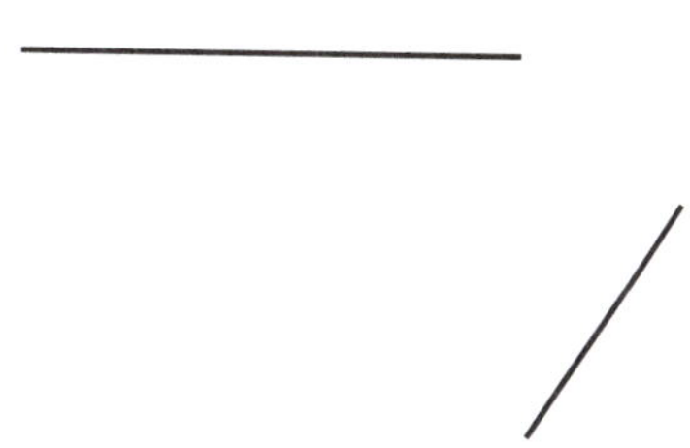

Ces 2 droites se croisent à angle droit : OUI NON

Pour vérifier tes réponses prolonge les droites à l'aide de ta règle et utilise ton équerre.

J'apprends : Quand 2 droites se croisent à angle droit, on dit qu'elles sont **perpendiculaires.**

C

Calcule en colonnes.

$$\begin{array}{r} 29 \\ +\ 6 \\ \hline \dots\dots \end{array} \qquad \begin{array}{r} 45 \\ +\ 8 \\ \hline \dots\dots \end{array}$$

$$\begin{array}{r} 47 \\ +\ 5 \\ \hline \dots\dots \end{array} \qquad \begin{array}{r} 76 \\ +\ 7 \\ \hline \dots\dots \end{array}$$

$$\begin{array}{r} 68 \\ +\ 8 \\ \hline \dots\dots \end{array} \qquad \begin{array}{r} 89 \\ +\ 4 \\ \hline \dots\dots \end{array}$$

Calcule en ligne.

61 + 4 = ...

57 + 8 = ...

38 + 5 = ...

48 + 8 = ...

73 + 9 = ...

D

A Calcul oral : même activité que page 34.

B L'angle droit : construire une équerre et distinguer parmi des angles ceux qui sont droits. L'emploi d'un papier calque pour fabriquer cette équerre permet de mieux visualiser les angles aigus.

C Anticiper l'intersection de 2 droites pour déterminer celles qui se coupent à angle droit. Introduction du vocabulaire conventionnel : *droites perpendiculaires.*

D Addition de nombres à 2 chiffres et de nombres à 1 chiffre : entretien.

Vers le calcul oral des additions du type 24 + 38

A

Ensemble, Mathilde et Mathieu calculent 24 + 38.

24 + 38 = 24 + 30 + 8

Calcule en décomposant le deuxième nombre.

43 + 15 = 43 + 10 + ...

23 + 38 = 23 + 30 + ...

37 + 27 = 37 + 20 + ...

34 + 36 = 34 + 30 + ...

19 + 26 = 19 + ... + ...

56 + 43 = 56 + ... + ...

J'apprends : Pour ajouter **37**, je peux ajouter **30**, puis **7**.

B

Jeu des cibles

Dessine les 3 trous dans la cible et complète l'égalité.

Eric a 10 points

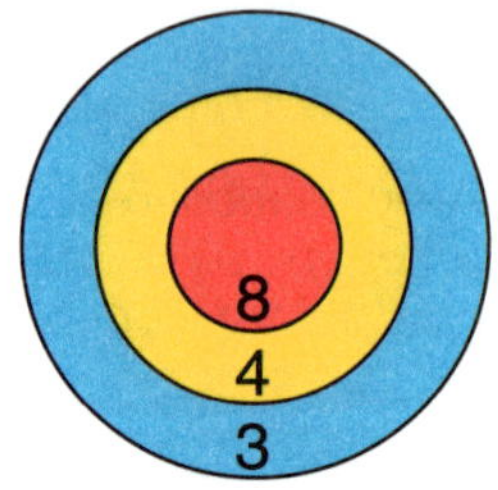

10 = ... + ... + ...

Julie a 15 points

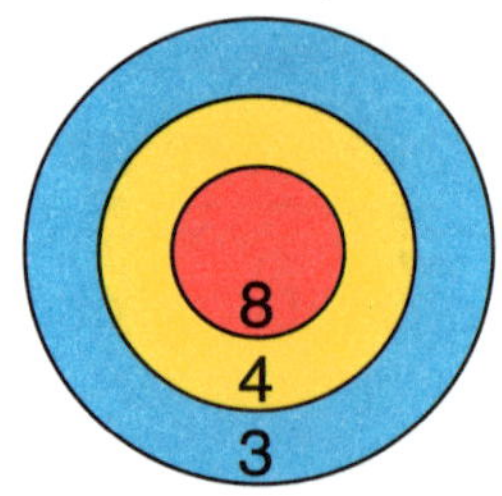

15 = ... + ... + ...

Pierre a 16 points

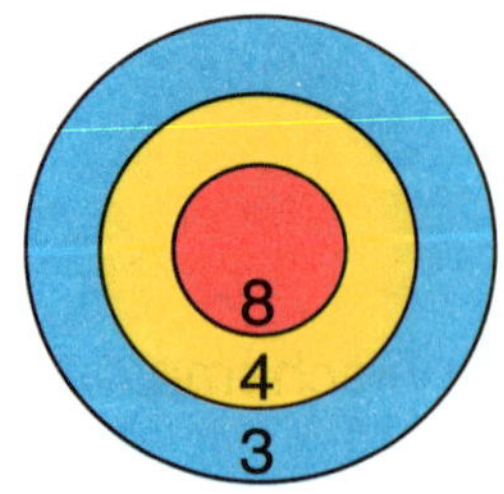

16 = ... + ... + ...

Anne a 14 points

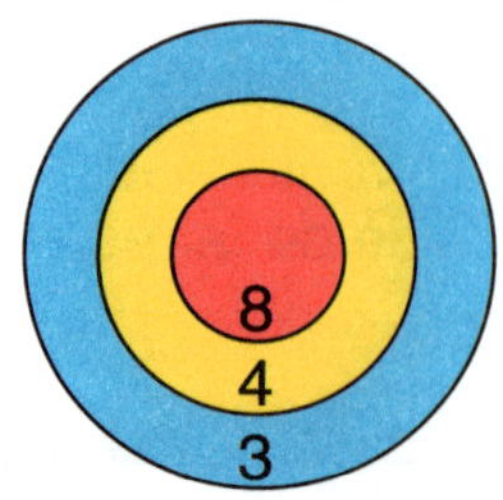

14 = ... + ... + ...

C

A Calcul oral : additions de nombres à 2 chiffres (même activité que page 28).

B Vers le calcul oral de l'addition de deux nombres à 2 chiffres. La stratégie la plus performante est souvent la suivante : pour 38 + 24 par exemple, *"38 et 20, 58 et 4, 62"*.

C Différentes décompositions des 20 premiers nombres.

dictée jusqu'à 100

Calcule.

cinquante + dix = ...	*trente + trente =* ....
vingt + vingt = ...	*vingt + soixante =* ....
cinquante + trente = ...	*soixante-dix + dix =* ....
vingt + trente = ...	*trente + soixante =* ....

Complète l'égalité.

80 = 50 + ...

Dessine en rangeant comme Picbille et Dédé, puis complète.

72

72 = 50 + ...

90

90 = 50 + ...

Calcule.

7 + 7 = ...	6 + 9 = ...
8 + 4 = ...	8 + 7 = ...
7 + 5 = ...	3 + 7 = ...
4 + 6 = ...	9 + 9 = ...

Calcule.

22 + 6 = ...	42 + 8 = ...
38 + 8 = ...	73 + 4 = ...
47 + 5 = ...	16 + 6 = ...
36 + 7 = ...	82 + 9 = ...

nombre juste avant	nombre donné	nombre juste après
......	16	......
......	50	......
......	79	......
......	90	......

Problèmes à résoudre sur feuille

Fais un schéma ou écris une égalité.

1 ▶ Chez le libraire, Julie achète un cahier à 9 F et un stylo à 14 F.

Combien Julie doit-elle payer pour ces achats ?

2 ▶ Yves a 10 chewing-gums. 3 de ces chewing-gums sont rectangulaires et les autres sont ronds.

Combien Yves a-t-il de chewing-gums ronds ?

3 ▶ A la pâtisserie, il y a 4 rangées de 3 tartelettes.

Combien y a-t-il de tartelettes dans cette pâtisserie ?

4 ▶ Dans un réfrigérateur, il y a 4 yaourts à la fraise, 9 yaourts au chocolat et 6 yaourts nature.

Combien de yaourts y a-t-il dans ce réfrigérateur ?

A

Observe ce calendrier.

OCTOBRE	
L 1 Th. de l'E.J.	M 16 Edwige
M 2 Léger	M 17 Baudouin
M 3 Gérard	J 18 Luc
J 4 Fr. d'Ass.	V 19 René
V 5 Fleur	S 20 Adeline
S 6 Bruno	D 21 Céline
D 7 Serge	L 22 Elodie
L 8 Pélagie	M 23 Jean de C.
M 9 Denis	M 24 Florentin
M 10 Ghislain	J 25 Crépin
J 11 Firmin	V 26 Dimitri
V 12 Wilfried	S 27 Emeline
S 13 Géraud	D 28 Simon, Jude
D 14 Juste	L 29 Narcisse
L 15 Th. d'Avila	M 30 Bienvenue
	M 31 Quentin

NOVEMBRE	
J 1 TOUSSAINT	V 16 Marguerite
V 2 Défunts	S 17 Elisabeth
S 3 Hubert	D 18 Aude
D 4 Charles	L 19 Tanguy
L 5 Sylvie	M 20 Edmond
M 6 Bertille	M 21 Prés. Marie
M 7 Carine	J 22 Cécile
J 8 Geoffroy	V 23 Clément
V 9 Théodore	S 24 Flora
S 10 Léon	D 25 Catherine L.
D 11 ARMIST. 1918	L 26 Delphine
L 12 Christian	M 27 Séverin
M 13 Brice	M 28 Jacques d'I.M.
M 14 Sidoine	J 29 Saturnin
J 15 Albert	V 30 André

DECEMBRE	
S 1 Florence	D 16 Alice
D 2 Avent	L 17 Gaël
L 3 Xavier	M 18 Gatien
M 4 Barbara	M 19 Urbain
M 5 Gérald	J 20 Abraham
J 6 Nicolas	V 21 Pierre C.
V 7 Ambroise	S 22 HIVER
S 8 Im. Concept.	D 23 Armand
D 9 P. Fourier	L 24 Adèle
L 10 Romaric	M 25 NOEL
M 11 Daniel	M 26 Etienne
M 12 Jeanne-F.C.	J 27 Jean
J 13 Lucie	V 28 Innocents
V 14 Odile	S 29 David
S 15 Ninon	D 30 Roger
	L 31 Sylvestre

Combien y a-t-il de jours en octobre ? ....

Quel est le jour de la semaine qui correspond au 11 novembre ? ....

Quel prénom fêtera-t-on le jeudi 6 décembre ? ....

Tous les dimanches Nicolas a un match de football.
Quelle est la date de son premier match du mois d'octobre ? ....

Les vacances d'automne commencent le 27 octobre au matin.
Elles se terminent le 4 novembre au soir. Combien de jours durent-elles ? ....

B

Imagine : *Monsieur Martin veut faire une promenade en montagne.*
Il prend un billet de 50 F et part acheter une boussole et une carte de la région.
La boussole coûte 39 F et la carte coûte 10 F.

Barre les questions quand on ne peut pas savoir.
Réponds aux autres questions.

1 ▶ *Combien de temps mettra Monsieur Martin pour faire ses achats ?* ....

2 ▶ *Combien doit-il payer en tout pour ces deux achats ?* ....

3 ▶ *Monsieur Martin a-t-il pris assez d'argent pour payer ces deux achats ?* ....

4 ▶ *Il paie avec son billet de 50 F. Combien d'argent la caissière doit-elle lui rendre ?* ....

5 ▶ *Combien de kilomètres Monsieur Martin va-t-il parcourir pendant sa promenade ?* ....

C

A Calcul oral : additions de deux nombres à 2 chiffres (même activité que page 28).

B Rechercher dans un document les informations pertinentes pour résoudre un problème : *le calendrier.*

C Discerner parmi un ensemble de questions celles dont la réponse est calculable.
Le travail sur un cahier est recommandé (cf. page 14).

A

Problème : 12 amis vont au spectacle.
9 de ces amis prennent l'autobus et les autres y vont à pied.
Combien de ces amis vont au spectacle à pied ?

Pour résoudre ce problème, Sébastien, Mélanie et Cécile ont fait un schéma.
Un seul schéma est juste. Entoure-le.

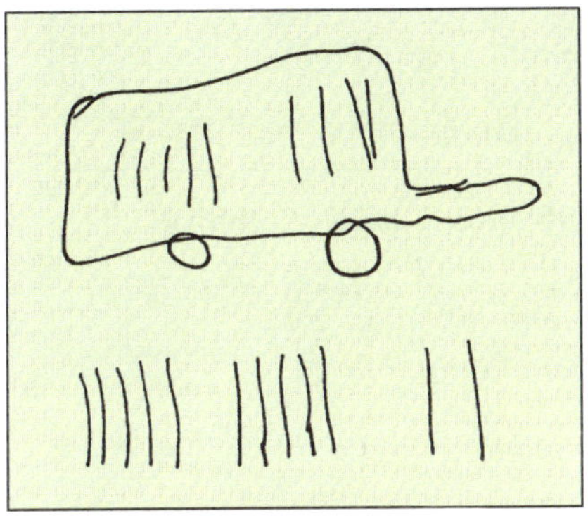

Mélanie

Cécile

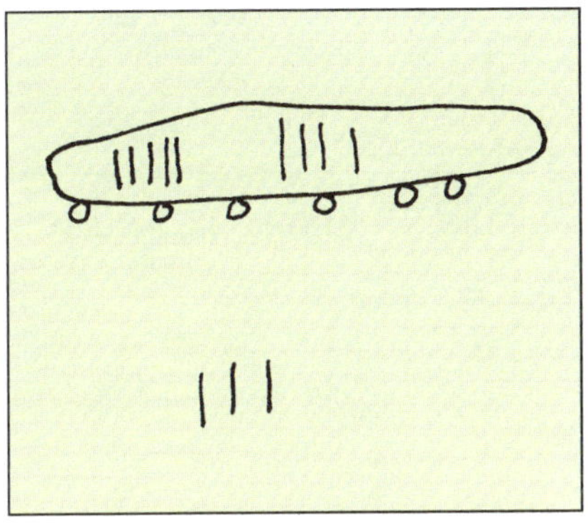

Sébastien

Le schéma juste est celui de .... Il y a ...... amis qui vont au spectacle à pied.

Le schéma de .... est faux parce que ....

....

Le schéma de .... est faux parce que ....

....

B

Problèmes à résoudre sur le cahier

Fais un schéma et réponds.

1 ▶ Mario a 18 images. 12 de ces images sont dans sa poche droite et les autres sont dans sa poche gauche.

Combien d'images Mario a-t-il dans sa poche gauche ?

2 ▶ Pour l'anniversaire de son amie, Annie apporte 4 paquets de 6 gâteaux.

Combien de gâteaux Annie apporte-t-elle ?

Fais un schéma ou écris une égalité.

3 ▶ Dans sa collection de timbres, Lucie a 36 timbres français et 20 timbres étrangers.

Combien de timbres y a-t-il dans la collection de Lucie ?

4 ▶ Dans sa tirelire, Paul n'a que des pièces de 5 F. En tout il a 30 F.

Combien de pièces de 5 F y a-t-il dans la tirelire de Paul ?

5 ▶ Dans une ferme, il y avait déjà 58 poussins. 9 nouveaux poussins sont nés dans la nuit.

Combien de poussins y a-t-il maintenant ?

C

A Calcul oral : additions du type 9 + n et n + 5 (même activité que page 34).

B Apprendre à schématiser la situation décrite dans un problème : *un tout et une de ses parties sont connus, on cherche l'autre partie.*

C Résolution de problèmes variés énoncés de façon classique.

Arithmétique : calcul réfléchi de la soustraction ; les multiples ; la centaine.
Géométrie : analyse et reproduction de tracés ; triangles, carrés et rectangles.
Mesure : longueurs (le centimètre).

Dédé a 9 billes. Il va donner 2 billes à Minibille et les autres à Maxibille.

Maxibille calcule 9 - 2.

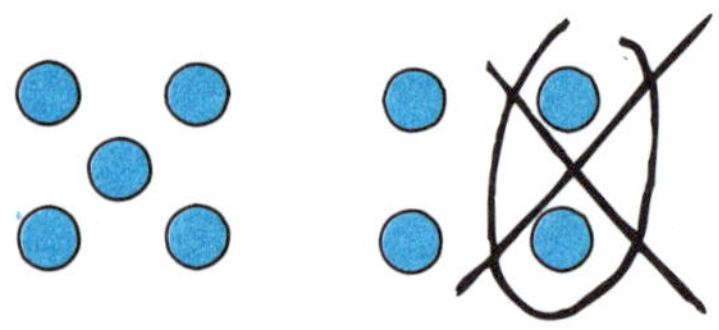

9 - 2 = ...

Dédé a 8 billes. Il va donner 6 billes à Maxibille et les autres à Minibille.

Minibille calcule 8 - 6.

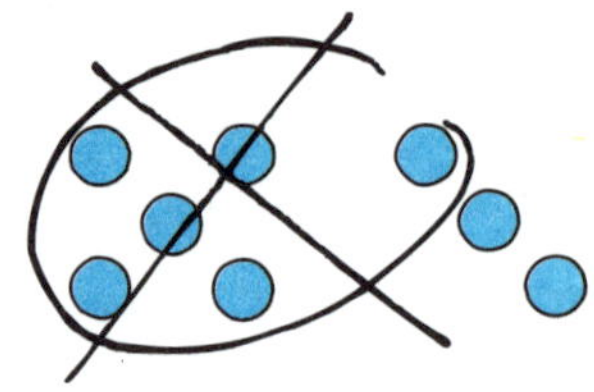

8 - 6 = ...

Calcule. Si tu n'es pas sûr(e), dessine.

8 - 2 = ...   7 - 3 = ...

9 - 4 = ...   6 - 2 = ...

Calcule. Si tu n'es pas sûr(e), dessine.

9 - 7 = ...   7 - 6 = ...

6 - 4 = ...   8 - 5 = ...

A

Calcule en décomposant le deuxième nombre.

37 + 27 = 37 + 20 + ...

....

....

34 + 36 = 34 + 30 + ...

....

....

24 + 65 = 24 + ... + ...

....

....

B

Jeu du nombre mystérieux

2   3   4   5   6

7   8   9   10   12

Règle du jeu :

*Si tu calcules bien ces opérations, tu retrouveras tous les nombres inscrits dans les cercles, **sauf un.** C'est **le nombre mystérieux.***

Mais, fais bien attention, il y a des additions et des soustractions !

8 - 3 = ...   9 - 2 = ...   4 + 4 = ...

9 - 6 = ...   4 + 6 = ...   7 - 3 = ...

5 + 7 = ...   9 - 7 = ...   2 + 4 = ...

Le nombre mystérieux :

C

A Introduction de la soustraction dans une situation de distribution inégale. Qu'on retire peu ou beaucoup, on a toujours intérêt à utiliser le repère 5 : quand on retire peu, on voit bien ce qui reste; quand on retire beaucoup, on voit bien ce qu'on a retiré.

B Vers le calcul oral de l'addition de deux nombres à 2 chiffres : entretien.

C Introduction du jeu. Additions et soustractions mélangées pour bien distinguer le signe + et le signe -.

A

calcul oral

Imagine qu'on prolonge ces droites à l'aide d'une règle et réponds (entoure ce qui est vrai).

Ces 2 droites se croisent à angle droit : OUI NON

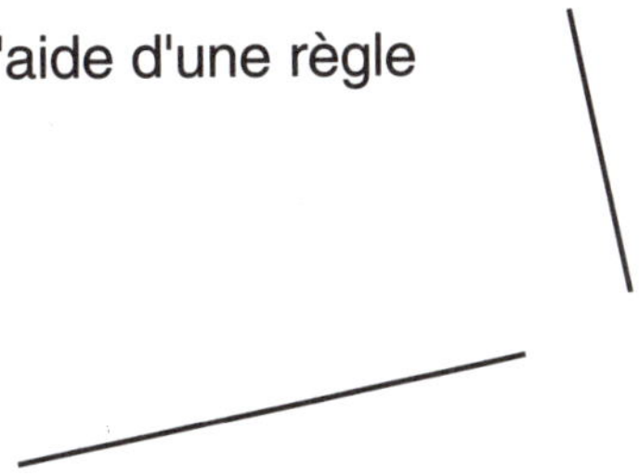

Ces 2 droites se croisent à angle droit : OUI NON

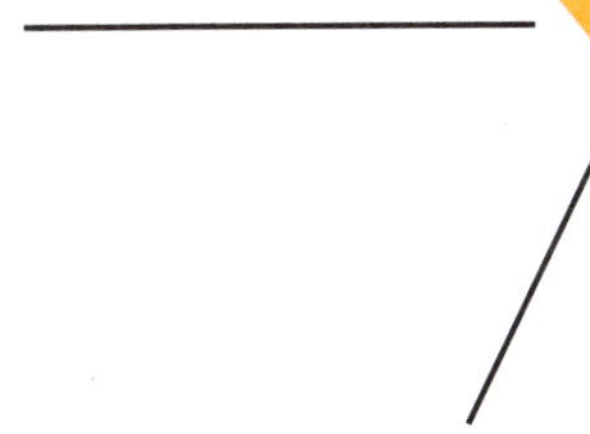

Ces 2 droites se croisent à angle droit : OUI NON

Pour vérifier tes réponses prolonge les droites à l'aide de ta règle et utilise ton équerre.

B

Dans chaque cadre, il y a 2 droites perpendiculaires.
Repasse-les en vert, puis vérifie avec ton équerre.

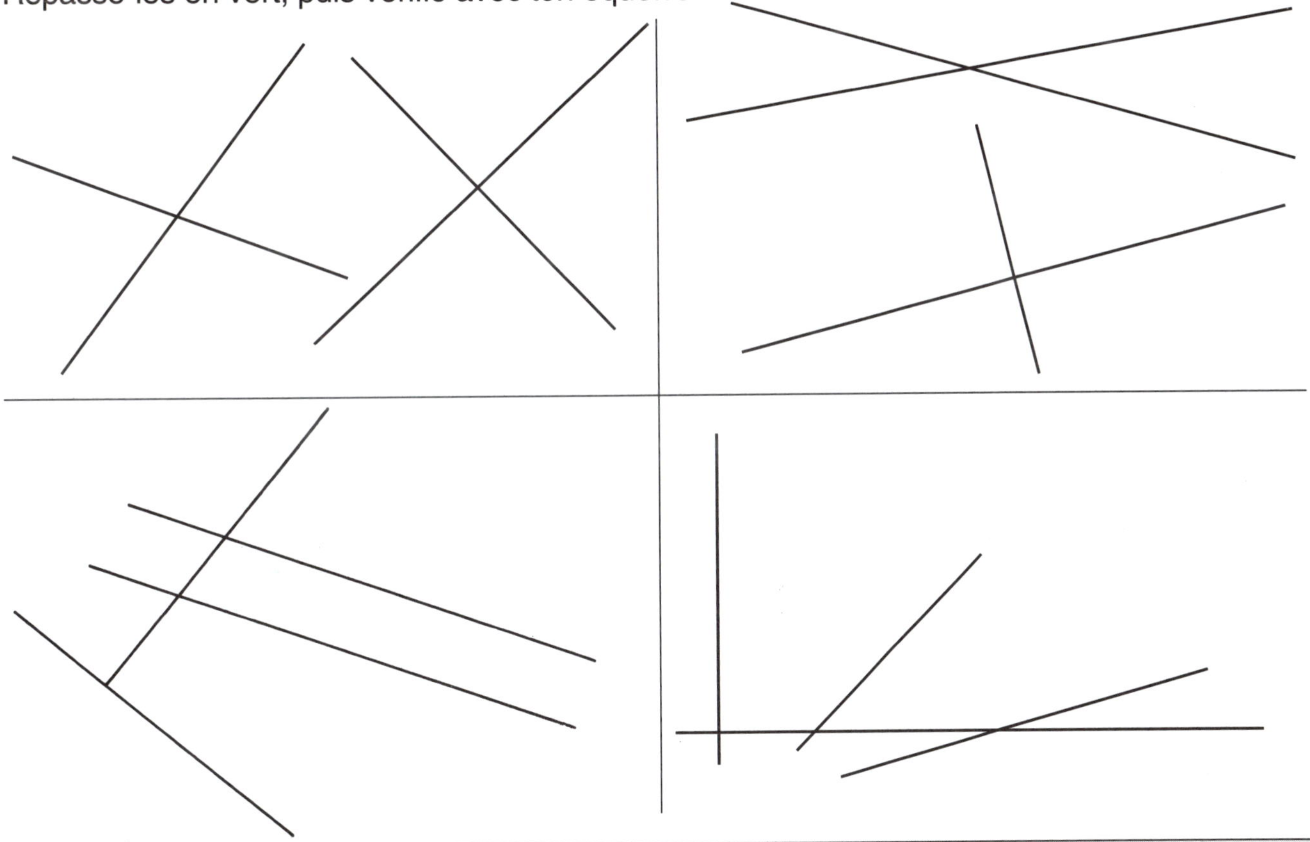

C

Calcule ces soustractions quand elles sont possibles, sinon barre-les.

9 - 2 = ...	5 - 7 = ...	9 - 7 = ...	8 - 2 = ...	3 - 9 = ...
3 - 5 = ...	7 - 5 = ...	2 - 8 = ...	8 - 7 = ...	8 - 6 = ...
6 - 6 = ...	8 - 4 = ...	4 - 6 = ...	9 - 9 = ...	6 - 3 = ...

D

A Calcul oral : soustractions (retirer beaucoup, et retirer peu à un nombre n < 10). L'enseignant dit par exemple : "Imaginez 8 comme Dédé, 8 - 6, écrivez le résultat".

B Anticiper l'intersection de 2 droites et rechercher celles qui se coupent à angle droit.

C Distinguer parmi différentes droites sécantes celles qui sont perpendiculaires.

D Soustractions : retirer beaucoup, retirer peu (entretien) ; certains cas sont impossibles, d'autres ont 0 pour résultat.

A

Picbille a 10 billes. Il va donner 2 billes à Minibille et les autres à Maxibille.

Maxibille calcule 10 - 2.

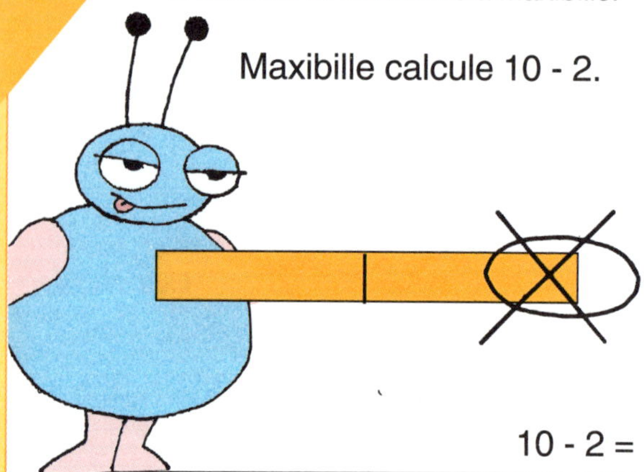

10 - 2 = ...

Picbille a 10 billes. Il va donner 7 billes à Maxibille et les autres à Minibille.

Minibille calcule 10 - 7.

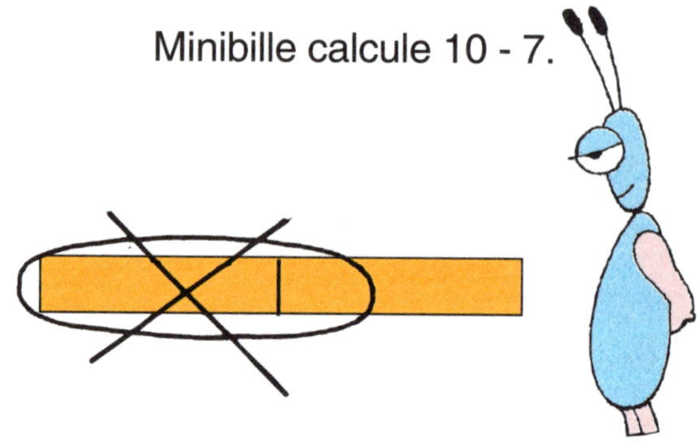

10 - 7 = ...

Entoure, barre et complète l'égalité.

10 - 1 = ...

10 - 9 = ...

10 - 3 = ...

10 - 6 = ...

10 - 4 = ...

10 - 8 = ...

B

Calcule en décomposant le deuxième nombre.

22 + 35 = 22 + 30 + ...
.....
.....

38 + 15 = 38 + ... + ...
.....
.....

45 + 35 = 45 + ... + ...
.....
.....

C

Jeu du nombre mystérieux

8 + 2 = ... 3 + 6 = ... 10 - 4 = ...

5 - 2 = ... 7 - 7 = ... 9 - 5 = ...

9 + 5 = ... 4 + 3 = ... 7 + 6 = ...

0 3 4 6 7

8 9 10 13 14

Le nombre mystérieux :

D

A Soustraction : retirer beaucoup, retirer peu à un nombre n < 10. Même activité que p. 41.

B Soustraction : retirer beaucoup, retirer peu à n = 10. Dans ce cas, on ne voit plus les billes, il faut les imaginer présentes sous les couvercles. La connaissance des compléments à 10 facilite la tâche.

C Vers le calcul oral de l'addition de deux nombres à 2 chiffres : entretien.

D Additions et soustractions mélangées : même activité que page 40.

A

Calcule avec l'arbre, puis dans le tableau en décomposant le deuxième nombre.

36 + 23 = 36 + 20 + ...

.....

.....

17 + 31 = 17 + ... + ...

.....

.....

25 + 18 = 25 + ... + ...

.....

.....

a 23*

36	59
14	....
50	....
19	....

a 31

17	....
12	....
50	....
29	....

a 18

25	....
41	....
50	....
38	....

***a 23 signifie "ajouter 23"**

B

Mathilde a dessiné un drapeau. Tu vas le reproduire.
Explique d'abord comment tu vas faire, puis reproduis-le.

Le drapeau de Mathilde

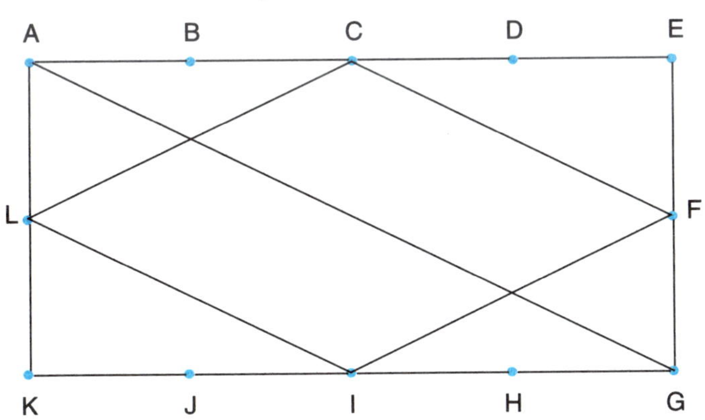

Ton drapeau

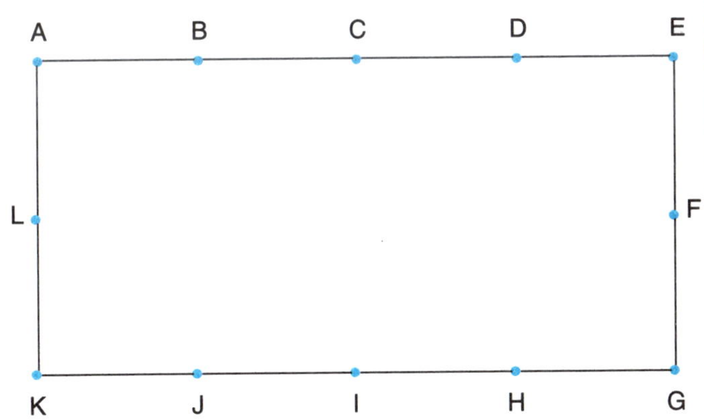

Je vais d'abord tracer ....

puis ....

....

....

....

....

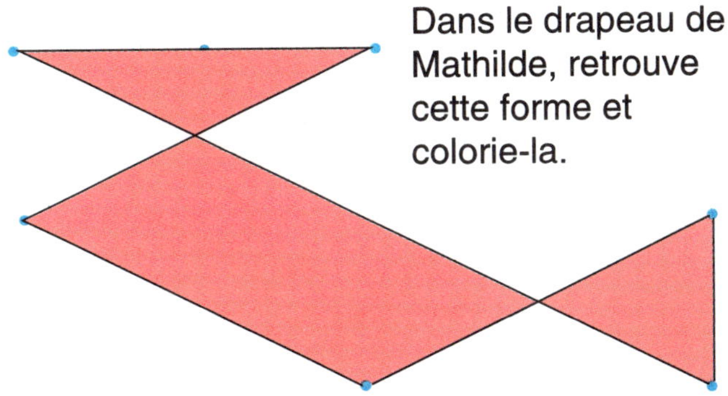

Dans le drapeau de Mathilde, retrouve cette forme et colorie-la.

Colorie ton drapeau comme tu veux.

C

A Calcul oral : addition de deux nombres à 2 chiffres (même activité que page 28).

B Vers le calcul oral de l'addition de deux nombres à 2 chiffres : introduction d'un tableau de fonction (cas des fonctions "ajouter n"). Ajouter 23 revient à ajouter 20 puis 3 (l'espace entre les deux colonnes peut être utilisé pour consigner le résultat intermédiaire).

C Utiliser des repères pour anticiper les tracés qui permettent de reproduire une figure complexe et retrouver une forme dans cette figure.

L'écriture des nombres après 100. Les compléments à 100

Cette voiture est presque neuve.
Elle a parcouru .... kilomètres.

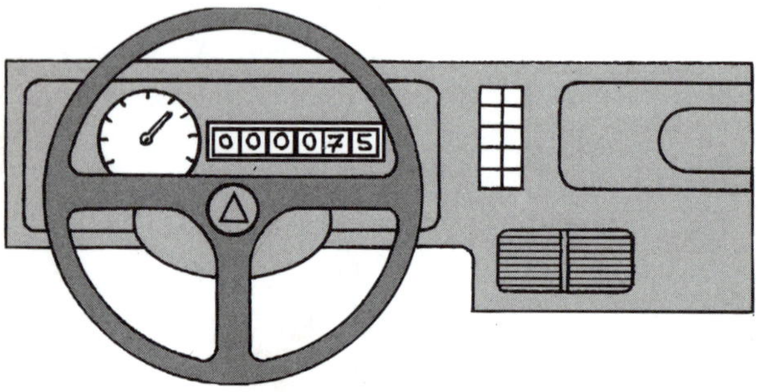

La voiture roule sur l'autoroute.
Affiche sur ton compteur * tous les nombres qui apparaissent et écris-les ici.

* Le compteur est à la fin de ton fichier.

0 0 7 6		
0 0 7 7		
0 0 7 8		

B

Mathieu a dessiné un drapeau.
Tu vas le reproduire. Explique d'abord comment tu vas faire, puis reproduis-le.

Le drapeau de Mathieu

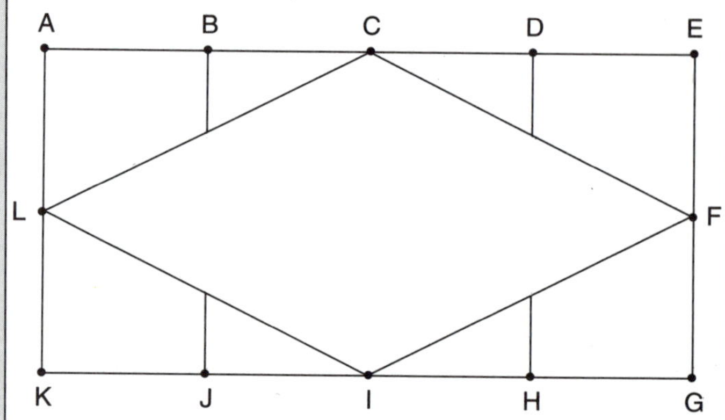

Je vais d'abord tracer ....

puis ....

....

....

....

....

Ton drapeau

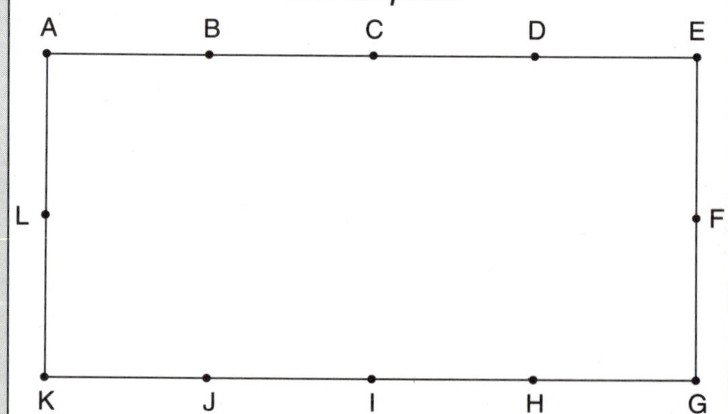

Les segments LC et CF forment-ils un angle droit ?
.... Vérifie avec ton équerre.

Dans le drapeau de Mathieu, retrouve cette forme et colorie-la.

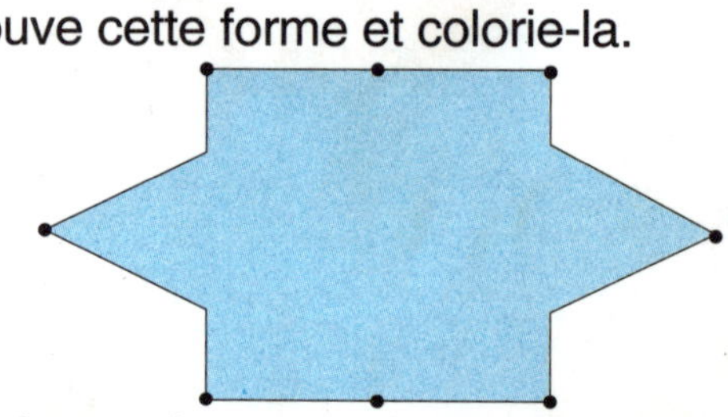

Colorie ton drapeau comme tu veux.

C

A Calcul oral de soustractions de la forme 10 - n (retirer beaucoup, retirer peu).

B Découverte du principe d'un compteur et exploration des écritures chiffrées au-delà de 100 à l'aide de ce compteur. On se contente de comprendre comment ces écritures sont engendrées : après 9, c'est 0 qui apparaît, et il faut tourner le disque immédiatement à gauche. L'analyse en centaine, dizaine et unité aura lieu ultérieurement (voir pages 58 et suiv.).

C Même activité que page 43.

A

Picbille veut 100 billes exactement. Combien de billes lui faut-il encore ?
Dessine dans le chariot les billes qui manquent et réponds.

Picbille a 87 billes.

87 + ... = 100

Picbille a 70 billes.

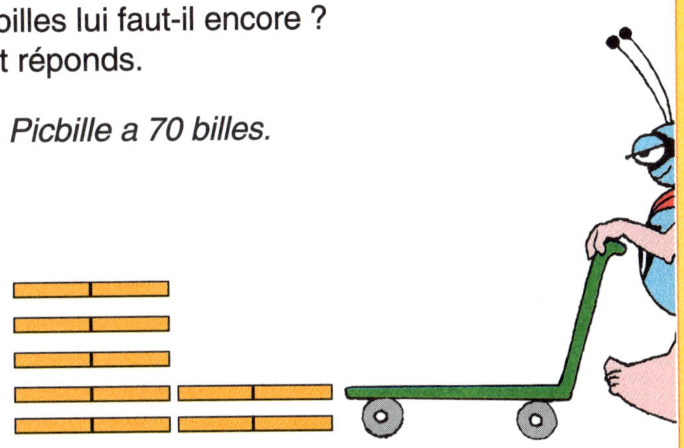

70 + ... = 100

Calcule. Si tu n'es pas sûr(e), dessine.

65 + ... = 100

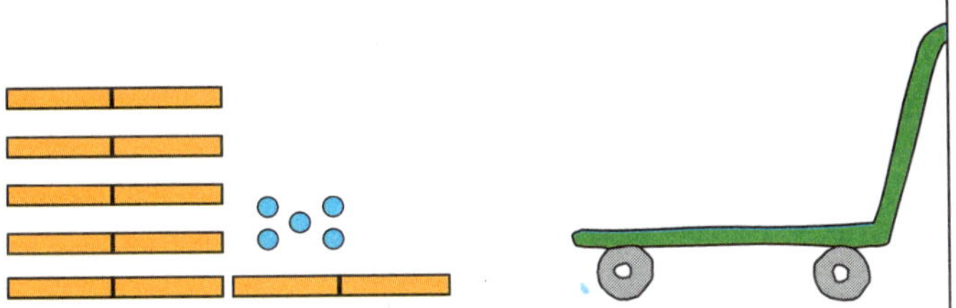

58 + ... = 100

Calcule. Si tu n'es pas sûr(e), dessine au brouillon.

90 + ... = 100	83 + ... = 100	60 + ... = 100	55 + ... = 100
98 + ... = 100	80 + ... = 100	75 + ... = 100	40 + ... = 100

B

Relie les deux nombres dont la somme est égale à 100.

	5		36		53		31		58
85	25	74	26	57	33	69	41	52	38
	15		16		43		21		48

C

Ecris sous la file numérique les nombres suivants : 100, 103, 130, 113, 124, 110, 135, 117.

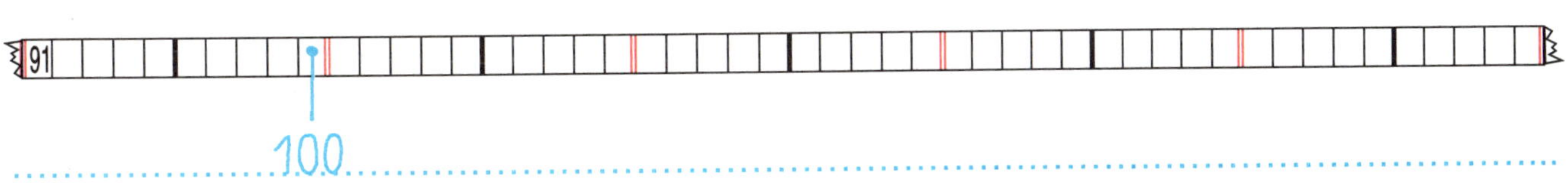

D

A Calcul oral : soustractions de la forme 10 - n (retirer beaucoup, retirer peu). Même activité que page 44.

B et C Vers la numération : les compléments à 100. Quand il y a des unités, on commence par compléter à la dizaine supérieure, sinon on complète directement par le nombre de dizaines manquantes.

D Repérer sur une file numérique vide les nombres au-delà de 100.

A

D'un pont, Mathilde voit ce carrefour:

Elle a retrouvé ce carrefour sur un plan de la ville:

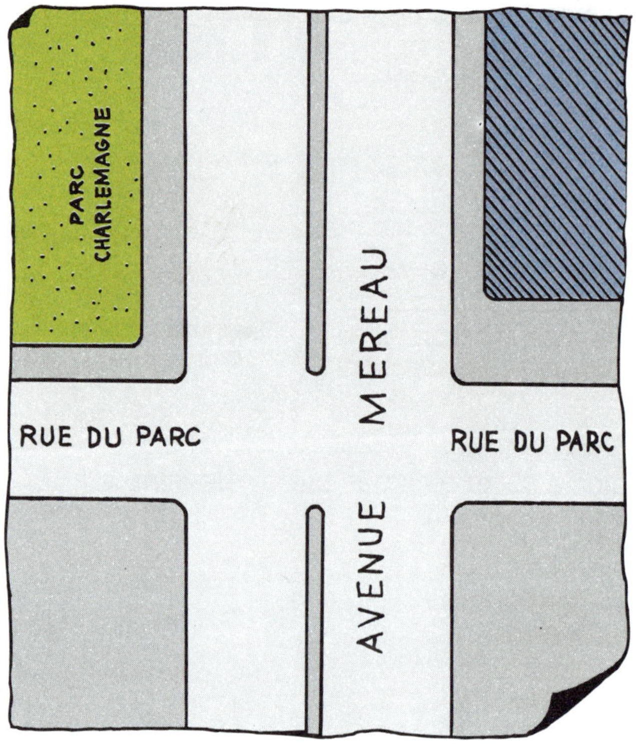

Sur le plan de la ville, dessine les 2 passages pour piétons et la voiture.
Indique d'une croix où se trouve la pharmacie.

La voiture va à Paris. Indique son chemin par une flèche et entoure la bonne réponse :

La voiture doit
- aller tout droit
- tourner à gauche
- tourner à droite

B

Imagine : *Dimanche, Claire est allée à la pêche avec son père.*
Claire a pêché 8 petits poissons et 1 gros poisson.
Son père a attrapé 6 petits poissons et 2 gros poissons.

Barre les questions quand on ne peut pas savoir.
Réponds aux autres questions.

1 ▶ *Combien de poissons Claire et son père ont-ils pêchés ensemble ?* ....

2 ▶ *A quelle heure sont-ils rentrés chez eux ?* ....

3 ▶ *Combien de petits poissons ont-ils pêchés ensemble ?* ....

4 ▶ *Qui a pris le plus de poissons ?* ....

5 ▶ *Qui a pris le poisson le plus gros ?* ....

C

[A] Calcul rapide : soustractions de la forme 10 - n (retirer beaucoup, retirer peu).

[B] Rechercher dans une image ou dans un document des informations pertinentes pour résoudre un problème : *comparaison d'une vue en perspective et d'un plan.*

[C] Discerner, dans un ensemble de questions, celles dont la réponse est calculable. Le travail sur un cahier est recommandé (cf. page 14).

lecture 98 99 100 101 102 103 104 105 106 107

A

Problème : Monsieur Duchamp a 4 enfants.
Il veut acheter 3 cahiers pour chaque enfant.
Combien doit-il acheter de cahiers ?

Pour résoudre ce problème, Sébastien, Cécile et Mélanie ont fait un schéma.
Un seul schéma est juste. Entoure-le.

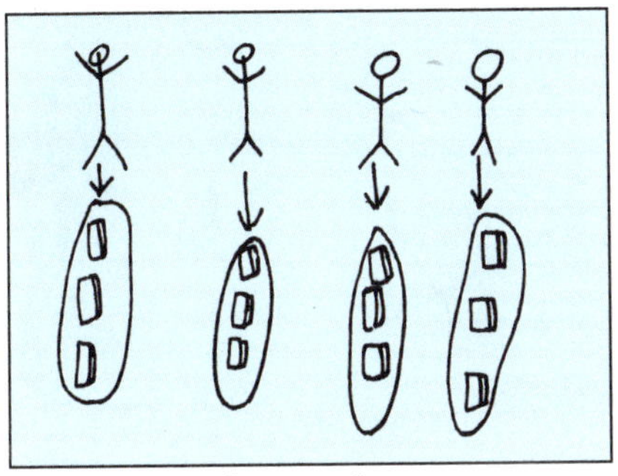
Sébastien

Cécile

Mélanie

Le schéma juste est celui de ....

Termine son travail en écrivant une égalité et la solution :

....

Le schéma de .... est faux parce que ....

....

Le schéma de .... est faux parce que ....

....

B

Problèmes à résoudre sur le cahier

Fais un schéma et réponds.

1 Dans un restaurant, il y a 5 tables.
Autour de chaque table, il y a 4 chaises pour asseoir les clients.
Combien de clients peuvent s'asseoir dans ce restaurant ?

2 Sur une étagère, il y a 10 pots de confiture. 3 de ces pots sont des pots de confiture de fraises et les autres sont des pots de confiture d'abricots.
Combien y a-t-il de pots de confiture d'abricots sur l'étagère ?

Fais un schéma ou écris une égalité.

3 Dans sa tirelire, Claire a déjà 48 F.
Sa grand-mère lui donne 25 F.
Combien Claire a-t-elle d'argent maintenant ?

4 A la boulangerie, le prix d'un croissant est de 3 F. Fabien achète 4 croissants.
Combien Fabien doit-il payer ?

5 Mouloud a 9 bonbons. Il donne 3 bonbons à son ami Frédéric.
Combien Mouloud a-t-il de bonbons maintenant ?

C

A Lecture de nombres au-delà de 100.
Même activité que page 13.

B Apprendre à schématiser la situation décrite dans un problème : *situation multiplicative et signification du mot "chaque".*

C Résolution de problèmes variés énoncés de façon classique.

lecture (107) (118) (148) (170) (112) (102) (110) (121) A

Picbille a 45 billes. Il va donner 38 billes à Maxibille et les autres à Minibille.

Minibille calcule 45 - 38 "en avançant".

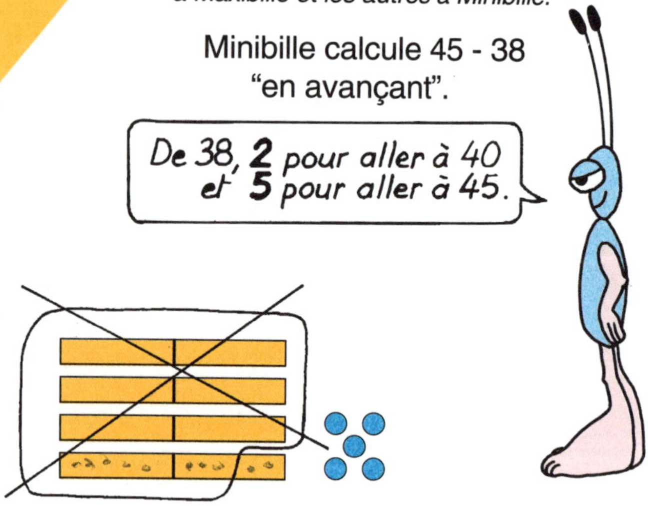

45 - 38 = ...

Picbille a 50 billes. Il va donner 34 billes à Maxibille et les autres à Minibille.

Minibille calcule 50 - 34 "en avançant".

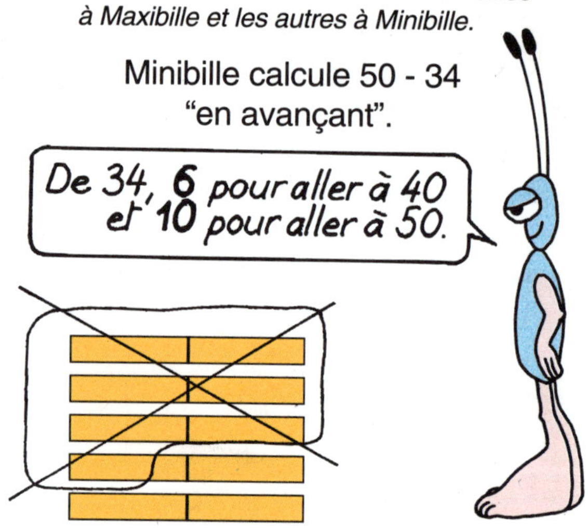

50 - 34 = ...

Calcule comme Minibille (dessine les boîtes, entoure et complète l'égalité).

31 - 28 = ...

21 - 15 = ...

42 - 29 = ...

40 - 27 = ...

B

Calcule "en avançant" (tu peux dessiner au brouillon).

12 - 9 = ...

30 - 18 = ...

11 - 7 = ...

40 - 36 = ...

24 - 17 = ...

43 - 30 = ...

C

La voiture roule sur l'autoroute.
A l'aide de ton compteur, complète.

0 1 8 8				
0 1 8 9				

D

A Lecture de nombres : même activité que page 8.

B et C Calcul réfléchi de la soustraction. Quand les 2 nombres sont proches, on a souvent intérêt à calculer par compléments successifs "en avançant" d'abord jusqu'à la dizaine supérieure. Les élèves peuvent s'appuyer à la fois sur les images et sur la formule : "*de n, b pour aller à c...*"

D Découverte des écritures des nombres à 3 chiffres à l'aide du compteur (passage de 200) : même activité que page 44.

A

lecture (234) (201) (127) (210) (272) (289) (102) (172) (189) (120)

B

Prends tes règles en carton* et vérifie que le segment AB est :
- **long comme** 2 allumettes.
- **long comme** 10 centimètres (10 cm).

A ———— B

On dit que le segment AB **mesure** 2 allumettes ou 10 cm.

Qu'est-ce qui est le plus long ?
Réponds en imaginant les segments, puis vérifie en les traçant.

3 allumettes mises bout à bout ou 3 cm ? ....

1 allumette ou 4 cm ? ....

2 allumettes mises bout à bout ou 9 cm ? ....

1 allumette ou 5 cm ? ....

* Ces règles sont à la fin de ton fichier.

C

Barre ce qui est faux.

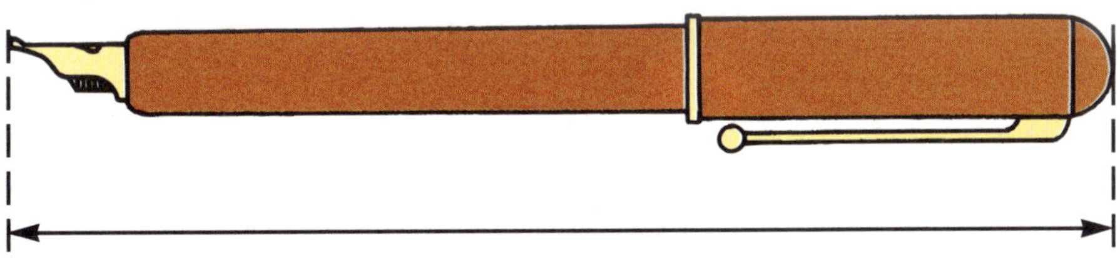

Ce stylo mesure :
- exactement 11 cm
- exactement 12 cm
- entre 11 et 12 cm

Mesure chacun de ces segments en allumettes et en cm et réponds.

C ———— D

Le segment CD mesure :
- ~~exactement ...... allumettes~~
- entre ...... et ...... allumettes

Le segment CD mesure :
- exactement ...... cm
- ~~entre ...... et ...... cm~~

E ———— F

Le segment EF mesure :
- ~~exactement ...... allumettes~~
- entre ...... et ...... allumettes

Le segment EF mesure :
- ~~exactement ...... cm~~
- entre ...... et ...... cm

A Lecture de nombres : même activité que page 8.

B et C Mesure de longueurs à l'aide d'une règle graduée en allumettes et d'une règle graduée en cm (ces deux règles ne sont pas numérotées) : une longueur de 3 allumettes, c'est 3 longueurs de 1 allumette mises bout à bout ; une longueur de 3 cm, c'est 3 longueurs de 1 cm mises bout à bout. En C, cas des mesures approchées.

La soustraction : retirer beaucoup (2)

A

Cherche le dessin qui peut t'aider, entoure et barre, puis complète l'égalité.

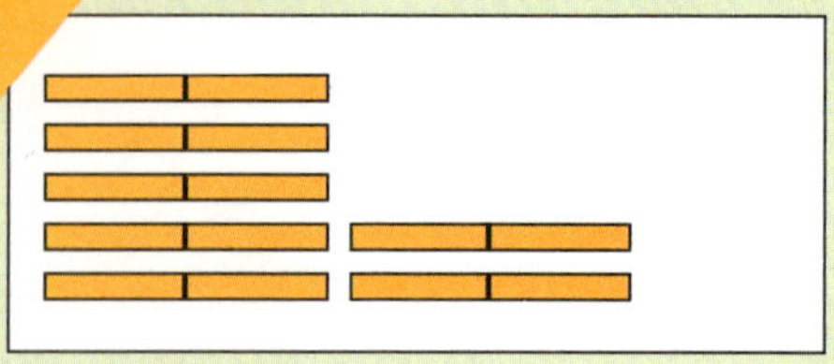

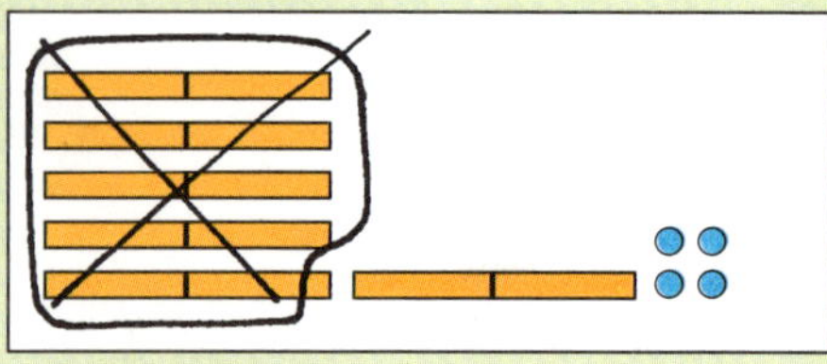

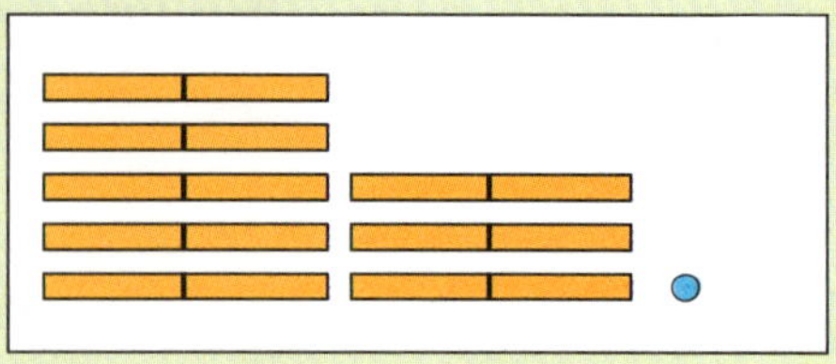

64 - 49 = ...

42 - 38 = ...

70 - 56 = ...

82 - 75 = ...

100 - 89 = ...

81 - 72 = ...

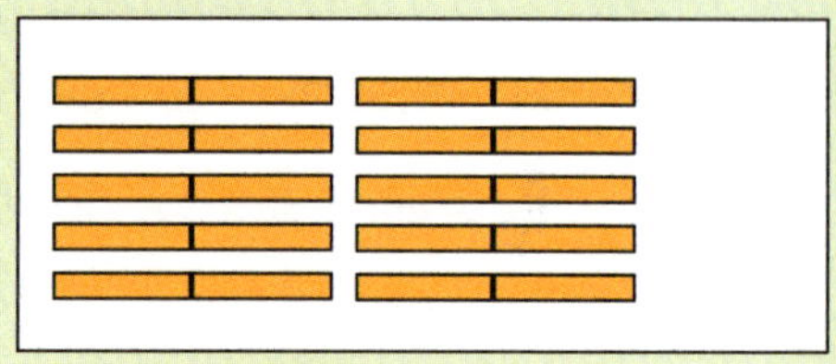

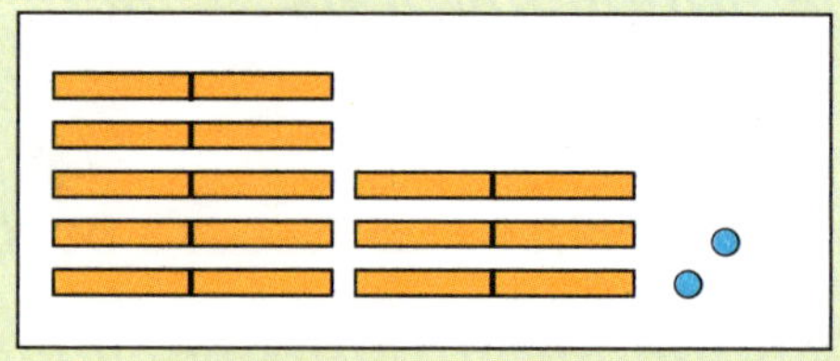

B

Calcule "en avançant". Si tu n'es pas sûr(e), dessine.

47 - 39 = ...

60 - 45 = ...

Calcule. Si tu n'es pas sûr(e), dessine au brouillon.

12 - 9 = ...

17 - 9 = ...

15 - 9 = ...

13 - 9 = ...

14 - 9 = ...

16 - 9 = ...

C

Qu'est-ce qui est le plus long ?

Réponds en imaginant les segments, puis vérifie en les traçant.

1 allumette ou 3 cm ? ....

1 allumette ou 6 cm ? ....

3 allumettes mises bout à bout ou 15 cm ? ....

D

A Calcul rapide : l'enseignant propose une suite d'additions du type : 40 + 20, 10 + 30, 20 + 20 ... Le rythme est soutenu ; la correction se fait à la fin de la série (calcul en batterie).

B et C Calcul réfléchi de la soustraction (retirer beaucoup) : entretien. En B, la présence d'images des nombres facilite la tâche des élèves. En C, l'accent est mis sur les cas du type 13 - 9.

D Mesure de longueurs : entretien.

A

dictée 76 99 109 111 157 173 182 198 200

B

Mathieu a dessiné un drapeau. Tu vas le reproduire.
Explique d'abord comment tu vas faire, puis reproduis-le.

Le drapeau de Mathieu

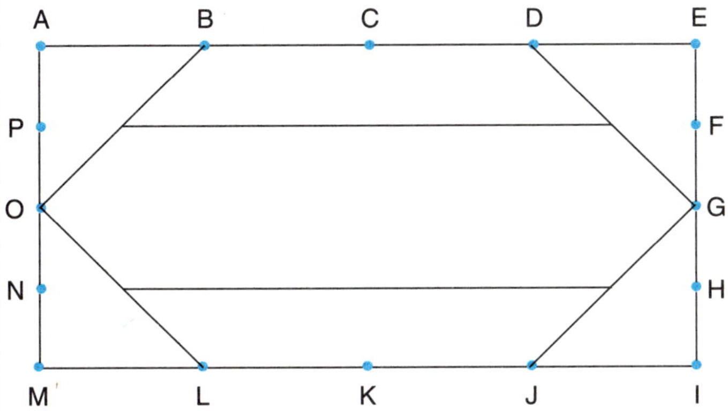

Ton drapeau

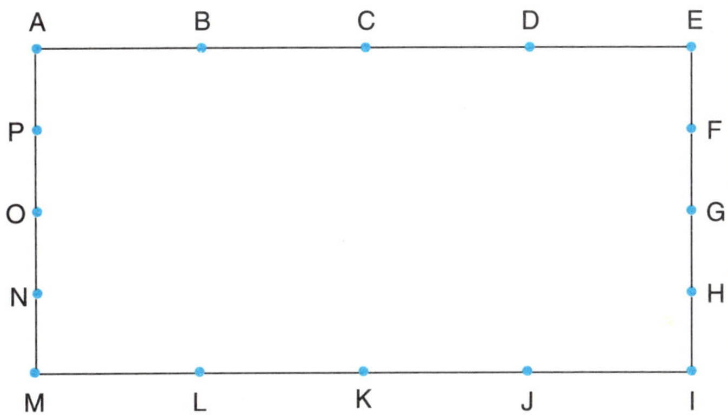

Je vais d'abord tracer ....

puis ....

....

....

....

....

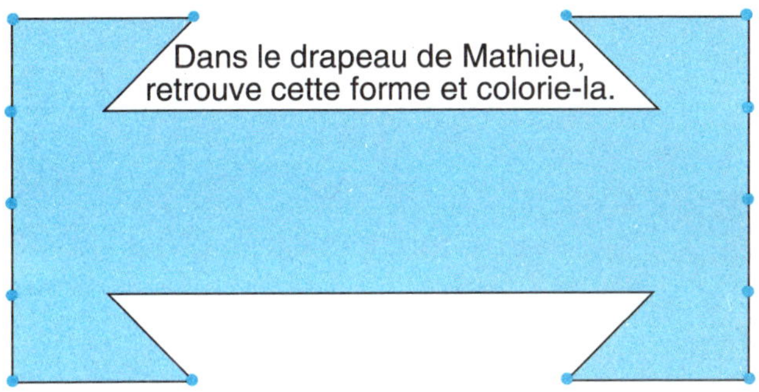

Colorie ton drapeau comme tu veux.

C

Calcule avec l'arbre, puis dans le tableau en décomposant le deuxième nombre.

27 + 15 = 27 + ... + ...

32 + 36 = 32 + ... + ...

27 + 29 = 27 + ... + ...

a 15

23	.....
82	.....
14	.....
47	.....

a 36

51	.....
13	.....
40	.....
37	.....

a 29

20	.....
31	.....
50	.....
34	.....

A Dictée de nombres jusqu'à 299 (ou au-delà, s'ils ont été explorés sur le compteur).

B Même activité que page 43.

C Vers le calcul oral de l'addition de nombres de 2 chiffres : entretien.

Vers la multiplication : les multiples de 3

A

Mathilde se demande si on peut recouvrir exactement cette bande en n'utilisant que ***des blocs de 3 carreaux.***

Vérifie que cette bande a 16 carreaux. Achève le travail de Mathilde, réponds puis vérifie en découpant et en collant les blocs du bas de page.

3 + 3 + ...

16 → **est un multiple de 3**. C'est .... fois 3 exactement.
16 → **n'est pas un multiple de 3.**

Cette bande a ..... carreaux.

....

..... → est un multiple de 3. C'est ...... fois 3 exactement.
..... → n'est pas un multiple de 3.

Cette bande a ..... carreaux.

....

..... → est un multiple de 3. C'est ...... fois 3 exactement.
..... → n'est pas un multiple de 3.

B

Continue à chercher les multiples de 3.

3 + 3 = ... → ...... c'est ....
3 + 3 + 3 = ... → ...... c'est ....
3 + 3 + 3 + 3 = ... → ...... c'est ....
3 + 3 + 3 + 3 + 3 = ... → ...... c'est ....
3 + 3 + 3 + 3 + 3 + 3 = ... → ...... c'est ....
3 + 3 + 3 + 3 + 3 + 3 + 3 = ... → ...... c'est ....

Colorie les multiples de 3.

1	2	3	4	5	6	7	8	9	10
11	12	13	14	15	16	17	18	19	20
21	22	23	24	25	26	27	28	29	30
31	32	33	34	35	36	37	38	39	40

C

A Calcul rapide : même activité que page 50.

B et C L'addition réitérée d'un même nombre pour préparer à la multiplication (cf. p. 80 etc.). La notion de multiple : un multiple de 3 est un nombre qui peut être décomposé sous forme additive en n fois 3 exactement.

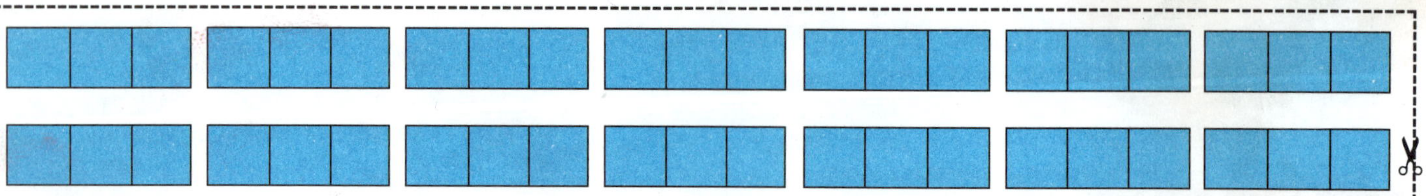

A

Quel escargot a parcouru le chemin le plus court ?
Pour répondre, mesure chaque ligne brisée en allumettes.

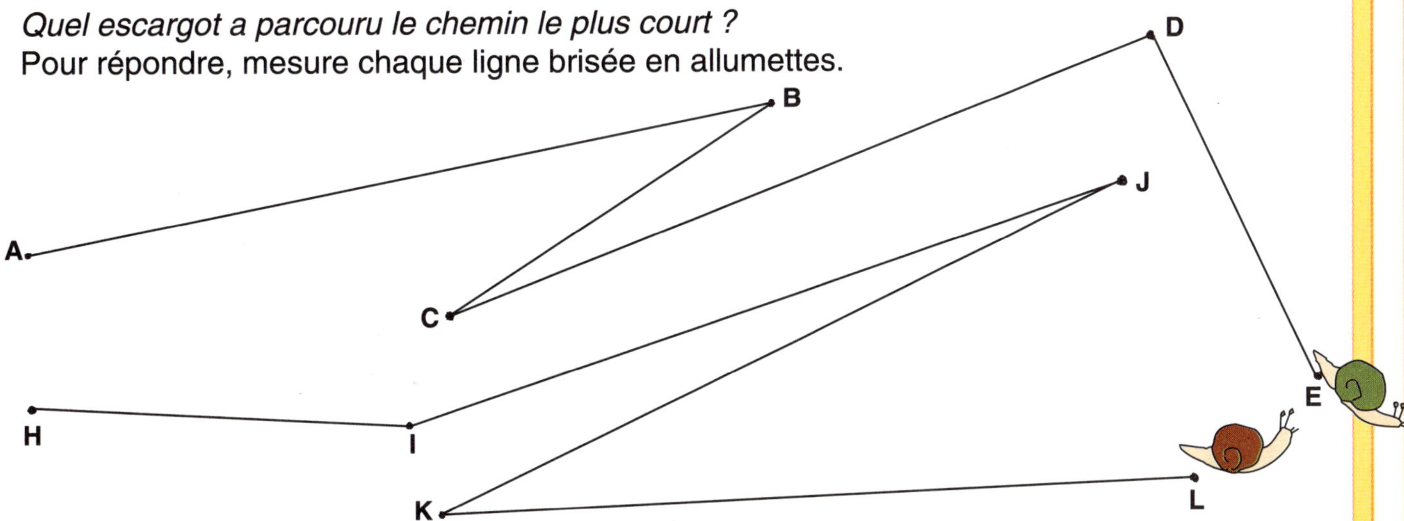

AB mesure ... allumettes
BC mesure ... allumettes
CD mesure ... allumettes
DE mesure ... allumettes

La ligne brisée ABCDE mesure .... allumettes.

HI mesure ... allumettes
IJ mesure ... allumettes
JK mesure ... allumettes
KL mesure ... allumettes

La ligne brisée HIJKL mesure .... allumettes.

Le chemin le plus court est ....

Quel escargot a parcouru le chemin le plus court ?
Pour répondre, mesure chaque ligne brisée en cm.

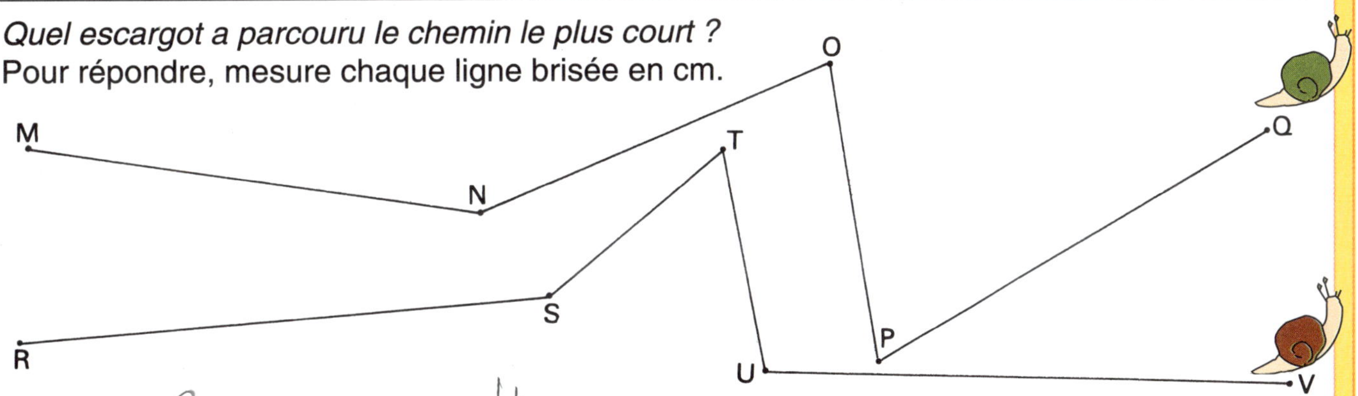

MN mesure 6 cm.
NO mesure 5 cm.
OP mesure 4 cm.
PQ mesure 6 cm.

La ligne brisée MNOPQ mesure 21 cm.

RS mesure 7 cm.
ST mesure 3 cm.
TU mesure 3 cm.
UV mesure 7 cm.

La ligne brisée RSTUV mesure 20 cm.

Le chemin le plus court est ....

B

Calcule "en avançant". Si tu n'es pas sûr(e), dessine.

100 - 79 = ...

61 - 48 = ...

Calcule. Si tu n'es pas sûr(e), dessine au brouillon.

12 - 8 = ... 11 - 8 = ...

15 - 8 = ... 13 - 8 = ...

16 - 8 = ... 14 - 8 = ...

C

A Calcul oral : additions de nombres de 2 chiffres (réinvestissement de la stratégie *pour ajouter 37, on ajoute 30 puis 7)*. Ici, l'enseignant propose une suite d'additions du type : 25 + 12, 31 + 12, 27 + 12, ... où il faut toujours ajouter 12. Un ou deux cas avec retenue pourront être proposés en fin de série.

B Mesure de longueurs (cas des lignes brisées) : sommes des longueurs.

C Soustraction : retirer beaucoup d'un nombre de 2 chiffres. L'accent est mis sur les cas du type 12 - 8.

A

Au centre commercial…

Mathieu met 3 pièces de 1 F dans la machine. Combien obtient-il de chewing-gums ?

Tu peux dessiner ici :

Réponds : ....

....

Pour avoir 20 chewing-gums, combien Mathilde doit-elle introduire de pièces de 1 F ?

Tu peux dessiner ici :

Réponds : ....

....

B

Imagine : *Pour les fêtes, Monsieur Dumont achète une boîte de chocolats.*
Dans la boîte, il y a 12 chocolats au lait et 12 chocolats noirs.
Il offre 19 de ces chocolats à ses amis et il mange tous les autres.

Barre les questions quand on ne peut pas savoir.
Réponds aux autres questions.

1 ▶ *Combien y avait-il de chocolats dans la boîte pleine ?* ....

2 ▶ *Combien Monsieur Dumont a-t-il payé cette boîte de chocolats ?* ....

3 ▶ *Combien de chocolats Monsieur Dumont a-t-il mangés ?* ....

4 ▶ *A combien d'amis a-t-il offert des chocolats ?* ....

C

A Calcul rapide : même activité que page 50.

B Rechercher dans une image ou un document des informations pertinentes pour résoudre un problème : *problème qui, plus tard, sera résolu par une multiplication.*

C Discerner, dans un ensemble de questions, celles dont la réponse est calculable : *problème à étapes.* Le travail sur un cahier est recommandé (cf. page 14).

A

Voici un exercice de géométrie : *Trace d'abord les segments AD et FC.*
Dessine ensuite le point où se croisent les segments AD et FC.
Appelle-le G. Puis trace le segment GE.
Trace enfin les segments BF et CD.

Sébastien, Mélanie et Cécile ont fait ces tracés.
Un seul tracé est juste. Entoure-le.

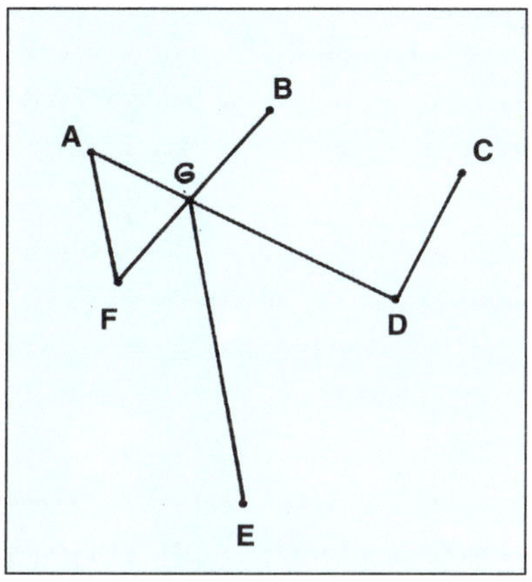

Sébastien

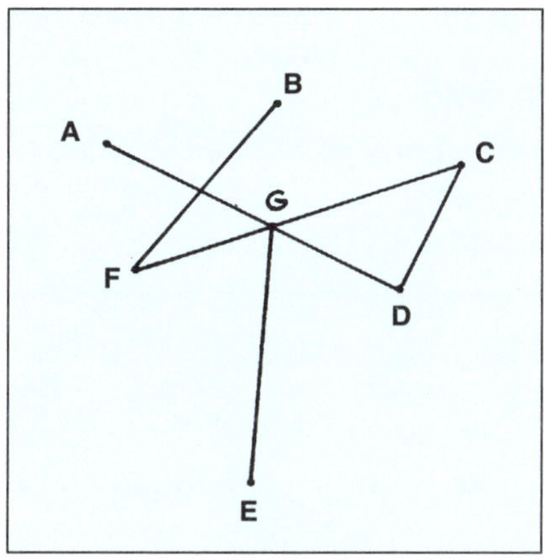

Mélanie

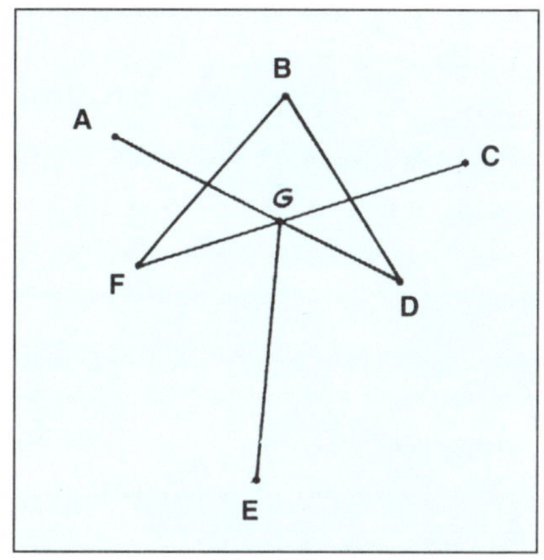

Cécile

Le tracé juste est celui de ....

Le tracé de .... est faux parce qu'il (elle) n'a pas tracé le segment ....

Le tracé de .... est faux parce qu'il (elle) n'a pas tracé le segment ....

B

Problèmes à résoudre sur le cahier

Fais un schéma et réponds.

1 A la piscine, il y a 12 nageurs.
3 de ces nageurs sont dans le petit bain et les autres sont dans le grand bain.

Combien de nageurs y a-t-il dans le grand bain ?

2 Chez le boulanger, le prix d'un pain au chocolat est de 4 francs.

Pour acheter 5 pains au chocolat, combien faut-il payer ?

Fais un schéma ou écris une égalité.

3 Un soir, la famille Fontaine ouvre une boîte de 50 petits gâteaux et mange 38 petits gâteaux.

Combien de petits gâteaux reste-t-il dans la boîte ?

4 Dans sa tirelire, Géraldine n'a que des pièces de 2 F. En tout, elle a 10 F.

Combien de pièces de 2 F y a-t-il dans la tirelire de Géraldine ?

5 Une maman achète pour son fils 1 robot à 42 F et 1 voiture à 37 F.

Combien dépense-t-elle pour ces 2 achats ?

C

A Calcul oral : même activité que page 53 avec des additions du type n + 13.

B Evaluer si des tracés géométriques sont conformes à une suite de consignes.

C Résolution de problèmes variés énoncés de façon classique.

Vers la multiplication : les multiples de 5

A

Mathieu se demande si on peut recouvrir exactement cette bande en n'utilisant que ***des blocs de 5 carreaux.***

Vérifie que cette bande a 15 carreaux, puis achève le travail de Mathieu.

5 + ...

15 → **est un multiple de 5**. C'est ...... fois 5 exactement.
→ **n'est pas un multiple de 5.**

Cette bande a .... carreaux.

....

.... → est un multiple de 5. C'est ..... fois 5 exactement.
→ n'est pas un multiple de 5.

Cette bande a .... carreaux.

....

.... → est un multiple de 5. C'est ..... fois 5 exactement.
→ n'est pas un multiple de 5.

Continue à chercher les multiples de 5.

5 + 5 = ... → ...... c'est ....
5 + 5 + 5 = ... → ...... c'est ....
5 + 5 + 5 + 5 = ... → ...... c'est ....
5 + 5 + 5 + 5 + 5 = ... → ...... c'est ....
5 + 5 + 5 + 5 + 5 + 5 = ... → ...... c'est ....
5 + 5 + 5 + 5 + 5 + 5 + 5 = ... → ...... c'est ....

Colorie les multiples de 5.

1	2	3	4	5	6	7	8	9	10
11	12	13	14	15	16	17	18	19	20
21	22	23	24	25	26	27	28	29	30
31	32	33	34	35	36	37	38	39	40

B

Calcule "en avançant". Si tu n'es pas sûr(e), dessine.

80 - 68 = ...

42 - 35 = ...

Calcule. Si tu n'es pas sûr(e), dessine au brouillon.

11 - 7 = ...
14 - 7 = ...
13 - 7 = ...
40 - 27 = ...
12 - 7 = ...
22 - 17 = ...

C

A Calcul oral : additions du type n + 21 pour n > 20 (même activité que page 53).

B Les multiples de 5 : même activité que page 52.

C Soustraction : retirer beaucoup d'un nombre de 2 chiffres. L'accent est mis ici sur des soustractions du type 12 - 7.

bilan intermédia
2e période

dictée

Calcule.

9 - 2 = ...   10 - 4 = ...

7 - 3 = ...   8 - 6 = ...

10 - 7 = ...   12 - 9 = ...

31 - 27 = ...   50 - 35 = ...

Calcule en décomposant le deuxième nombre.

49 + 17 = 49 + ... + ...

.....

.....

	a 17
30	.....
52	.....
67	.....

Cherche le dessin qui peut t'aider, entoure et barre, puis complète l'égalité.

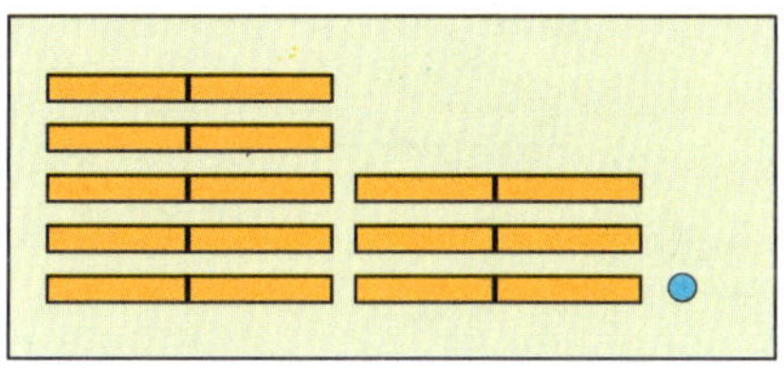

72 - 68 = ...

90 - 79 = ...

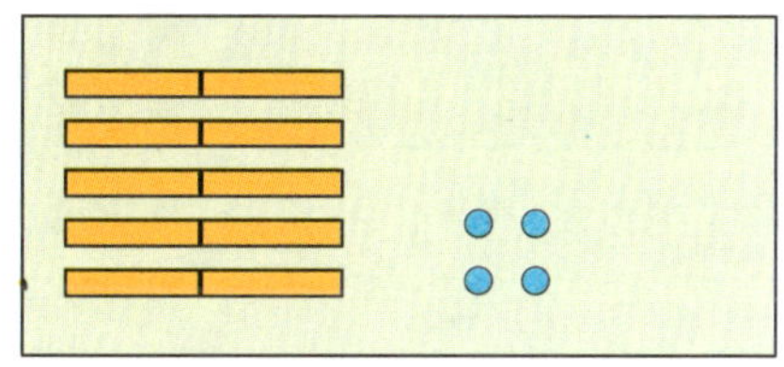

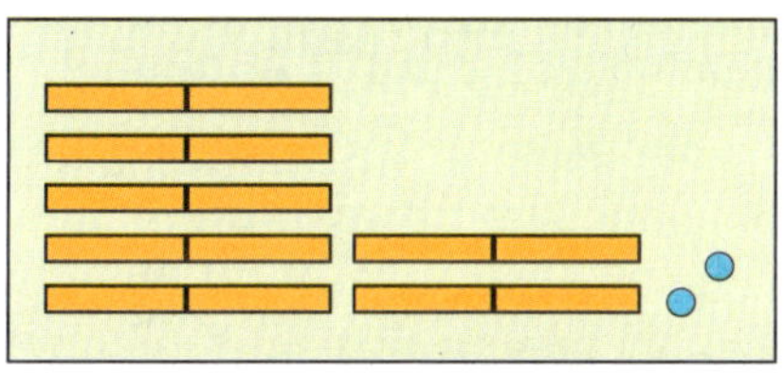

81 - 76 = ...

54 - 35 = ...

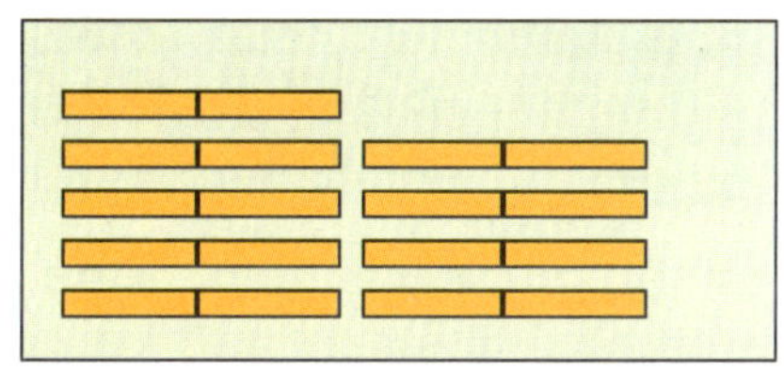

Repasse en vert les droites parallèles.

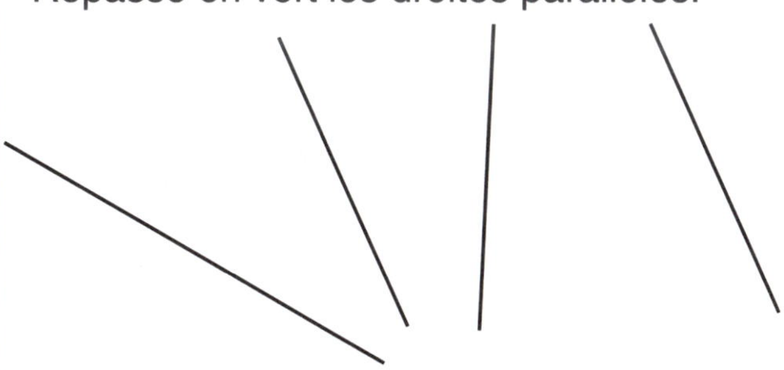

Repasse en vert les droites perpendiculaires.

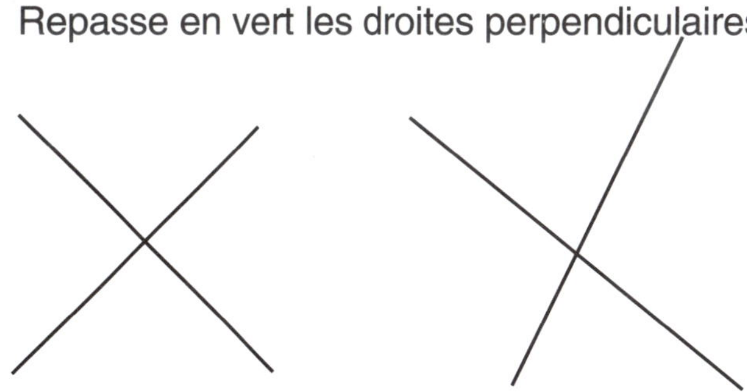

Problèmes à résoudre sur feuille

Fais un schéma ou écris une égalité.

1 Dans une boîte de chocolats,
il y a 4 rangées de 6 chocolats.
Combien de chocolats y a-t-il ?

2 Dans un réfrigérateur, il y a 12 yaourts.
8 de ces yaourts sont aux fruits
et les autres sont des yaourts nature.
Combien de yaourts nature y a-t-il dans ce réfrigérateur ?

3 Jennifer a déjà 37 timbres dans sa collection.
Elle achète 20 nouveaux timbres.
Combien de timbres a-t-elle maintenant ?

4 Dans sa tirelire, José n'a que des pièces
de 2 F. En tout, il a 12 F.
Combien de pièces de 2 F y a-t-il dans la tirelire de José ?

La numération (1) : 100 comme 10 groupes de 10

A

Dès que Picbille a 10 boîtes pleines, il les met dans une valise.
Vérifie le contenu de la valise puis ferme-la en collant son couvercle.*

*** Les couvercles autocollants sont à la fin du livre.**

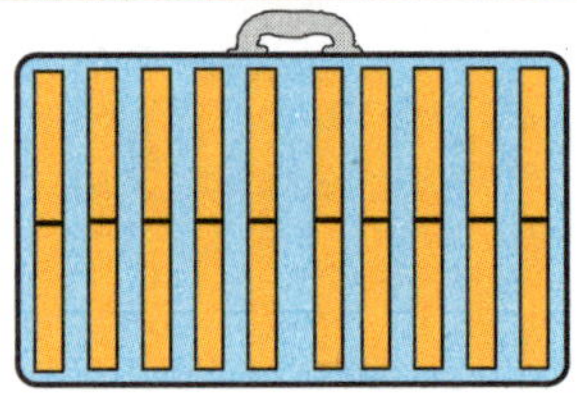

Dans une valise pleine,
il y a ..... boîtes pleines,
il y a ..... billes.

B

Colle les couvercles des valises et réponds.

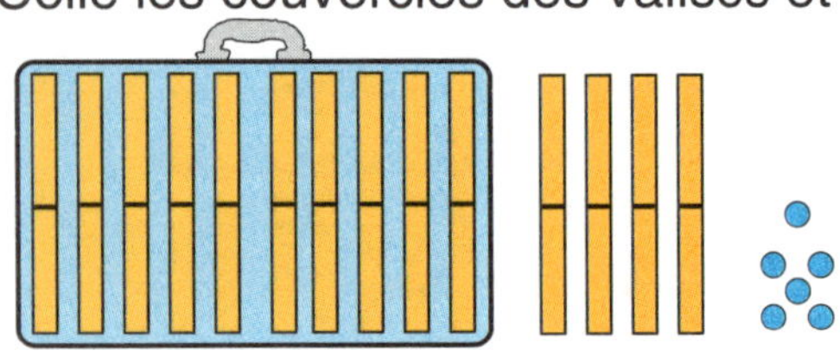

Ici, en tout il y a .... billes.

On voit

valises de 100	boîtes de 10	billes
....	....	....

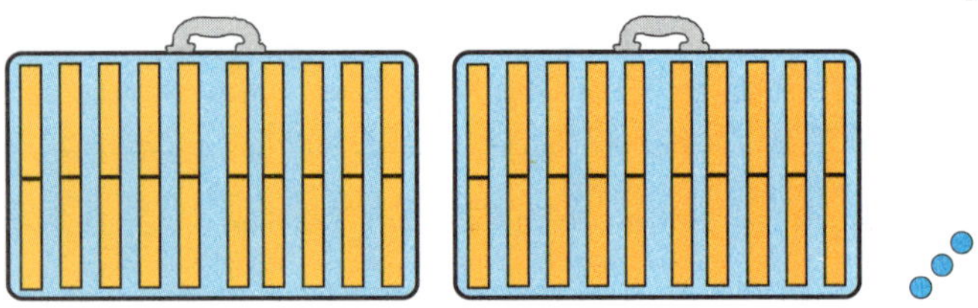

Ici, en tout il y a .... billes.

On voit

valises de 100	boîtes de 10	billes
....	....	....

C

Dessine les valises, colle les couvercles et réponds.

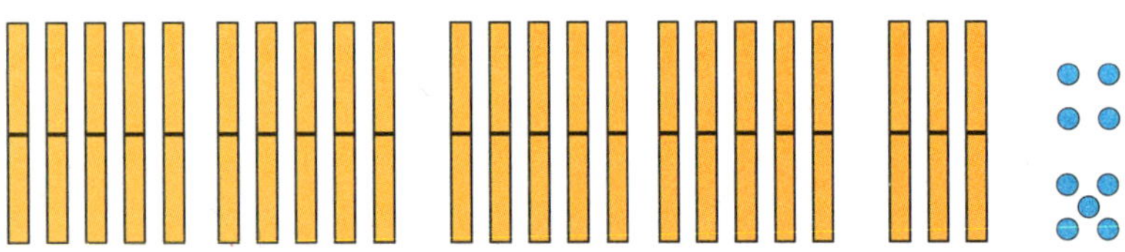

Ici, en tout il y a .... billes.

On voit

valises de 100	boîtes de 10	billes
....	....	....

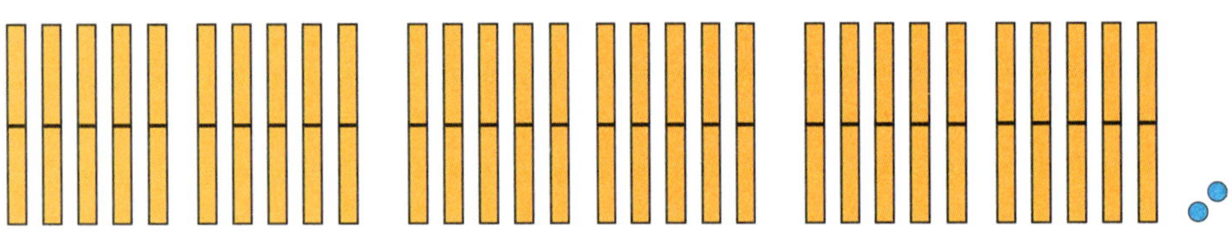

Ici, en tout il y a .... billes.

On voit

valises de 100	boîtes de 10	billes
....	....	....

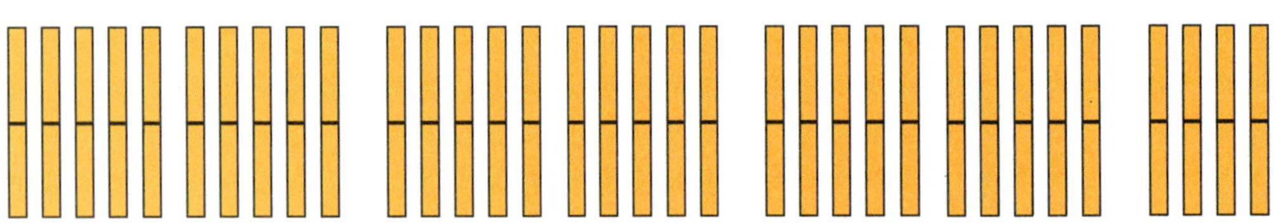

Ici, en tout il y a .... billes.

On voit

valises de 100	boîtes de 10	billes
....	....	....

D

A

Combien Picbille a-t-il de billes ?

100 + 100 + 10 + 10 + 10 + 8 = ...

Ici Picbille a .... billes.

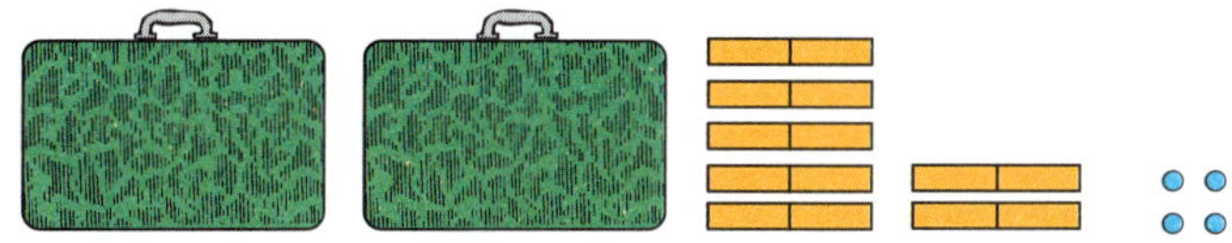

.... = ...

Ici Picbille a .... billes.

Observe et complète.

237 = 100 + 100 + 10 + 10 + 10 + 7

237 = 200 + 30 + 7

333 = ...

333 = ...

250 = ...

250 = ...

406 = ...

406 = ...

B

Complète.

10 + 10 + 10 + 10 +10 + 10 +10 + 10 +10 + 4 = ...

9 fois 10 et 4 c'est ....

10 + 10 + 10 + 10 +10 + 10 +10 + 10 +10 + 10 + 7 = ...

.... fois 10 et .... c'est ....

10 + 10 + 10 + 10 +10 + 10 +10 + 10 +10 + 10 + 10 + 10 + 5 = ...

.... fois 10 et .... c'est ....

10 + 10 + 10 + 10 +10 + 10 +10 + 10 +10 + 10 + 10+ 10 + 10 + 10 + 10 + 10 + 10 + 8 = ...

.... fois 10 et .... c'est ....

8 fois 10 et 7 c'est ....

10 fois 10 et 3 c'est ....

12 fois 10 et 4 c'est ....

19 fois 10 et 2 c'est ....

20 fois 10 c'est ....

31 fois 10 et 7 c'est ....

C

Pour Picbille…

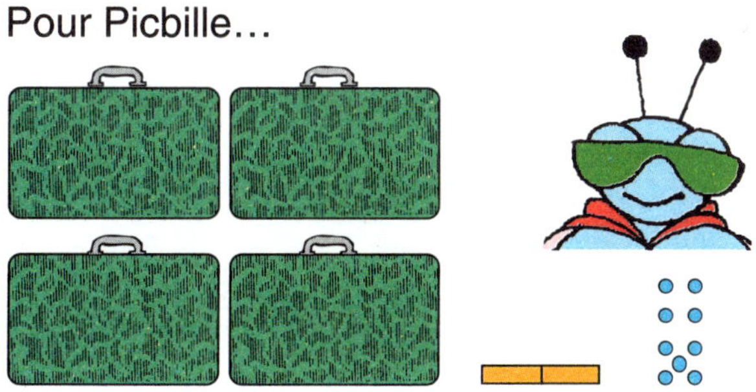

41 boîtes et 9 billes, c'est .... billes en tout.

Réponds.

18 boîtes et 4 billes, c'est .... billes en tout.

27 boîtes, c'est .... billes en tout.

20 boîtes et 9 billes, c'est .... billes en tout.

4 valises et 6 billes, c'est .... billes en tout.

40 boîtes, c'est .... billes en tout.

D

A Calcul oral (additions du type n + 23, pour n > 20).

B Décompositions de nombres de 3 chiffres sous la forme : 327 = 100 + 100 + 100 + 10 + 10 + 7 et 327 = 300 + 20 + 7

C 10 fois 10, c'est 100 (les groupements de 10 fois 10 peuvent être entourés).

D Vers l'analyse des écritures en centaines, dizaines et unités : 419 billes, c'est 4 valises, 1 boîte de 10 et 9 billes, mais c'est aussi 41 boîtes de 10 et 9 billes.

lecture (689) (342) (507) (892) (705) (570) (901) A

Sébastien, Mélanie et Cécile utilisent leur double décimètre pour mesurer le segment AB. Qui a raison ?

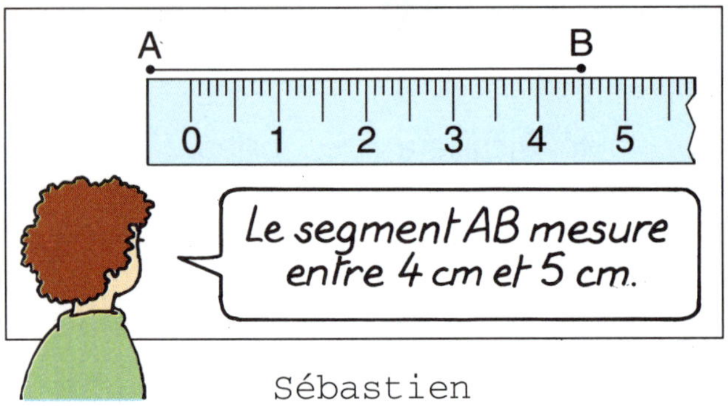

Sébastien

Mélanie

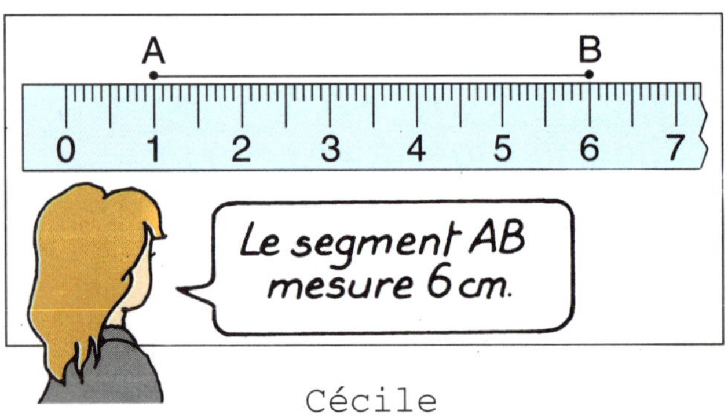

Cécile

C'est .... qui a raison.

.... s'est trompé(e) car ....

....

.... s'est trompé(e) car ....

....

B

Mesure les segments avec ton double décimètre et écris leur nom dans la case qui convient.

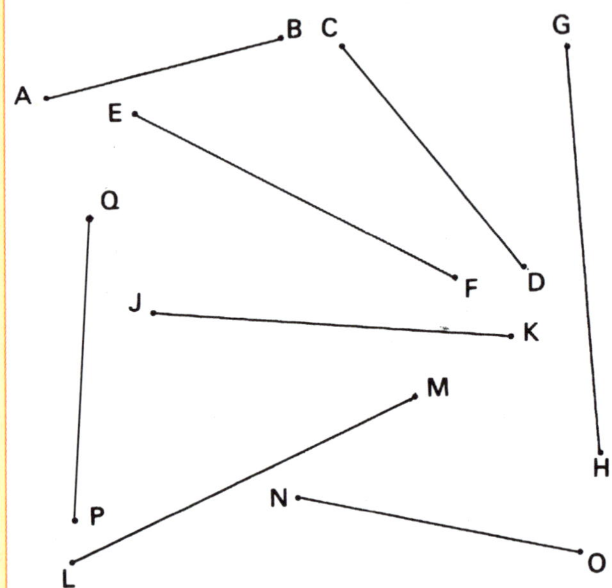

Entre 3 cm et 4 cm	....
4 cm exactement	....
Entre 4 cm et 5 cm	....
5 cm exactement	....
Entre 5 cm et 6 cm	....

C

Calcule "en avançant".
Si tu n'es pas sûr(e), dessine au brouillon.

34 - 29 = ...	100 - 85 = ...
41 - 37 = ...	70 - 59 = ...
62 - 55 = ...	11 - 6 = ...
70 - 50 = ...	81 - 77 = ...

D

Multiple de 5 ou non ?
Entoure la bonne réponse.

(15) → Non / Oui, c'est ..... fois 5

(19) → Non / Oui, c'est ..... fois 5

(20) → Non / Oui, c'est ..... fois 5

(30) → Non / Oui, c'est ..... fois 5

(37) → Non / Oui, c'est ..... fois 5

E

A Lecture de nombres jusqu'à 999 : même activité que page 8.

B S'appuyer sur les activités antérieures de mesure avec la règle non numérotée pour comprendre le double décimètre : il y a 1 cm entre deux numéros successifs ; entre le "0" et le "5", il y a donc 5 longueurs de 1 cm.

C Mesurer des segments avec le double décimètre et remplir un tableau de mesures.

D Soustractions (retirer beaucoup...) : entretien.

E Multiples de 5 : entretien.

A

Prends ton équerre et ton double décimètre.

Cette figure n'est pas un carré.
Explique pourquoi.
....
....
Cette figure est un ....

Cette figure n'est pas un carré.
Explique pourquoi.
....
....
Cette figure est un ....

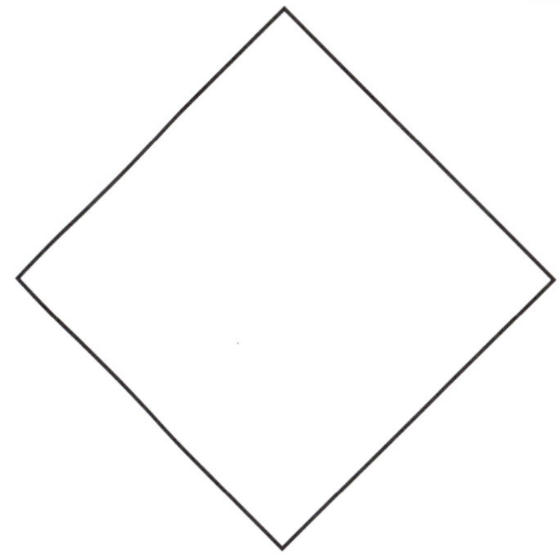

Cette figure est-elle un carré ?
....
....

J'ai appris : Un carré a 4 angles droits et tous ses côtés ont la même longueur.

Colorie en rouge les carrés, en bleu les losanges et en vert les rectangles.

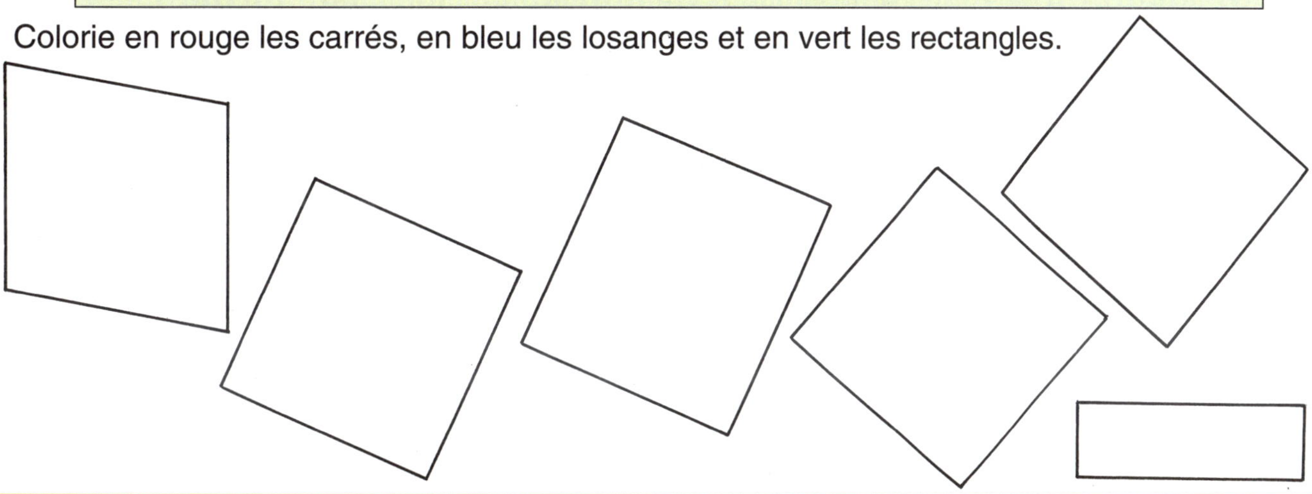

B

Calcule en décomposant le deuxième nombre.

39 + 21 = 39 + ... + ...
.....
.....

41 + 38 = 41 + ... + ...
.....
.....

36 + 47 = 36 + ... + ...
.....
.....

	a 21	
47	→	....
50	→	....
76	→	....

	a 38	
30	→	....
51	→	....
24	→	....

	a 47	
31	→	....
52	→	....
48	→	....

C

A Calculer “en avançant” des soustractions où l'on retire 28.
L'enseignant propose une série de soustractions telle que : 31 - 28, 34 - 28, 29 - 28, 40 - 28, 35 - 28, 30 - 28, 33 - 28. Le retrait du même nombre (28) tout au long de la série facilite le calcul oral : *"de 28, il faut 2 pour aller à 30…"*

B Distinguer les carrés parmi des rectangles et des losanges.

C Additions de nombres de 2 chiffres : entretien.

dictée

A

Mathilde a sorti toutes ses perles du coffret où elle les avait rangées.
Combien y a-t-il de perles exactement ?

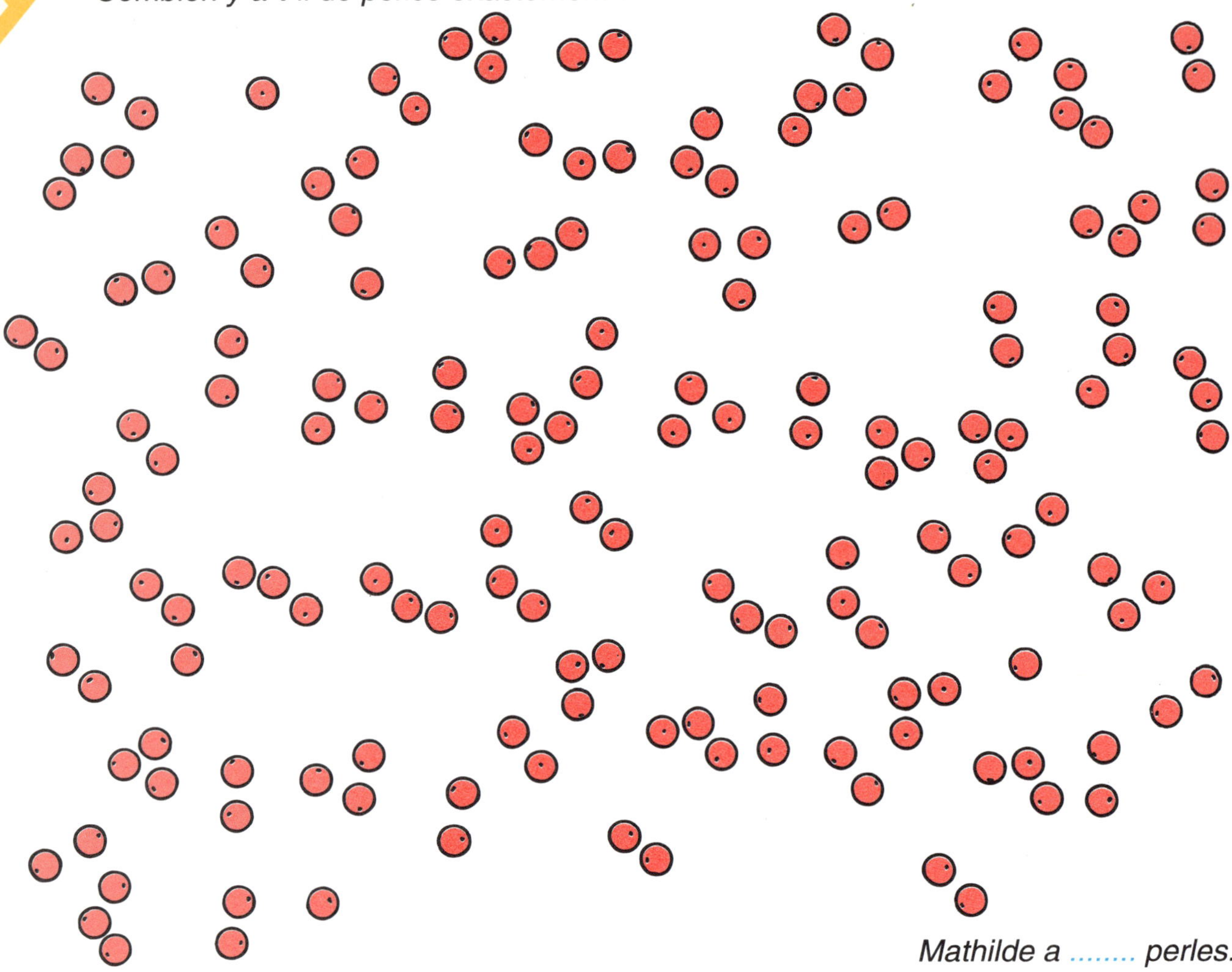

Mathilde a .... perles.

B

Imagine : *A la fin du repas, Monsieur Dujardin ouvre une boîte de 50 gâteaux mélangés. Monsieur Dujardin mange 6 gâteaux et Madame Dujardin en mange 5. Leur fille Sophie mange 4 gâteaux et leur fils Eric en mange 5. Avant de refermer la boîte, Sophie donne 1 gâteau à son chien.*

Barre les questions quand on ne peut pas savoir.
Réponds aux autres questions.

1 ▶ *Qui a mangé le plus de gâteaux ?* ....

2 ▶ *Combien coûte la boîte de gâteaux ?* ....

3 ▶ *Combien de gâteaux ont été mangés ?* ....

4 ▶ *Combien y avait-il de gâteaux au chocolat dans la boîte ?* ....

5 ▶ *Combien reste-t-il de gâteaux dans la boîte ?* ....

C

A Dictée de nombres jusqu'à 999.

B Rechercher dans une image ou dans un document des informations pertinentes pour résoudre un problème : *quantifier une collection inorganisée de plusieurs dizaines d'objets.*

C Discerner, dans un ensemble de questions, celles dont la réponse est calculable. Le travail sur un cahier est recommandé (cf. page 14).

A

Problème : 3 enfants se partagent équitablement tous les bonbons d'un paquet.
Dans ce paquet, il y a 16 bonbons.
Combien de bonbons aura chaque enfant ? Restera-t-il des bonbons ?

Pour résoudre ce problème, Sébastien, Mélanie et Cécile ont fait un schéma.
Un seul schéma est juste. Entoure-le.

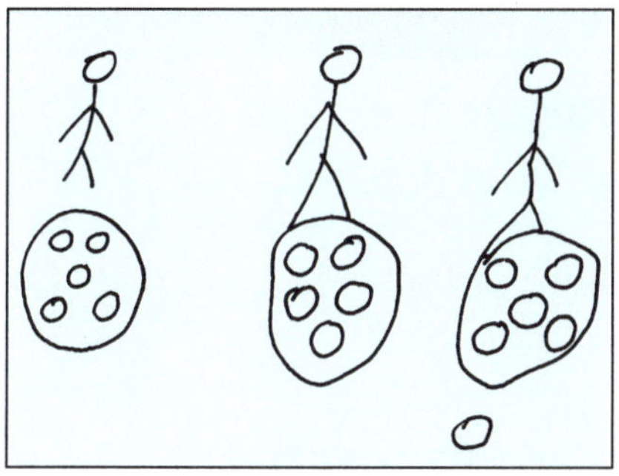

Cécile

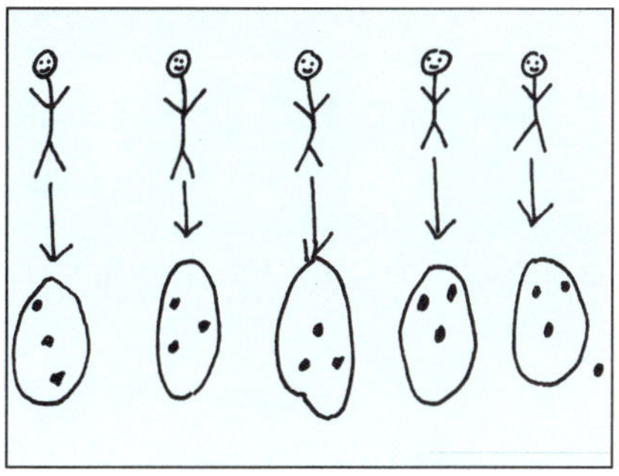

Sébastien

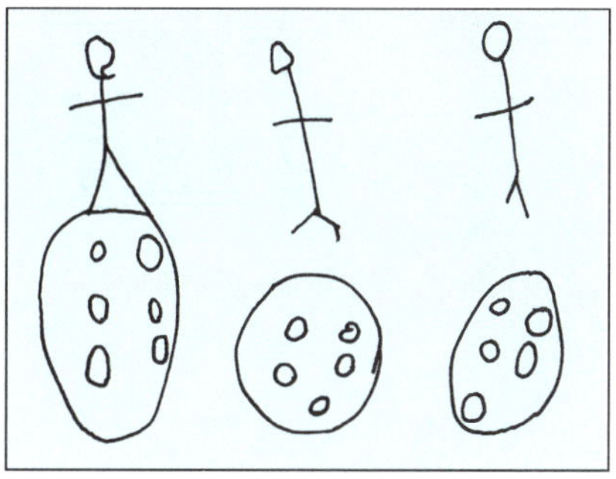

Mélanie

Le schéma juste est celui de ....

Chaque enfant aura .... bonbon(s) et il restera .... bonbon(s).

Le schéma de .... est faux parce que ....

....

Le schéma de .... est faux parce que ....

....

B

Problèmes à résoudre sur le cahier

Fais un schéma et réponds.

1 4 enfants se partagent 12 gâteaux en parts égales.
Combien de gâteaux aura chaque enfant ? Restera-t-il des gâteaux ?

2 Céline a 21 images dans sa collection. Vincent commence aussi une collection d'images et il a déjà 3 images. Vincent veut avoir autant d'images que Céline.
Combien d'images Vincent doit-il acheter ?

Fais un schéma ou écris une égalité.

3 Dans une école, il y a 86 élèves. A la récréation, tous les élèves sortent dans la cour, sauf 3 élèves qui sont malades et doivent rester au chaud.
Combien d'élèves sortent en récréation ?

4 Dans une école, il y a 3 classes. Dans la première, il y a 26 élèves ; dans la deuxième, il y a 20 élèves et dans la troisième, il y a 25 élèves.
Combien d'élèves y a-t-il dans cette école ?

5 Olivia a 43 perles dans un coffret. Elle utilise 35 perles pour faire un collier.
Combien de perles Olivia a-t-elle encore dans son coffret ?

C

A Calcul "en avançant" de soustractions choisies parmi les suivantes :
11 - 9, 12 - 9, 13 - 9... jusqu'à 17 - 9.
11 - 8, 12 - 8, 13 - 8... jusqu'à 15 - 8.
11 - 7, 12 - 7, 13 - 7.

B Apprendre à schématiser la situation décrite dans un problème : *situation de partage équitable.*

C Résolution de problèmes variés énoncés de manière classique.

La numération (2) : la monnaie

A

Dès que Perrine a
10 pièces de 10 F,
elle les échange, à la banque,
contre un billet de 100 F.

1 billet de 100 c'est autant d'argent que
..... pièces de (10) ou que
..... pièces de (1).

B

Complète.

100 100 / 100 100 — (10) (10) (10) (10) (10) (10) (1) (1)

Il y a .... francs

On voit

billets de 100 F	pièces de 10 F	pièces de 1 F
....	....	....

100 / 100 100 / 100 100 — (10) (10)

Il y a .... francs

On voit

billets de 100 F	pièces de 10 F	pièces de 1 F
....	....	....

100 100 / 100 100 / 100 100 — (1) (1) (1)

Il y a .... francs

On voit

billets de 100 F	pièces de 10 F	pièces de 1 F
....	....	....

Dessine avec des billets de 100, des pièces de (10) et des pièces de (1).

431 francs

431 = ... + ... + ...

506 francs

506 = ...

360 francs

360 = ...

C

Multiple de 3 ou non ?

(7) → Non / Oui, c'est ...... fois 3

(12) → Non / Oui, c'est ...... fois 3

(18) → Non / Oui, c'est ...... fois 3

(9) → Non / Oui, c'est ...... fois 3

(16) → Non / Oui, c'est ...... fois 3

(23) → Non / Oui, c'est ...... fois 3

D

A Calcul oral de soustractions (calculer n - 27 "en avançant") : même activité que page 61.

B et C S'appuyer sur des décompositions en billets de 100 F, pièces de 10 F et pièces de 1 F pour déterminer et pour constituer des sommes d'argent.

D Multiples de 3 : entretien.

A

Perrine va à la banque pour échanger ses pièces de 1 F et de 10 F.
Dessine ce qu'elle a après l'échange.

Avant l'échange | Après l'échange

C'est .... francs.

Groupe les pièces et dessine ce qu'on voit après l'échange.

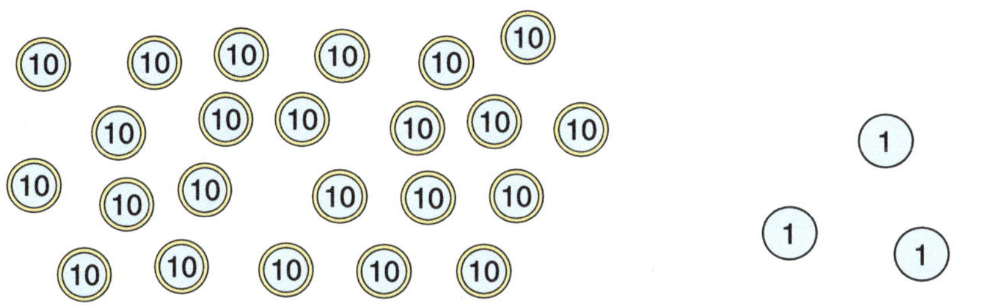

C'est .... francs.

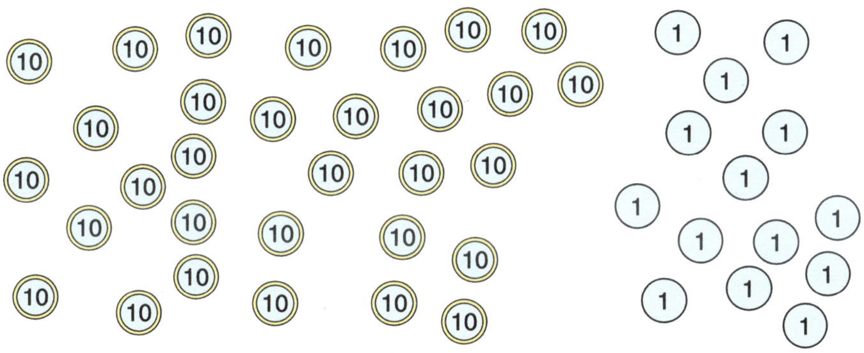

C'est .... francs.

B

Perrine avait
24 pièces de (10) et 7 pièces de (1).

Elle a fait ses échanges.

S'est-elle trompée ? ....

Imagine les échanges.
Si tu n'es pas sûr(e), dessine au brouillon.

14 pièces de (10) et 5 pièces de (1), c'est .... francs.

7 pièces de (10) et 10 pièces de (1), c'est .... francs.

21 pièces de (10), c'est .... francs.

3 billets de 100 et 25 pièces de (1), c'est .... francs.

40 pièces de (10) et 3 pièces de (1), c'est .... francs.

50 pièces de (10), c'est .... francs.

C

A Calcul oral (additions de nombres de 2 chiffres) : même activité que page 53 avec des additions du type n + 31 pour n > 30.

B et C Déterminer une somme d'argent (cas où les pièces sont déjà groupées puis cas où il faut effectuer les groupements). Deux procédures sont possibles : compter de 10 en 10 (*"10, 20, 30..."*) ou imaginer les échanges "10 contre 1". En C, même activité : les pièces ne sont plus dessinées et il faut raisonner directement sur les nombres de billets et de pièces.

La numération (3) : le vocabulaire conventionnel (C.D.U.)

A

Dessine.	Une centaine, c'est	Une dizaine, c'est	Une unité, c'est
Pour Picbille...			
Pour Perrine...			

B

Dessine les centaines, les dizaines et les unités puis écris le nombre.	Pour Picbille	Pour Perrine	En chiffres
23 dizaines et 7 unités ou 23 fois 10 et 7		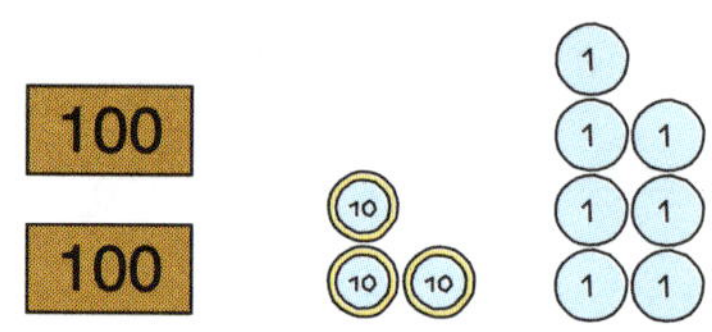	....
31 dizaines et 5 unités ou 31 fois 10 et 5			....
3 centaines et 6 unités ou 3 fois 100 et 6			....
25 dizaines ou 25 fois 10			....
1 centaine, 3 dizaines et 8 unités ou 1 fois 100, 3 fois 10 et 8			....
2 centaines et 17 unités ou 2 fois 100 et 17			....
4 centaines ou 4 fois 100			....

C

A Calcul oral de soustractions du type n - 26 (calculer "en avançant") : même activité que p. 61.

B Introduction du vocabulaire conventionnel : centaines, dizaines et unités.

C L'objectif essentiel est de comprendre que, par exemple, 23 dizaines, c'est 2 centaines et 3 dizaines, dans deux contextes familiers : Picbille et la monnaie.

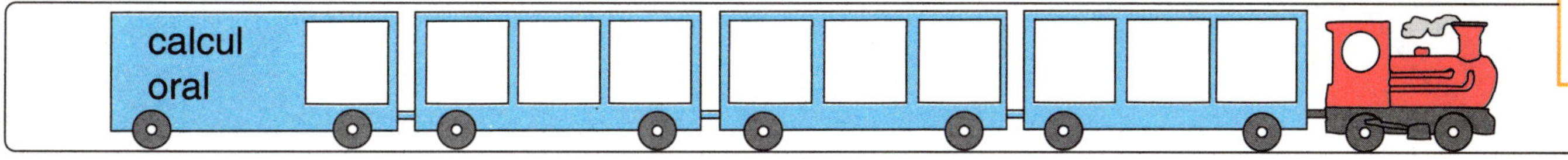

A

- Quand on découpe **un quadrilatère** en suivant une diagonale, on obtient...

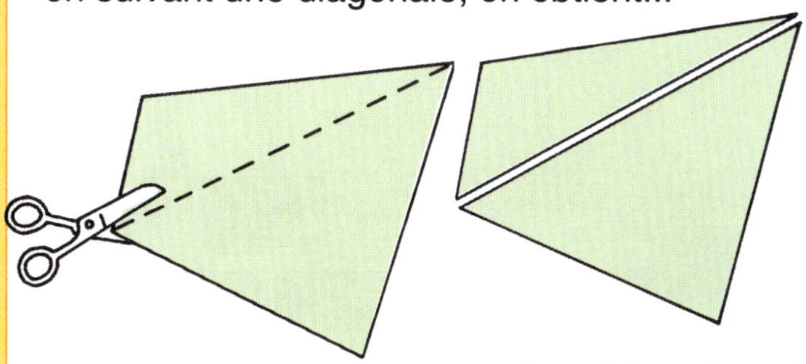

... **deux triangles**.

- Quand on découpe **un rectangle** en suivant une diagonale, on obtient...

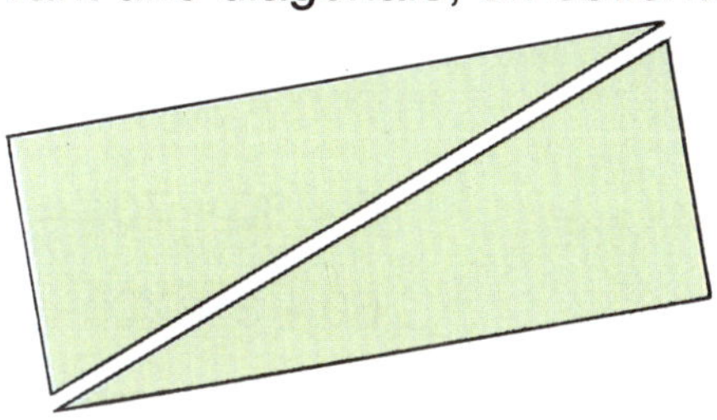

... deux triangles qui sont des **demi-rectangles**.

Comment reconnaît-on qu'un triangle est un demi-rectangle ? ....

Colorie les triangles qui sont des demi-rectangles, barre les autres.

B

Quelle est la ligne brisée la plus longue ? Prends ton double décimètre et mesure.

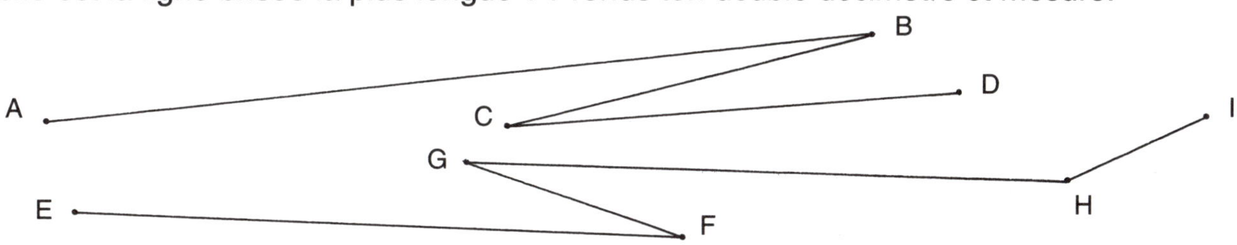

AB .... BC .... CD ....

La ligne ABCD mesure :

....

EF .... FG .... GH .... HI..........

La ligne EFGHI mesure :

....

Quelle est la ligne brisée la plus longue ? ....

C

Calcule "en avançant" (tu peux dessiner au brouillon).

63 - 49 = ...	100 - 79 = ...	93 - 89 = ...	80 - 65 = ...
100 - 87 = ...	68 - 50 = ...	71 - 64 = ...	13 - 7 = ...

D

A 1. Interrogations du type : 10 fois 10 c'est … ; 13 fois 10 c'est … ; 18 fois 10 c'est … ; 20 fois 10 c'est … ; 24 fois 10 c'est …, etc.
2. Calcul oral de soustractions (calculer « en avançant ») : même activité que p. 63.

B Distinguer les triangles rectangles parmi différents triangles.

C Sommer des longueurs pour mesurer une ligne brisée : entretien.

D Calculer des soustractions "en avançant" : entretien.

A

Picbille calcule 40 + 325.

40 + 325 = ...

Picbille calcule 217 + 300.

217 + 300 = ...

Calcule.

341 + 200 = ...
341 + 20 = ...
341 + 2 = ...
341 + 202 = ...

4 + 500 = ...
4 + 50 = ...
400 + 500 = ...
40 + 500 = ...

600 + 30 + 7 = ...
6 + 30 + 700 = ...
60 + 3 + 700 = ...
6 + 300 + 70 = ...

B

Avec ton double décimètre, mesure la longueur de ces segments pour compléter le tableau.

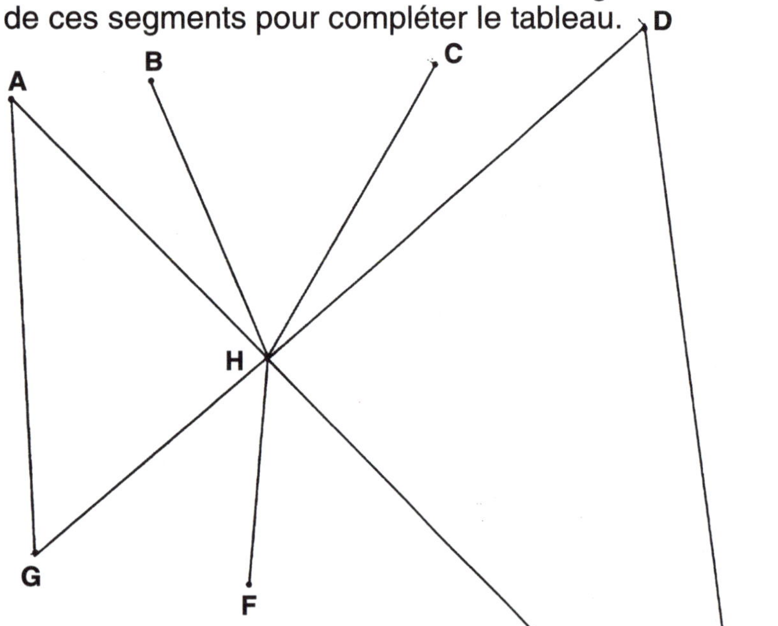

Segments	Longueurs en cm
....	11 cm
AG	....
AE	....

C

Multiple de 5 ou non ?

20 → Oui. C'est ..... fois 5 → Non

26 → Oui. C'est ..... fois 5 → Non

31 → Oui. C'est ..... fois 5 → Non

35 → Oui. C'est ..... fois 5 → Non

40 → Oui. C'est ..... fois 5 → Non

44 → Oui. C'est ..... fois 5 → Non

45 → Oui. C'est ..... fois 5 → Non

D

[A] Calcul oral d'additions de nombres à 2 chiffres. L'enseignant propose ici des additions du type 12 + 45, 34 + 21, 23 + 36, etc. Pour les cas comme 12 + 45 et 23 + 36 on a intérêt à calculer 45 + 12 et 36 + 23 (utilisation de la commutativité de l'addition).

[B] Réinvestissement et approfondissement des connaissances sur la numération lors du calcul d'additions comportant des nombres de 3 chiffres.

[C] Utiliser le double décimètre pour remplir un tableau de mesures : entretien.

[D] Multiples de 5 : entretien.

A

Monsieur Duchêne paie ses achats par chèque à monsieur Durand son épicier.
Combien doit-il payer ? Complète le chèque. Tu peux calculer au brouillon.

BANQUE BIDULE — BPF ....

Payez contre ce chèque ....

....

à l'ordre de ....

Fait à .... le .... 19....

Duchêne

Attention ! On ne met pas toujours de "s" à cent :
*Trois cent**s*** mais *Trois cent vingt-cinq*

Ecris en chiffres.

Deux cent cinquante-neuf .... *Quatre cents* .... *Quatre cent douze* ....

Six cent soixante-quinze .... *Huit cent sept* .... *Cent vingt et un* ....

Ecris en lettres.

700 .... 417 ....

306 .... 580 ....

B

Complète.	 Pour Picbille	 Pour Perrine	En chiffres
21 dizaines et 5 unités			....
12 dizaines et 6 unités			....
3 centaines et 2 dizaines			....
34 dizaines			....

C

A

En colonie de vacances, Mathilde participe à un jeu de piste. On lui donne ce plan :

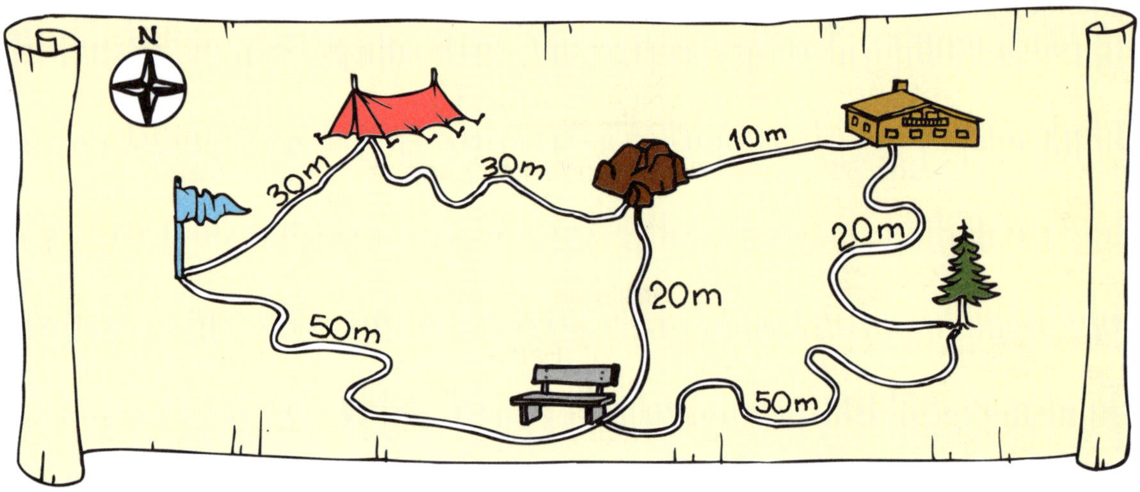

Elle part du drapeau et doit trouver des messages qui lui indiqueront ce qu'elle doit faire.

- Au pied du drapeau, un message lui demande d'aller au sapin par le plus court chemin.
  Par où doit-elle passer ? ....
  ....

- Au pied du sapin, un message lui indique d'aller au rocher en passant par le banc.
  Combien de mètres doit-elle parcourir ? ....

- Au rocher, un message lui demande de retourner au drapeau, par le chemin le plus court, pour y trouver un trésor. *Combien de mètres lui reste-t-il à parcourir ?* ....
  ....

B

Imagine : *Un soir, Monsieur et Madame Schmidt demandent à leur fils Alex, qui a 7 ans, de mettre la table pour toute la famille.*
Alex a 2 grandes sœurs, qui s'appellent Julie et Charlotte, et 1 petit frère, qui s'appelle Samuel.

Barre les questions quand on ne peut pas savoir.
Réponds aux autres questions.

1 ▶ *Combien d'enfants ont Monsieur et Madame Schmidt ?* ....

2 ▶ *Qui est le plus âgé des enfants ?* ....

3 ▶ *Combien d'assiettes Alex doit-il mettre ?* ....

4 ▶ *A quelle heure la famille aura-t-elle fini de manger ?* ....

C

[A] 1. Interrogations du type : 10 fois 10 c'est ... ; 13 fois 10 c'est ... ; 18 fois 10 c'est ... ; 20 fois 10 c'est ... ; 24 fois 10 c'est ..., etc. 2. Calcul oral de soustractions (calculer « en avançant ») : même activité que p. 63.

[B] Rechercher dans une image ou un document des informations pertinentes pour résoudre un problème : *sommer des longueurs données en mètres.*

[C] Discerner, dans un ensemble de questions, celles dont la réponse est calculable. Le travail sur un cahier est recommandé (cf. page 14).

A

Voici un exercice de géométrie : *Trace le segment AB.*
Sur ce segment AB, dessine un point à 3 cm de A.
Appelle ce point C.
Par ce point C, trace une droite perpendiculaire au segment AB.

Sébastien, Mélanie et Cécile ont fait cet exercice.
Un seul tracé est juste. Entoure-le.

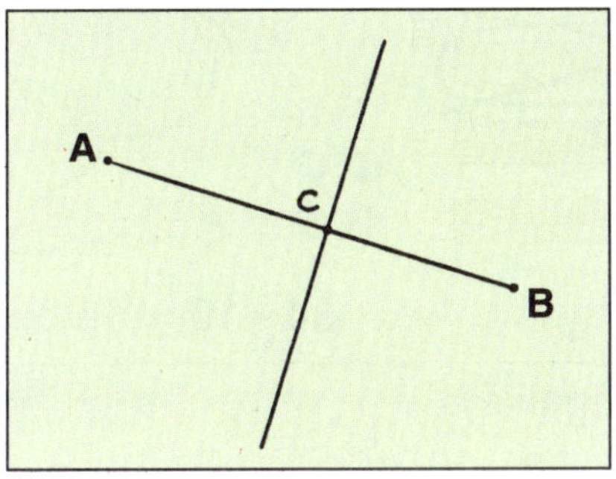

Mélanie

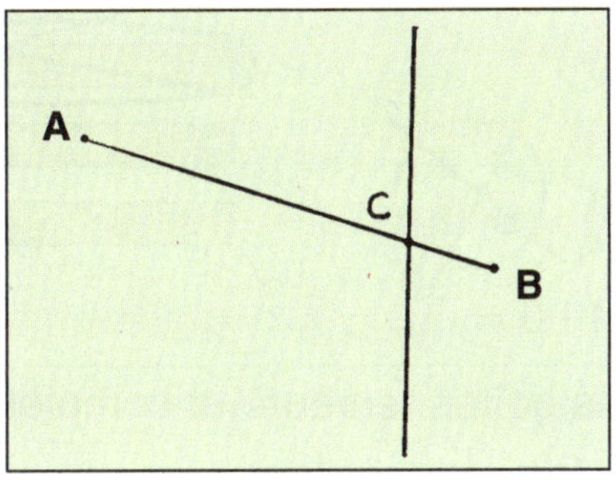

Cécile

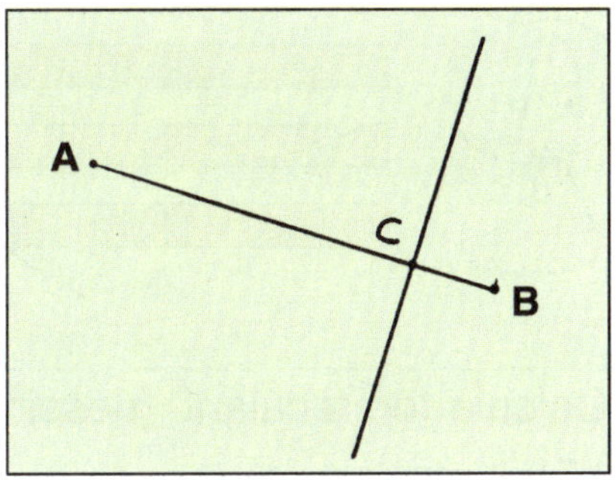

Sébastien

Le tracé juste est celui de ....

Le tracé de .... est faux parce que ....

....

Le tracé de .... est faux parce que ....

....

B

Problèmes à résoudre sur le cahier

Fais un schéma et réponds.

1 ▶ Trois maîtres se partagent équitablement un paquet de 20 stylos pour leurs classes.
Combien de stylos aura chaque maître ?
Restera-t-il des stylos ?

2 ▶ Le libraire vend des paquets d'images.
Dans chaque paquet, il y a 4 images.
Antonio achète 5 paquets d'images.
Combien d'images Antonio achète-t-il ?

Ecris une égalité ou fais un schéma.

3 ▶ Samir a 63 billes.
A la récréation, il perd 49 billes.
Combien de billes reste-t-il à Samir ?

4 ▶ Dans la cour, deux équipes d'élèves jouent au ballon-prisonnier.
Chaque équipe a 12 joueurs.
Combien d'élèves jouent au ballon-prisonnier ?

5 ▶ Dans un port, il y a 71 bateaux.
65 de ces bateaux sont des voiliers et les autres sont des bateaux à moteur.
Combien de bateaux à moteur y a-t-il dans le port ?

C

A Calcul oral : même activité que page 69 avec des cas du type n - 18, n - 38, n - 8, n - 28, etc.

B Evaluer si des tracés géométriques sont conformes à une suite de consignes.

C Résolution de problèmes variés énoncés de façon classique.

La soustraction : retirer peu (1). Les multiples de 10

Picbille a 34 billes. Il va donner 6 billes à Minibille et les autres à Maxibille.

Maxibille calcule 34 - 6 en "reculant".

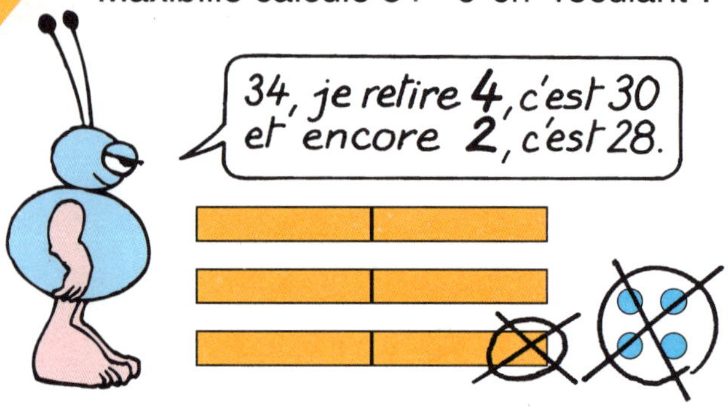

34 - 6 = ...

Picbille a 34 billes. Il va donner 10 billes à Minibille et les autres à Maxibille.

Maxibille calcule 34 - 10.

34 - 10 = ...

Calcule “en reculant” (dessine les boîtes, entoure et complète l'égalité).

45 - 7 = ...	23 - 4 = ...	63 - 20 = ...
52 - 10 = ...	21 - 6 = ...	34 - 8 = ...

Calcule “en reculant” (tu peux dessiner au brouillon).

32 - 3 = ...	25 - 7 = ...	50 - 3 = ...	11 - 4 = ...
41 - 10 = ...	62 - 4 = ...	13 - 4 = ...	12 - 4 = ...

B

Colorie en rouge les carrés, en bleu les losanges et en vert les rectangles.

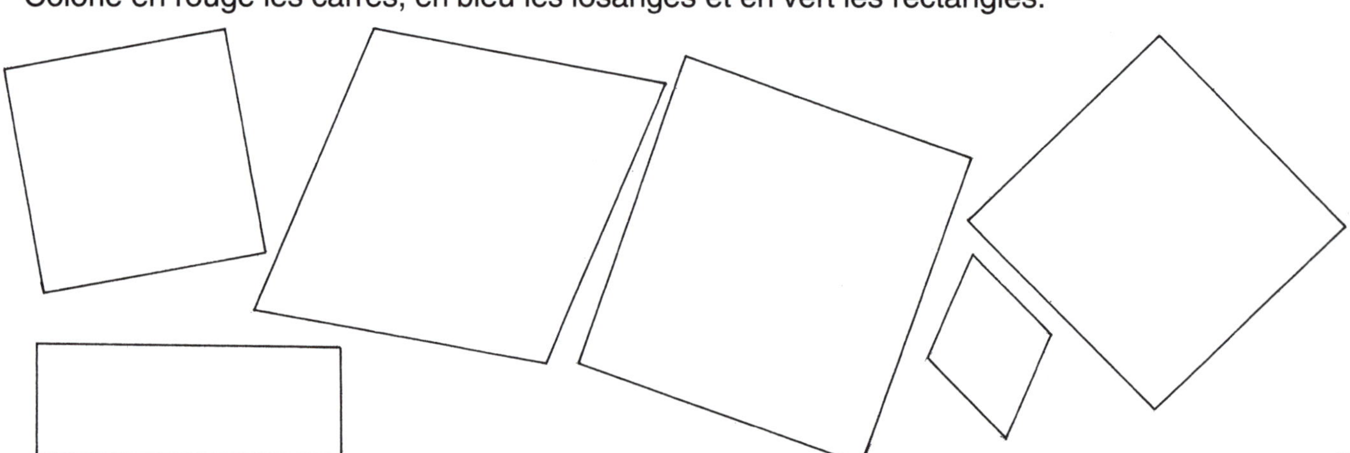

C

A Calcul oral d'additions de 2 nombres à 2 chiffres : même activité que page 68.

B Calcul réfléchi de la soustraction : quand on retire peu, on a souvent intérêt à calculer par retraits successifs en “reculant” d'abord jusqu'à la dizaine inférieure. Les élèves peuvent s'appuyer à la fois sur les images et sur la formule : *“34 moins 4, 30 et je dois encore retirer…”*

C Distinguer les carrés parmi des losanges et des rectangles : entretien.

A

Multiples de 10 ou non ? Observe et continue, puis colorie les multiples de 10.

60 → ~~Non~~, c'est ....
→ Oui, c'est 6 dizaines

67 → Non, c'est 6 dizaines et 7 unités
→ ~~Oui~~, c'est ....

80 → Non, c'est ....
→ Oui, c'est ....

100 → Non, c'est ....
→ Oui, c'est ....

106 → Non, c'est ....
→ Oui, c'est ....

120 → Non, c'est ....
→ Oui, c'est ....

190 → Non, c'est ....
→ Oui, c'est ....

203 → Non, c'est ....
→ Oui, c'est ....

230 → Non, c'est ....
→ Oui, c'est ....

437 → Non, c'est ....
→ Oui, c'est ....

B

Complète (barre les "s" quand il n'en faut pas).

237 c'est .... dizaines et .... unités.
237 c'est ..... centaines, ... dizaines et ..... unités.

240 c'est .... dizaines et .... unités.
240 c'est ..... centaines, ... dizaines et ..... unités.

300 c'est .... dizaines et .... unités.
300 c'est ..... centaines, ... dizaines et ..... unités.

309 c'est .... dizaines et .... unités.
309 c'est ..... centaines, ... dizaines et ..... unités.

310 c'est .... dizaines et .... unités.
310 c'est ..... centaines, ... dizaines et ..... unités.

500 c'est .... dizaines et .... unités.
500 c'est ..... centaines, ... dizaines et ..... unités.

C

Ces 2 triangles ne sont pas des demi-carrés. Pourquoi ?

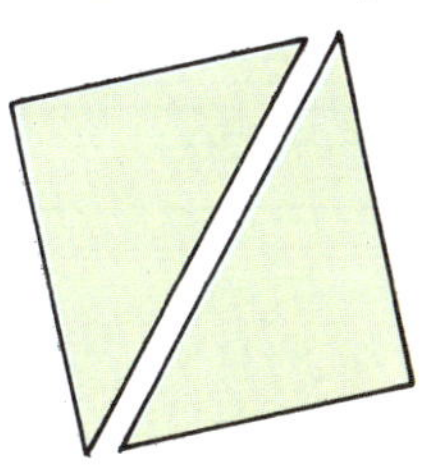

Ces triangles sont-ils des demi-carrés ? Pourquoi ?

Entoure les triangles qui sont des demi-carrés. Barre les autres.

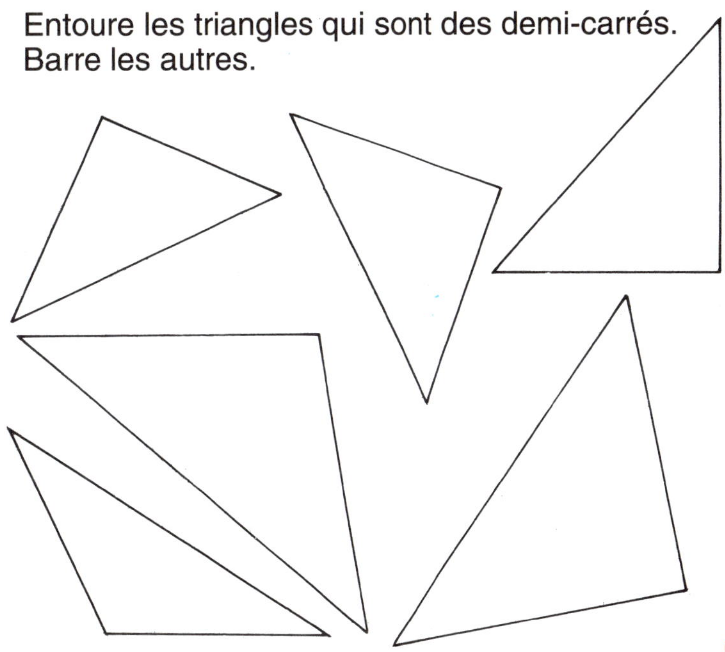

D

A Calcul oral de soustractions "en reculant". L'enseignant propose une série de cas du type : 30 - 2, 20 - 6, 40 - 5, 50 - 3, etc., où l'on retire quelques unités d'un nombre entier de dizaines.

B et C Mettre en relation les multiples de 10 (*"60, c'est 6 fois 10"*) avec les décompositions en dizaines et unités (*"60, c'est 6 dizaines"*). Pour le cas de 230 par exemple, cela aide à comprendre que 230, c'est 23 dizaines.

D Distinguer parmi divers triangles ceux qui sont des demi-carrés.

La soustraction : retirer peu (2). Ajouter 10 et 100 sur un compteur

A

Cherche le dessin qui peut t'aider, entoure, barre, puis complète l'égalité.

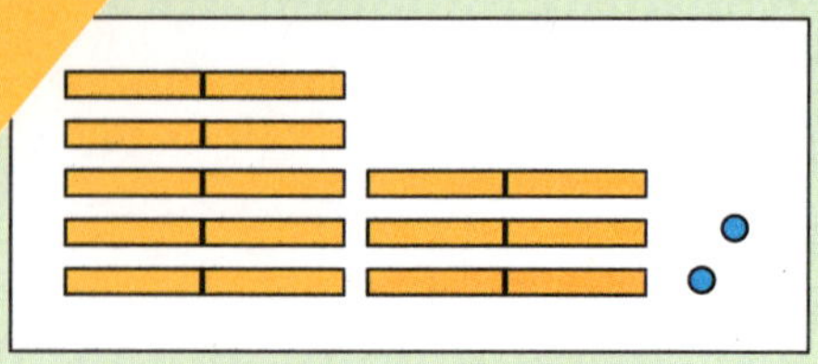

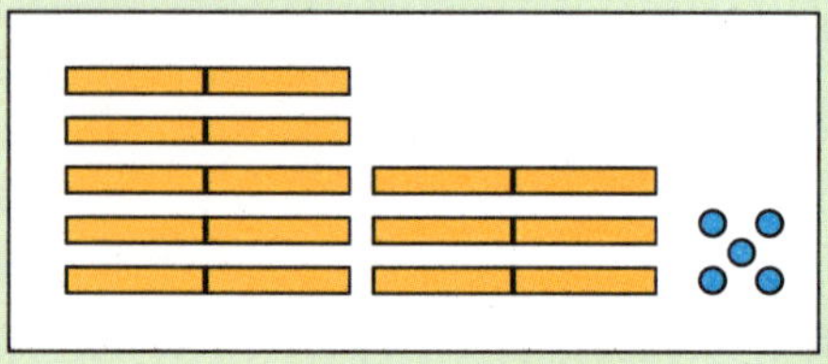

64 - 5 = ...

82 - 10 = ...

71 - 3 = ...

100 - 6 = ...

93 - 7 = ...

85 - 6 = ...

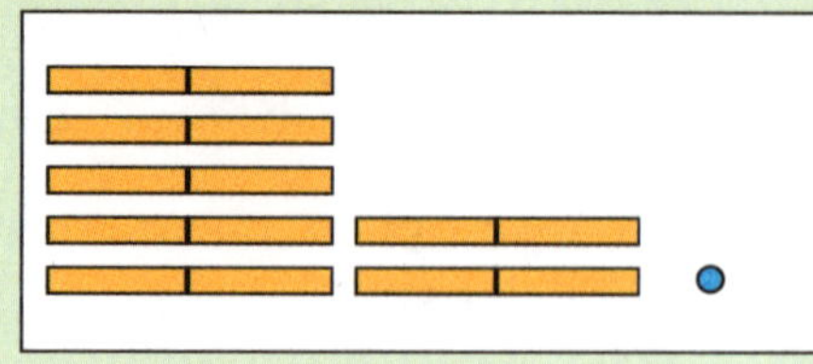

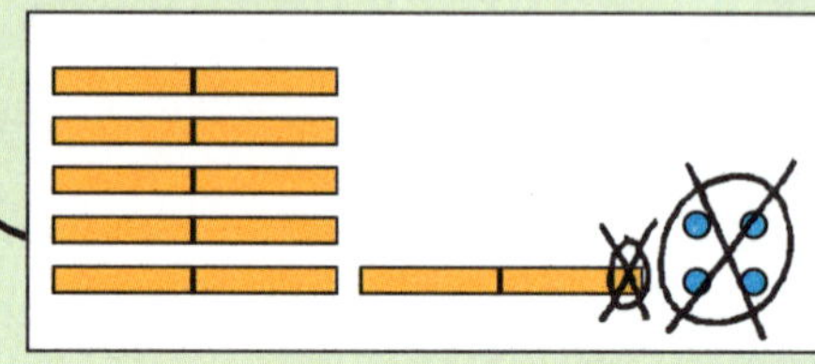

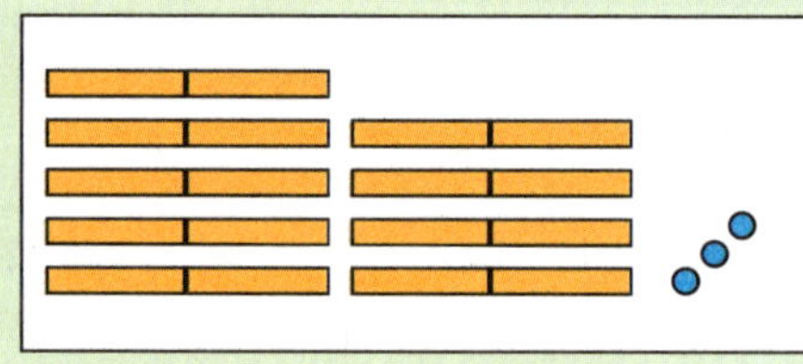

B

Calcule en "reculant". Si tu n'es pas sûr(e), dessine.

76 - 8 = ...

100 - 4 = ...

Calcule. Si tu n'es pas sûr(e), dessine au brouillon.

12 - 5 = ... 14 - 5 = ...

13 - 5 = ... 21 - 5 = ...

11 - 5 = ... 63 - 5 = ...

C

Complète.

	Pour Picbille	Pour Perrine	En chiffres
26 dizaines et 3 unités		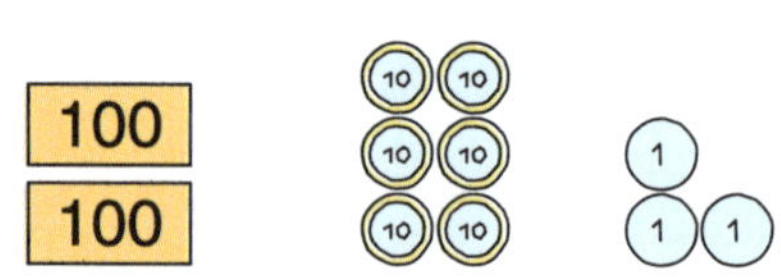	....
30 dizaines			....
2 centaines et 9 unités			....

D

A 1. Interrogations du type : 10 fois 10 c'est … ; 13 fois 10 c'est … ; 18 fois 10 c'est … ; 20 fois 10 c'est … ; 24 fois 10 c'est …, etc.
2. Calcul oral de soustractions (calculer « en avançant ») : même activité que p. 63.

B et C Calcul réfléchi de la soustraction ("en reculant") : entretien. En B, la présence d'images des nombres facilite la tâche des élèves. En C, l'accent est mis sur les cas du type 13 - 5.

D Numération : entretien (p. 66).

A

Minibille a 268 billes. Chaque jour Picbille lui donne ***une nouvelle bille.***

Dessine les nouvelles billes, les nouvelles boîtes et complète le compteur.

0	2	6	8

Après le 1er jour	Après le 6e jour
Après le 2e jour	Après le 7e jour
Après le 3e jour	Après le 8e jour
Après le 4e jour	Après le 9e jour
Après le 5e jour	Après le 10e jour

Maxibille a 268 billes. Chaque jour Picbille lui donne ***une nouvelle boîte****.*

Dessine les nouvelles billes, les nouvelles boîtes et valise(s)* et complète le compteur.

0	2	6	8

Après le 1er jour	Après le 6e jour
Après le 2e jour	Après le 7e jour
Après le 3e jour	Après le 8e jour
Après le 4e jour	Après le 9e jour
Après le 5e jour	Après le 10e jour

*** Tu peux même coller le couvercle.**

J'ai appris:

Sur un compteur, pour ajouter 10, je peux tourner 10 fois la roue des unités ou une seule fois celle des dizaines.
Pour ajouter 10 dizaines, je peux tourner 10 fois la roue des dizaines ou une seule fois celle des centaines.

B

A Calcul oral de soustractions "en reculant" du type n - 3. Par exemple, 42 - 3, 26 - 3, 51 - 3, 48 - 3, 62 - 3, 11 - 3, etc.

B Mettre en relation le fonctionnement d'un compteur et les groupements par 10 et par 100. Comprendre que, sur un compteur, l'ajout de 10 unités peut se résumer par l'ajout d'une dizaine, etc.

A

Mathilde et Perrine calculent 4 fois 3. Termine leur travail.

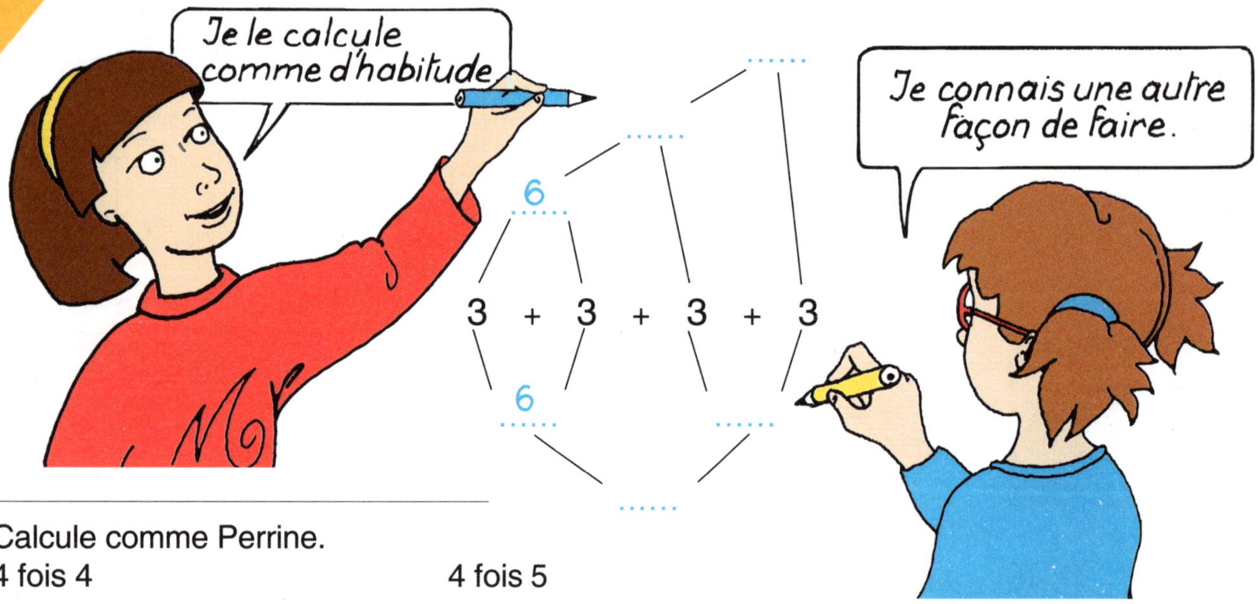

Calcule comme Perrine.

4 fois 4

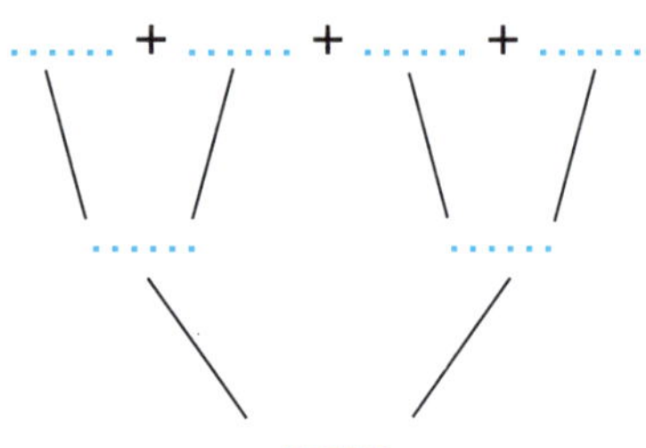

4 fois 5

...... + ... + ... + ...

J'ai appris :

4 fois 3, c'est aussi 2 fois 6

4 fois 4, c'est aussi 2 fois 8

4 fois 5, c'est aussi 2 fois 10

B

Place les nombres suivants : 25, 92, 164, 109, 190, 136, 48

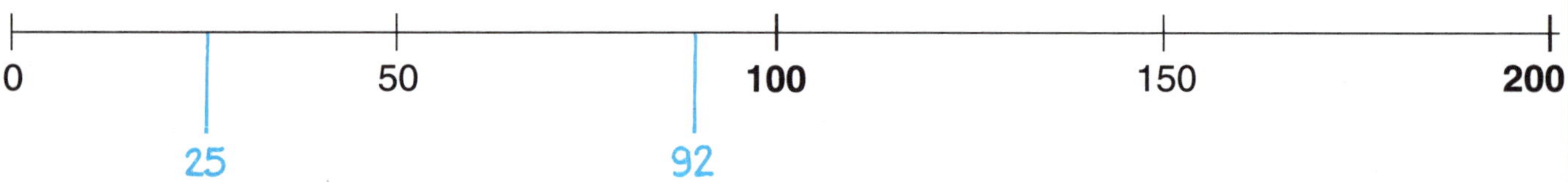

Place les nombres suivants : 25, 92, 125, 390, 260, 340, 147, 210

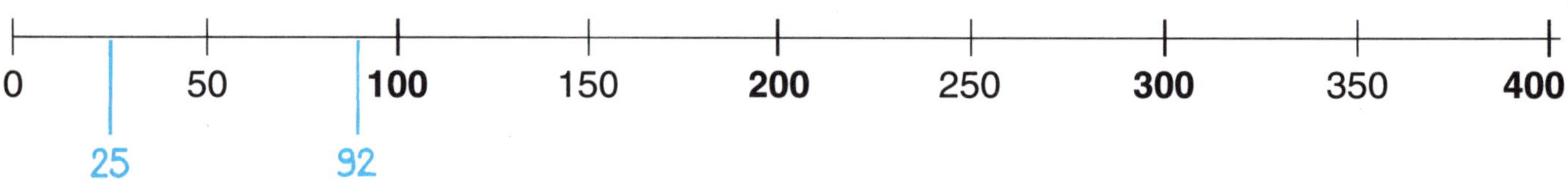

Place les nombres suivants : 25, 92, 657, 810, 390, 745, 601, 106, 547

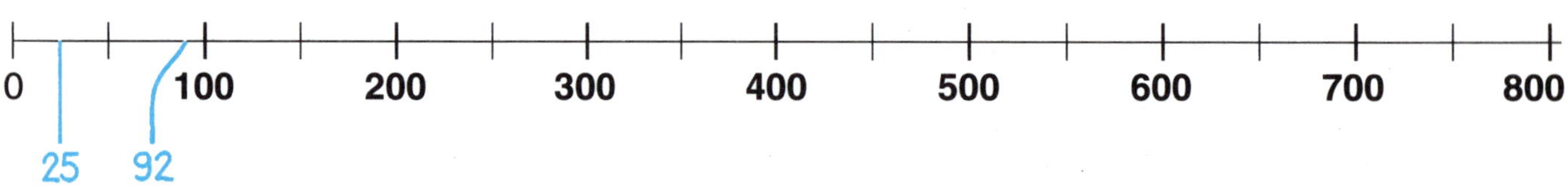

C

A Calcul oral de soustractions "en reculant" : même activité que page 75 avec des soustractions du type n - 4.

B Utiliser des arbres de calcul et calculer 4 fois 3 comme 2 fois 6. L'utilisation de cette stratégie n'est entraînée que jusqu'à 4 fois 5. Pour 4 fois 6 et au-delà, une autre stratégie sera privilégiée (cf. pp. 90 et suivantes).

C Situer approximativement des nombres sur une graduation en utilisant les repères des centaines et des demi-centaines.

bilan terminal 2e période

Complète.

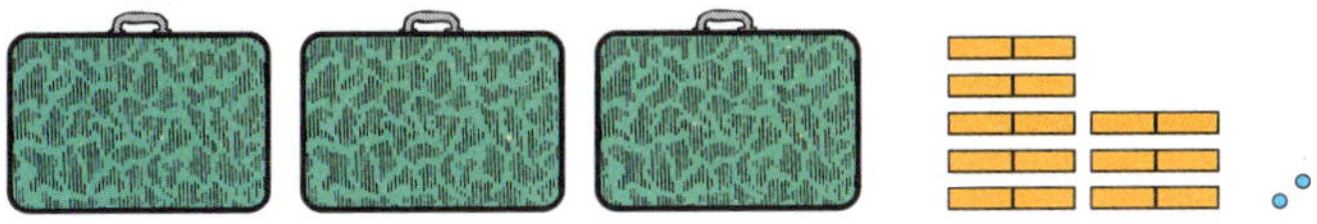

Ici Picbille a .... billes.

Dessine comme Picbille 276 billes.

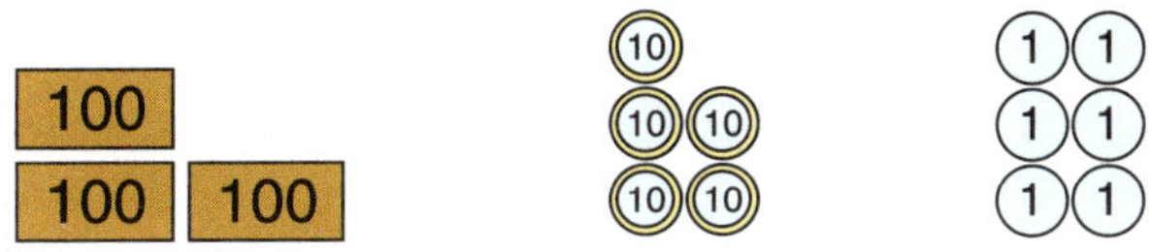

Ici Perrine a .... francs.

Dessine comme Perrine 408 francs.

Complète.

	Pour Perrine	En chiffres
14 dizaines et 2 unités		....
3 centaines 5 dizaines et 1 unité		....
2 centaines et 5 unités		....
42 dizaines		....

Calcule "en avançant".

35 - 28 = ...

60 - 47 = ...

12 - 7 = ...

100 - 87 = ...

Calcule "en reculant".

32 - 4 = ...

13 - 5 = ...

57 - 10 = ...

100 - 8 = ...

Multiple de 5 ou non ?

15 → Non / Oui, c'est ..... fois 5.

18 → Non / Oui, c'est ..... fois 5.

20 → Non / Oui, c'est ..... fois 5.

24 → Non / Oui, c'est ..... fois 5.

25 → Non / Oui, c'est ..... fois 5.

30 → Non / Oui, c'est ..... fois 5.

Problèmes à résoudre sur feuille

Ecris une égalité ou fais un schéma.

1 ▷ Le libraire vend des paquets d'images. Dans un paquet d'images, il y a 6 images. Claire achète 3 paquets d'images.
Combien d'images Claire a-t-elle achetées ?

2 ▷ Dans la cour de l'école, il y a 26 enfants. 19 de ces enfants sont des filles.
Combien y a-t-il de garçons dans la cour ?

3 ▷ Yves a 62 francs. Il veut acheter une petite voiture qui coûte 29 francs et un camion qui coûte 34 francs.
Yves a-t-il assez d'argent pour acheter ces 2 jouets ?

4 ▷ Pour le goûter, Aurélie ouvre un paquet de 40 gâteaux secs. Elle donne 3 gâteaux à son petit frère et elle en mange 3.
Combien de gâteaux secs reste-t-il dans le paquet ?

* Additions de 2 nombres de 2 chiffres : même activité que page 68.

A

Pour son anniversaire, Mathilde a reçu un billet de 100 F
et a décidé de le dépenser entièrement. Ecris ce qu'elle a pu acheter.

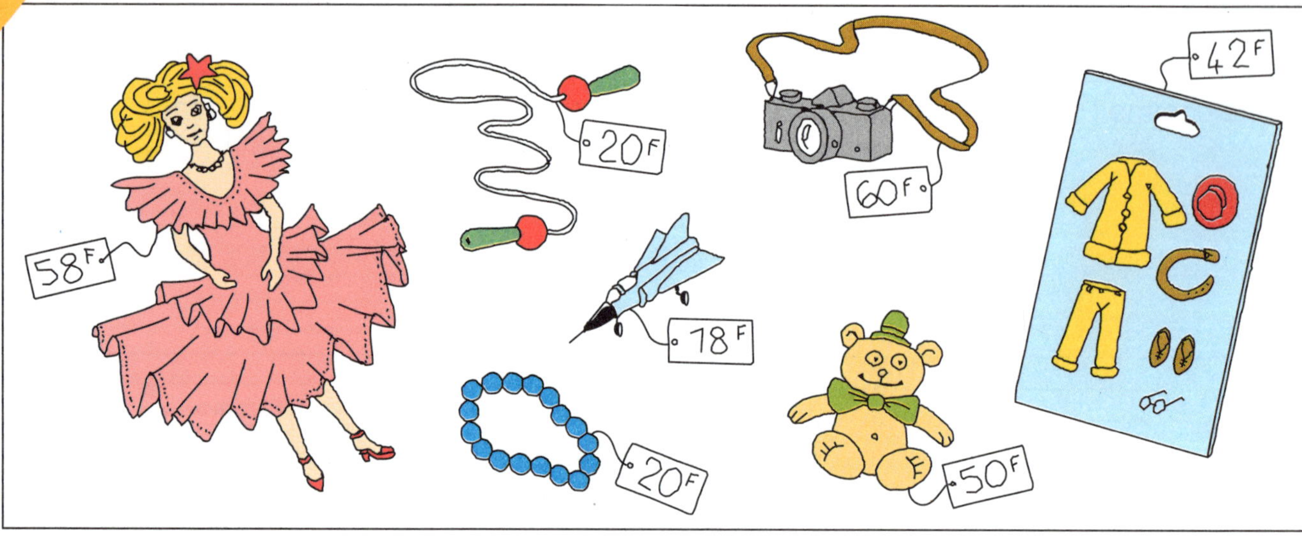

Première possibilité : ....

Ecris l'égalité : ....

Deuxième possibilité : ....

Ecris l'égalité : ....

Troisième possibilité : ....

Ecris l'égalité : ....

B

Imagine : *Sonia achète 2 paquets de 6 images.*
Elle y trouve 3 images qu'elle a déjà dans son album
et elle les donne à son petit frère.
Sonia colle les autres images dans son album.

Barre les questions quand on ne peut pas savoir.
Réponds aux autres questions.

1 ▶ *Combien coûtent les deux paquets d'images ?*..

2 ▶ *Combien d'images Sonia a-t-elle achetées en tout ?*..

3 ▶ *Combien de nouvelles images Sonia a-t-elle collées dans son album ?*..............................

4 ▶ *Combien d'images a-t-elle en tout dans son album ?*..

5 ▶ *Combien lui manque-t-il d'images pour terminer son album ?*..

C

A Calcul oral de multiples faciles : "*2 fois, 3 fois et 4 fois n*" (pour n compris entre 2 et 5). Par exemple : *2 fois 4, 3 fois 5, 4 fois 3, 3 fois 3*, etc.

B Rechercher, dans une image ou dans un document, des informations pertinentes pour résoudre un problème : *différentes décompositions de 100.*

C Discerner, dans un ensemble de questions, celles dont la réponse est calculable. Le travail sur un cahier est recommandé (cf. page 14).

A

Problème : Une fleuriste veut faire des bouquets de 4 roses et elle a 21 roses en tout.
Combien de bouquets de 4 roses peut-elle faire ? Restera-t-il des roses ?

Pour résoudre ce problème, Sébastien, Mélanie et Cécile ont fait un schéma.
Un seul schéma est juste. Entoure-le.

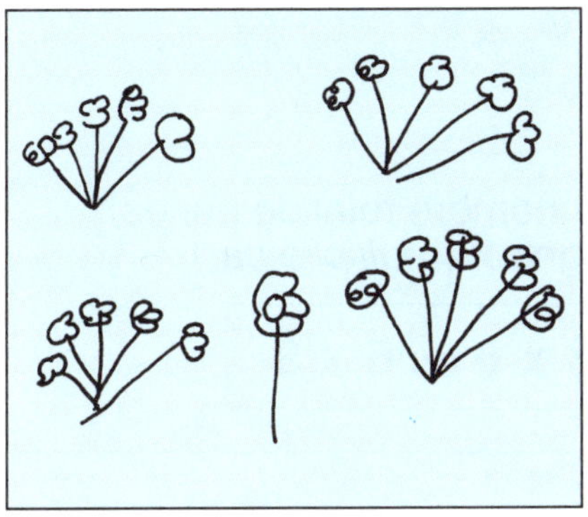
Cécile

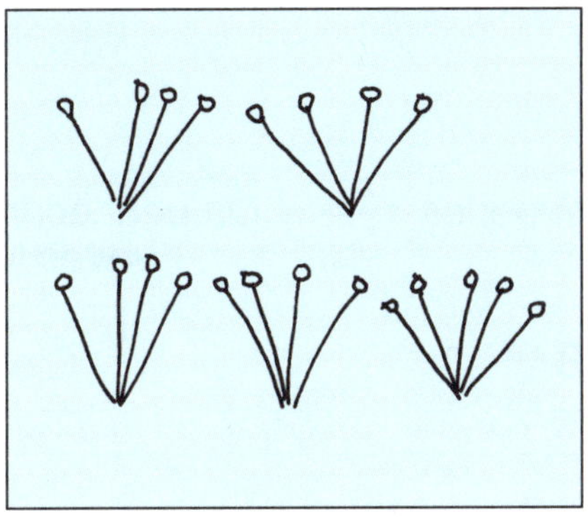
Sébastien

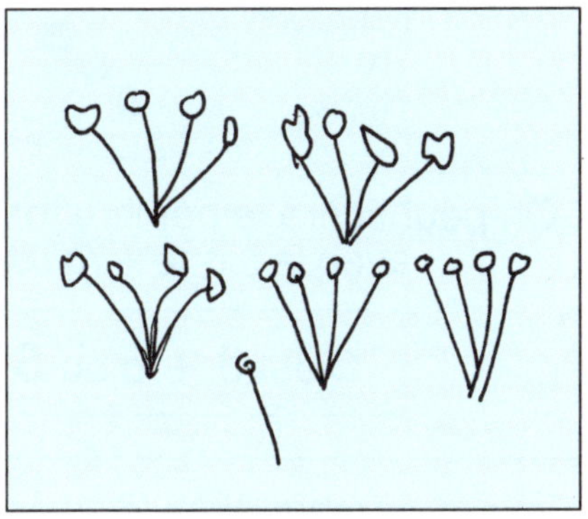
Mélanie

Le schéma juste est celui de .... Termine son travail en écrivant la solution :

....

Le schéma de .... est faux parce que ....

....

Le schéma de .... est faux parce que ....

....

B

Problèmes à résoudre sur le cahier

Fais un schéma ou écris une égalité.

1 ▶ Adrien a 23 feutres.
Mais il n'a que 4 capuchons.
Combien de capuchons manque-t-il à Adrien ?

2 ▶ Pour un jeu, la maîtresse demande à ses 23 élèves de se mettre par groupes de 5.
Combien de groupes de 5 élèves y aura-t-il ?
Restera-t-il des élèves qui ne pourront pas se mettre par 5 ?

3 ▶ Julie a 83 francs dans son porte-monnaie.
Elle dépense 70 francs pour acheter un jeu.
Combien d'argent lui reste-t-il ?

4 ▶ 25 enfants sont en classe de neige.
Il faut des bâtons de ski pour tous ces enfants.
Combien faut-il de bâtons de ski ?

5 ▶ Dans une boîte de craies, il y a 52 craies.
6 de ces craies sont des craies de couleur et les autres sont blanches.
Combien y a-t-il de craies blanches ?

C

A 1. Interrogations du type : 10 fois 10 c'est ... ; 13 fois 10 c'est ... ; 18 fois 10 c'est ... ; 20 fois 10 c'est ... ; 24 fois 10 c'est ..., etc.
2. Calcul oral de soustractions (calculer « en avançant ») : même activité que p. 63.

B Apprendre à schématiser la situation décrite dans un problème : *combien de fois a est contenu dans b.*

C Résolution de problèmes variés énoncés de façon classique.

Arithmétique : calcul réfléchi de la multiplication, technique écrite de l'addition, preuve de la soustraction et calcul d'une différence.
Géométrie et mesure : solides, reproduction sur quadrillages, heures et durées.

Ici, il y a 3 perles et encore 6 perles.

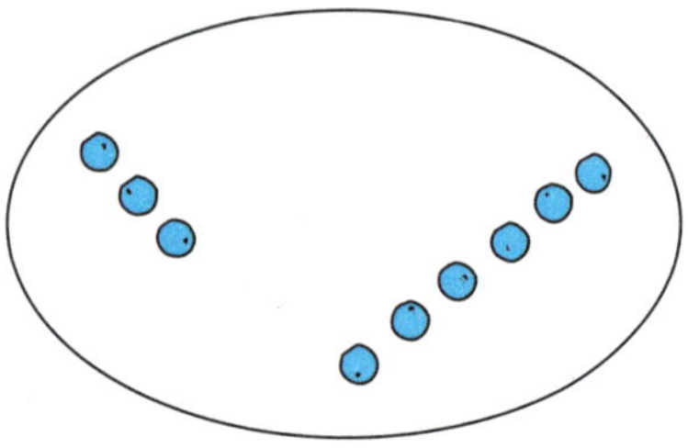

On peut écrire le nombre total de perles avec le signe **+** *(plus)*

C'est **3 + 6** ou **6 + 3**

Ici, il y a 6 rangées de 3 perles ou 3 rangées de 6 perles.

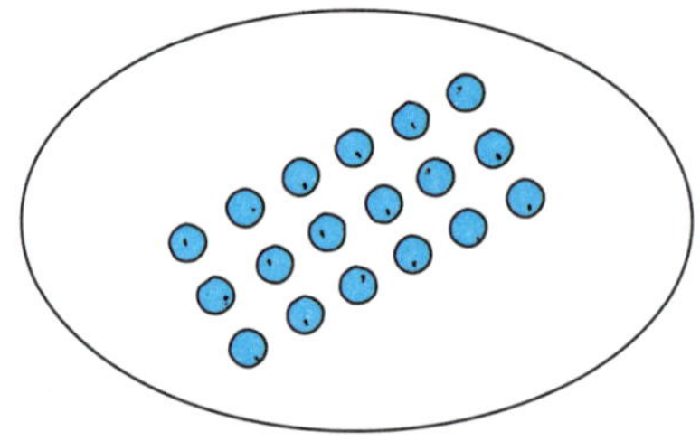

On peut écrire le nombre total de perles avec le signe **x** *(multiplié par)*

C'est **3 x 6** ou **6 x 3**

Ecris le nombre avec le signe **x.**

Le nombre total de clés est
..... x ..... ou ..... x .....

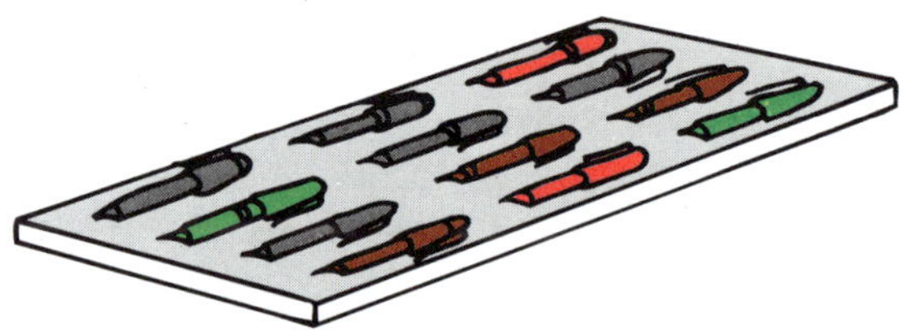

Le nombre total de stylos est
..... x ..... ou ..... x .....

Le nombre total de bouteilles est
..... x ..... ou ..... x .....

Le nombre total de chocolats est
..... x ..... ou ..... x .....

A

Entoure le nombre de points indiqué.

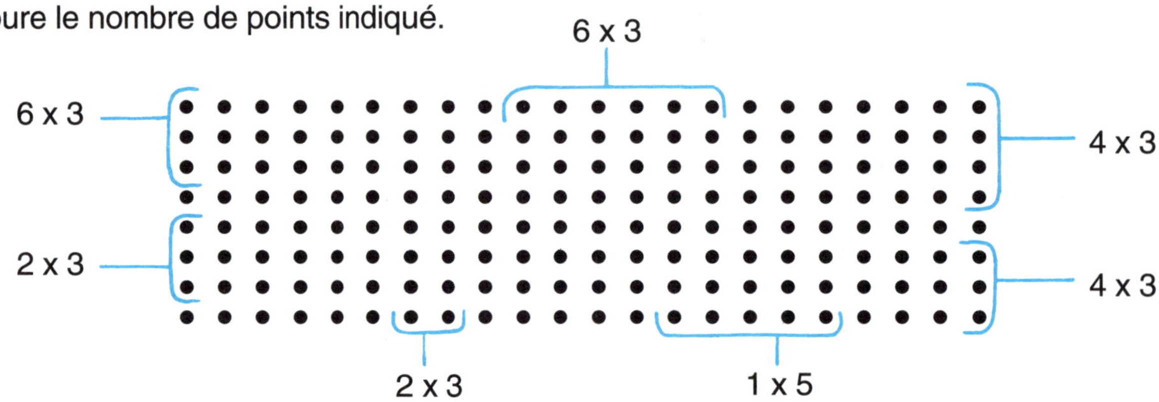

B

A Introduction du signe x (différence entre + et x). Le signe x se dit *"multiplié par"*. Il permet de décrire une quantité organisée en n rangées de p objets. Ici on se contente de dire que 3 x 6 décrit 3 rangées de 6 points ou 6 rangées de 3 points. On ne cherche pas le nombre total, on n'utilise donc pas le mot *fois* qui est utilisé pour décrire le mode de calcul (voir page 81).

B Lire des écritures multiplicatives : l'écriture 6 x 3 se comprend aussi bien comme 6 colonnes de 3 que comme 3 lignes de 6.

A

Mathilde et Mathieu ont une boîte qui peut contenir **3 x 5** chocolats.
Mathilde la remplit colonne par colonne et Mathieu ligne par ligne.
Termine leur travail et complète les égalités.

Mathilde

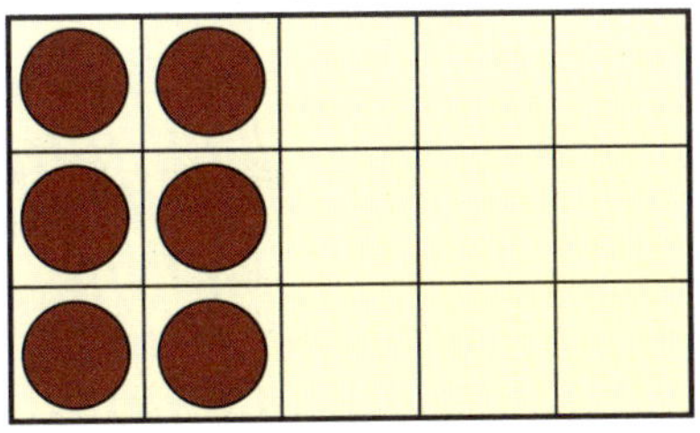

3 x 5 = 3 + 3 + ...

Il y a .... chocolats.

Mathieu

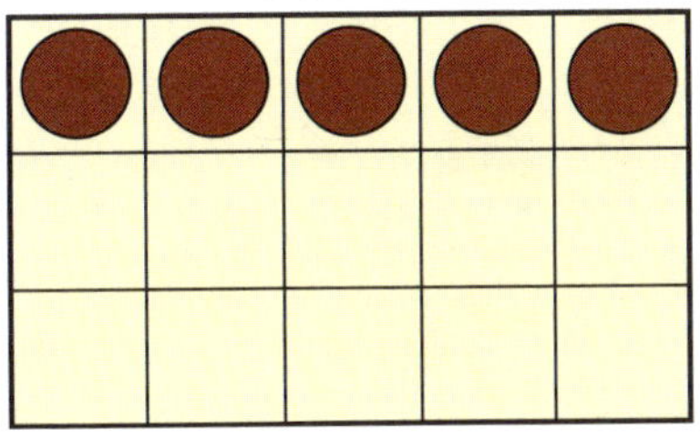

3 x 5 = 5 + ...

Il y a .... chocolats.

Le calcul le plus facile est celui de ....

B

Imagine les deux façons de remplir la boîte et écris sous la forme d'additions.

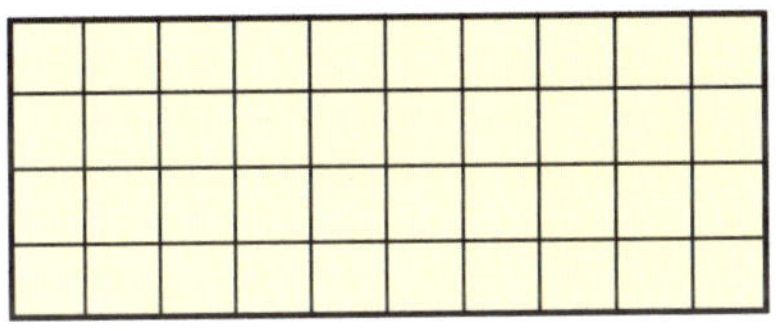

10 x 4 = ...

10 x 4 = ...

Cette boîte peut contenir .... chocolats.

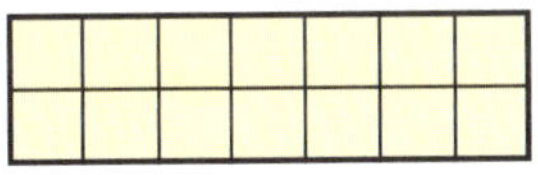

2 x 7 = ...

2 x 7 = ...

Cette boîte peut contenir .... chocolats.

Imagine les boîtes.

4 x 5 = ...

4 x 5 = ...

Cette boîte peut contenir .... chocolats.

9 x 2 = ...

9 x 2 = ...

Cette boîte peut contenir .... chocolats.

J'ai appris :
9 x 2 *(9 multiplié par 2)*
c'est **9 fois 2**, mais c'est aussi **2 fois 9**.
Souvent une façon de calculer est plus facile que l'autre.

C

Imagine les deux façons de calculer et choisis la plus facile.

10 x 6 = ...	5 x 10 = ...	8 x 2 = ...	1 x 9 = ...	50 x 2 = ...
2 x 6 = ...	7 x 1 = ...	5 x 3 = ...	8 x 10 = ...	4 x 100 = ...

D

A Calcul oral de soustractions ("en reculant") : même activité que page 75 avec des soustractions du type n - 5.

B C et D Utiliser la commutativité de la multiplication pour calculer. Il est plus facile de calculer 10 x 4 comme *4 fois 10* (10 + 10 + 10 + 10) que comme *10 fois 4* (4 + 4 + 4 + 4 + 4 + ...).
Il est plus facile de calculer 2 x 7 comme *2 fois 7* (7 + 7) que comme *7 fois 2* (2 + 2 + 2 + 2 + ...).
Le mot *fois* rend compte du mode de calcul adopté.

A

Sans compter toutes les cases, entoure une boîte qui contient exactement tous les bonbons.

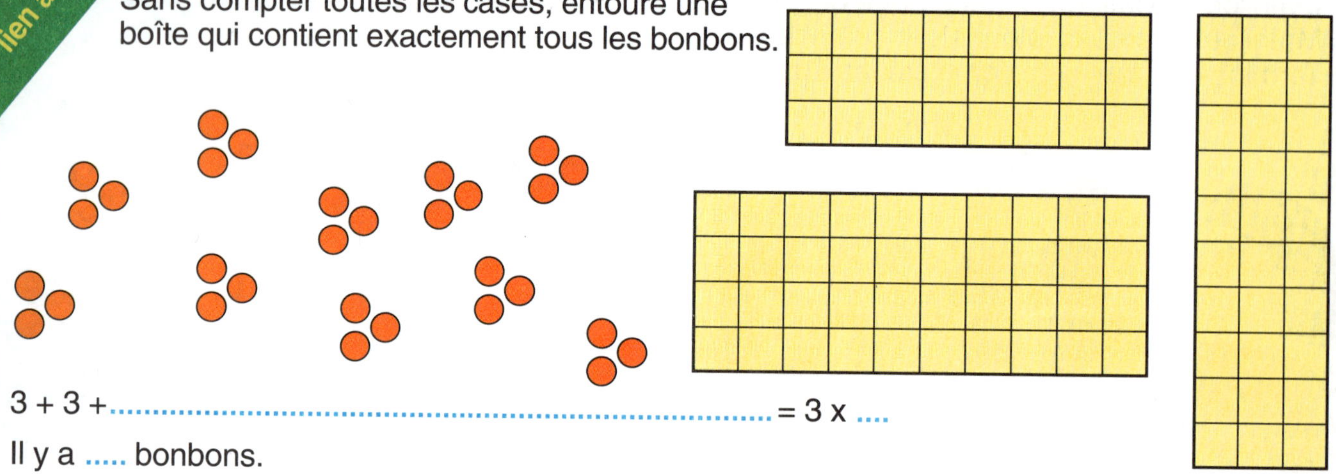

3 + 3 + ... = 3 x ....

Il y a ..... bonbons.

Imagine les boîtes de bonbons.

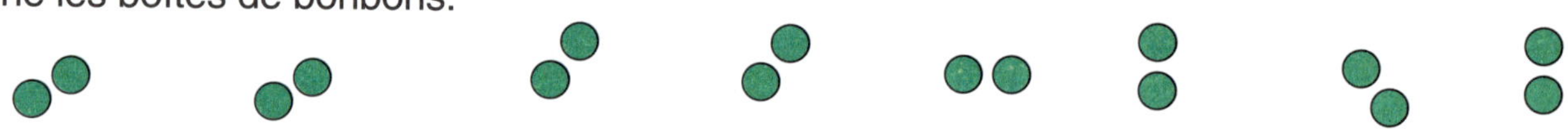

2 + 2 + ... = 2 x ....

Il y a ..... bonbons.

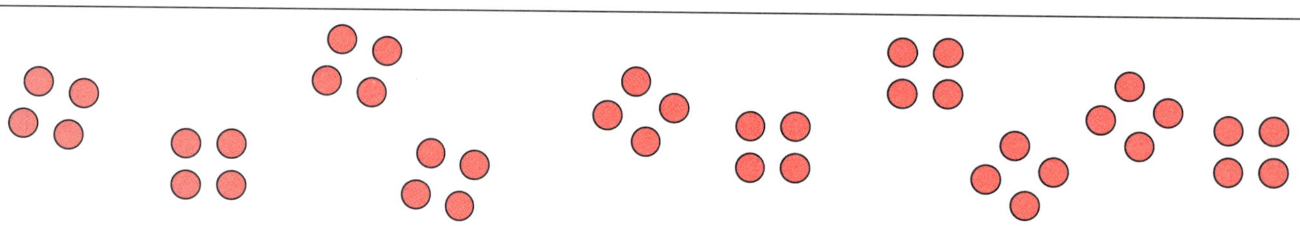

4 + 4 + ... = 4 x ....

Il y a ..... bonbons.

Ecris sous forme d'une multiplication.

9 + 9 + 9 + 9 + 9 + 9 = ... x ....

70 + 70 + 70 + 70 + 70 = ... x ....

3 + 3 + 3 + 3 + 3 + 3 + 3 + 3 + 3 + 3 + 3 = ... x ....

6 + 6 + 6 + 6 + 6 + 6 = ... x ....

58 + 58 + 58 + 58 + 58 + 58 + 58 = ... x ....

124 + 124 + 124 + 124 + 124 + 124 = ... x ....

B

Jeu du nombre mystérieux

8 | 12 | 17 | 18 | 24

60 | 70 | 80 | 90 | 300

2 x 9 = ... | 10 x 7 = ... | 6 x 10 = ...

6 x 2 = ... | 100 x 3 = ... | 8 x 1 = ...

40 x 2 = ... | 1 x 17 = ... | 2 x 12 = ...

Le nombre mystérieux :

C

A Calcul oral de soustractions ("en reculant") du type 42 - 10, 38 - 10, 85 - 10, 100 - 10, et quelques cas du type 63 - 20.

B D'une écriture additive à son écriture multiplicative : on cherche d'abord si c'est le même nombre qui est ajouté plusieurs fois, puis combien de fois ce nombre est répété. Pour 9 + 9 + 9 + 9 + 9 + 9, on est donc conduit à une écriture du type 9 x ... mais l'autre type d'écriture ... x 9 est évidemment correct.

C Jeu du nombre mystérieux : choisir le mode de calcul le plus efficace (voir règle du jeu page 40).

A

■ Héloïse achète 6 feutres à 2 francs le feutre.
Elle paie avec des pièces de 1 franc.

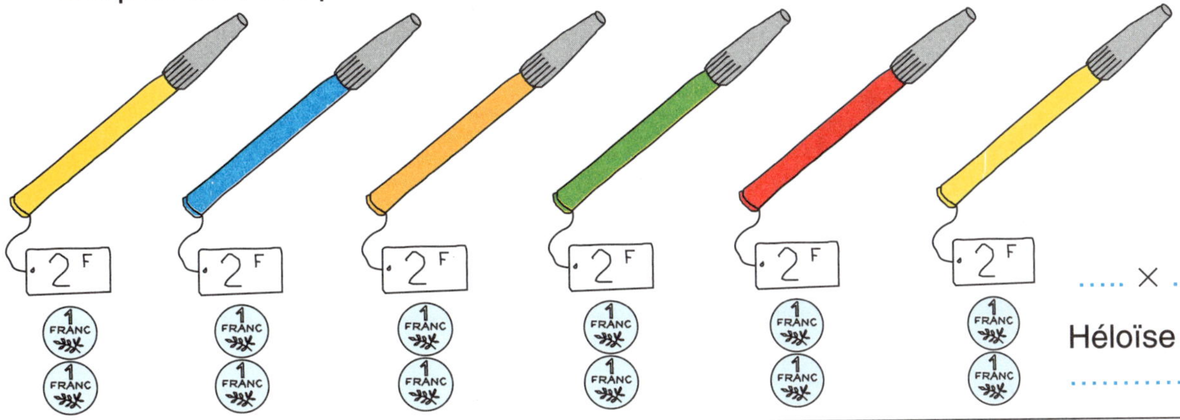

..... × ..... = ...

Héloïse dépense ....

■ Christophe achète 10 calots à 3 francs l'un.

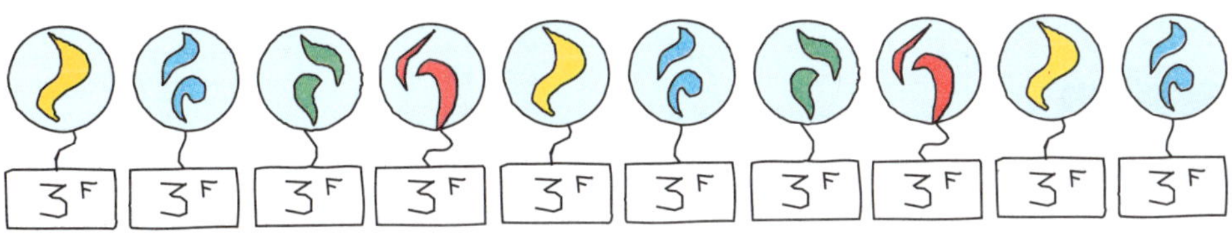

..... × ..... = ...

Christophe dépense ....

■ Florence a vidé son porte-monnaie.
Combien a-t-elle d'argent ?

..... × ..... = ...

....

■ Le boulanger a mis 100 pièces de 2 francs dans un sac.

Combien y a-t-il d'argent dans ce sac ?

.... = ...

Dans ce sac, il y a ....
....

■ Ludivine achète 10 tubes de peinture à 5 francs l'un.

Combien Ludivine doit-elle payer ?

.... = ...

....
....

B

Jeu du nombre mystérieux

9 × 2 = ...	2 × 20 = ...	13 × 2 = ...
5 × 10 = ...	100 × 7 = ...	0 × 9 = ...
24 × 1 = ...	1 × 1 = ...	10 × 9 = ...

0 1 9 18 24

26 40 50 90 700

Le nombre mystérieux :

C

A Calcul oral de soustractions ("en reculant") du type n - 2, n - 3, n - 4, n - 5 et n - 10 (divers cas semblables à ceux des pages 75, 76, 81 et 82).

B Prendre conscience de l'intérêt des écritures multiplicatives : ainsi, dans le cas des calots, la situation (10 objets à 3 F) conduit plutôt à une formulation du type *10 fois 3*, mais l'écriture 3 × 10 permet d'accéder au mode de calcul le plus efficace *(3 fois 10)*.

C Jeu du nombre mystérieux : choisir le mode de calcul le plus efficace (même activité que page 82).

A

Picbille et Dédé calculent combien ils ont de billes ensemble.
Ils font une addition en colonnes.

1

Reporte dans l'addition ce que tu observes sur les images.

2

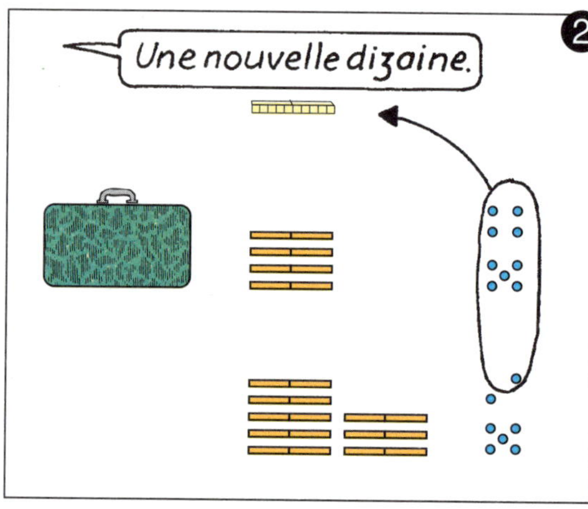

3

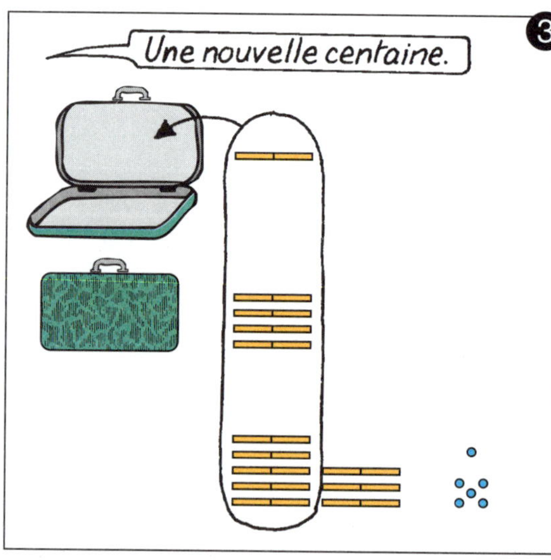

$$\begin{array}{r} 149 \\ +\ 87 \\ \hline \ldots\ldots \end{array}$$

4

B

Imagine que Picbille et Dédé mettent leurs billes ensemble.

$$\begin{array}{r} 63 \\ +\ 75 \\ \hline \ldots\ldots \end{array}$$

$$\begin{array}{r} 467 \\ +\ 239 \\ \hline \ldots\ldots \end{array}$$

C

Calcule.

$$\begin{array}{r} 265 \\ +127 \\ \hline \ldots\ldots \end{array} \qquad \begin{array}{r} 55 \\ +351 \\ +\ 42 \\ \hline \ldots\ldots \end{array}$$

$$\begin{array}{r} 184 \\ +\ 53 \\ \hline \ldots\ldots \end{array} \qquad \begin{array}{r} 26 \\ +64 \\ \hline \ldots\ldots \end{array}$$

$$\begin{array}{r} 464 \\ +345 \\ \hline \ldots\ldots \end{array} \qquad \begin{array}{r} 45 \\ +69 \\ \hline \ldots\ldots \end{array}$$

$$\begin{array}{r} 309 \\ +\ 39 \\ \hline \ldots\ldots \end{array} \qquad \begin{array}{r} 60 \\ +78 \\ \hline \ldots\ldots \end{array}$$

D

A Calcul oral de multiplications. L'enseignant propose une suite de multiplications dont les élèves, en choisissant le mode de calcul le plus facile, sont susceptibles de trouver immédiatement le résultat. Ces cas sont donc proposés sans le mot *fois*, sous la forme : *"4 multiplié par 10"*. On privilégie les multiplications par 1, par 2, par 10, par 100 et les multiples faciles (cf. calcul oral p. 78).

B C et D L'addition en colonnes. La situation conduit à chercher si les unités formeront une nouvelle dizaine et si les dizaines formeront une nouvelle centaine.

A

L'horloge de Picbille ne possède que la petite aiguille (celle qui indique les heures).
Quelle heure est-il ? Observe les deux exemples et réponds.

Il est environ 1 heure.

Il est environ 1 heure et demie.

Il est environ .... *heures* ....

Il est environ .... *heures* ....

Il est environ .... *heures* ....

Il est environ .... *heures* ....

Il est environ .... *heures* ....

Il est environ .... *heures* ....

Avec ta règle dessine la petite aiguille.

Il est environ 9 heures.

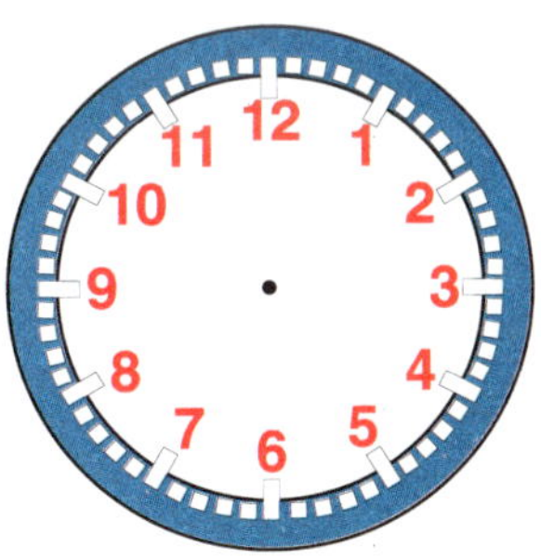

Il est environ 9 heures et demie.

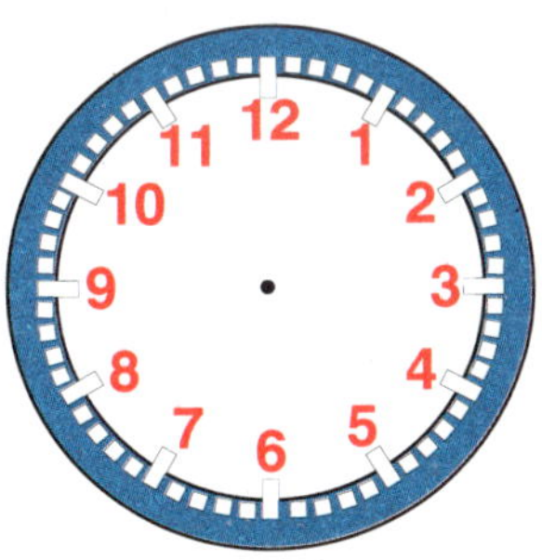

Il est environ 11 heures et demie.

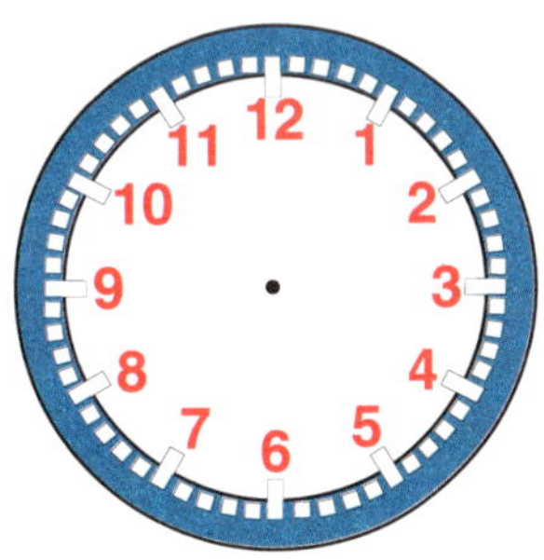

Il est environ 12 heures (ou midi).

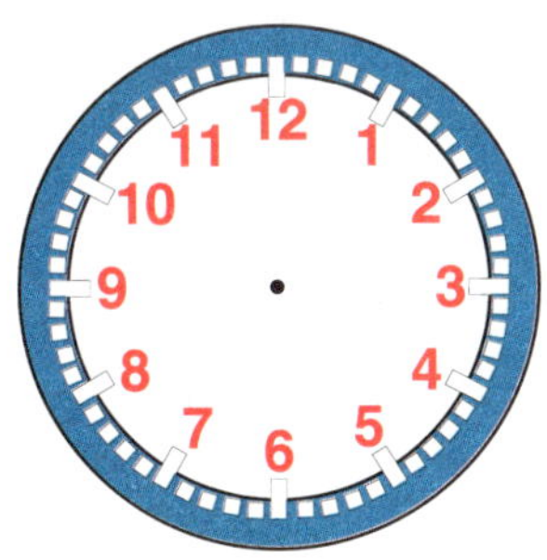

J'ai appris : Sur une horloge, la petite aiguille tourne très doucement. Elle met 1 heure pour aller d'un nombre au suivant.

B

Calcule.

```
  218       84      350       69
+ 672     + 89    +  77    + 524
......    ......  ......   ......
```

C

Calcule de la façon la plus facile.

2 x 7 = ... 8 x 10 = ...
5 x 4 = ... 100 x 5 = ...
50 x 2 = ... 1 x 22 = ...

D

A Calcul d'additions de nombres de 2 chiffres (même activité que p. 68).

B Lecture de l'heure (phase préliminaire) : en s'intéressant d'abord au déplacement de l'aiguille des heures on comprend mieux le fonctionnement d'une horloge normale : l'aiguille des minutes ne fait que préciser l'information principale donnée par l'aiguille des heures. L'horloge normale est analysée page 108. Un matériel pour cette activité est à la fin du fichier

C Additions en colonnes : entretien.

D Multiplications : entretien.

A

Monsieur et Madame Dupuis vont dîner dans une crêperie. On leur présente le menu.

CREPERIE BRETONNE

Menu		Boissons	
crêpe aux champignons	21 F	limonade	6 F
crêpe au thon	21 F	grenadine	5 F
crêpe au gruyère	21 F	citronnade	5 F
crêpe royale	25 F	menthe à l'eau	5 F
		thé	7 F
crêpe au sucre	9 F	café	7 F
crêpe au chocolat	12 F	chocolat	10 F
crêpe à la confiture	13 F	bière	12 F
crêpe au miel	13 F	cidre	12 F

▶ Madame Dupuis commande une crêpe royale, une crêpe au chocolat et un thé.
Quel est le prix de sa commande ? ....

▶ Monsieur Dupuis commande une crêpe au gruyère, une crêpe au miel et du cidre.
Quel est le prix de sa commande ? ....

▶ Monsieur Dupuis paye les deux repas avec un chèque. *Qu'écrit-il ?* ....
....

B

Imagine : *Cédric a 11 photos de son anniversaire.*
Il achète un cahier de 32 pages pour coller ses photos.
Il colle 4 photos sur la 1re page, 4 sur la 2e page et les autres sur la 3e.

Barre les questions quand on ne peut pas savoir.
Réponds aux autres questions.

1 ▶ *Quel âge a Cédric ?* ....

2 ▶ *Combien de pages de son cahier Cédric a-t-il utilisées ?* ....

3 ▶ *Combien a-t-il collé de photos sur la 3e page ?* ....

4 ▶ *Combien reste-t-il de pages blanches dans le cahier de Cédric ?* ....

5 ▶ *Combien de photos de son anniversaire ont été ratées ?* ....

C

A Calcul oral de multiplications : même activité que page 84.

B Rechercher, dans une image ou un document, des informations pertinentes pour résoudre un problème.

C Discerner, dans un ensemble de questions, celles dont la réponse est calculable. Le travail sur un cahier est recommandé (cf. page 14).

A

Observe ce dessin géométrique :

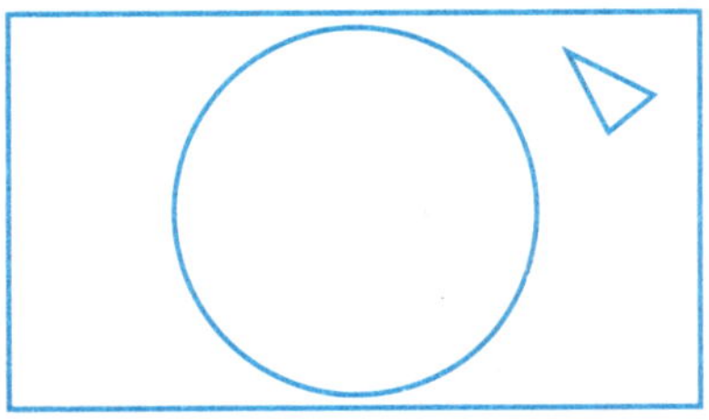

Sébastien, Mélanie et Cécile ont rédigé un message pour que leurs camarades fassent le même dessin.
Un seul message est correct. Entoure-le.

Sébastien	Cécile	Mélanie
1) Dessine un rectangle. 2) A l'intérieur du rectangle, dessine un cercle. 3) A l'intérieur du cercle, dessine un triangle.	1) Dessine un rectangle. 2) Dessine un cercle à l'intérieur de ce rectangle. 3) Dessine un triangle à l'intérieur du rectangle et à l'extérieur du cercle.	1) Dessine un rectangle. 2) Dessine un cercle à l'intérieur du rectangle. 3) Dessine un triangle à l'extérieur du rectangle.

Le message correct est celui de ....

Le message de .... est faux parce que ....

....

Le message de .... est faux parce que ....

....

B

Problèmes à résoudre sur le cahier

Ecris une égalité ou fais un schéma.

1 Pour sa classe, une maîtresse achète 10 livres. Chacun de ces livres coûte 6 francs.
Combien la maîtresse dépense-t-elle ?

2 4 enfants se partagent 23 cerises en parts égales.
Combien de cerises aura chaque enfant ?
Restera-t-il des cerises ?

3 Un soir, un épicier compte ses pièces.
Dans sa caisse, il trouve 23 pièces de 2 F.
Combien d'argent l'épicier a-t-il avec ses pièces de 2 F ?

4 Dans un bois, on a planté 147 sapins et 82 chênes.
Combien d'arbres a-t-on plantés ?

5 Un immeuble a 10 étages.
A chaque étage, on voit 4 fenêtres.
Combien de fenêtres voit-on ?

C

A Calcul oral d'additions de deux nombres à 2 chiffres : même activité que page 68.

B Apprendre à décrire un dessin géométrique : *les termes "intérieur" et "extérieur" sont relatifs à des repères.*

C Résoudre des problèmes variés énoncés de façon classique.

A

Entoure sur le boulier et complète la table de multiplication.

3 fois 1 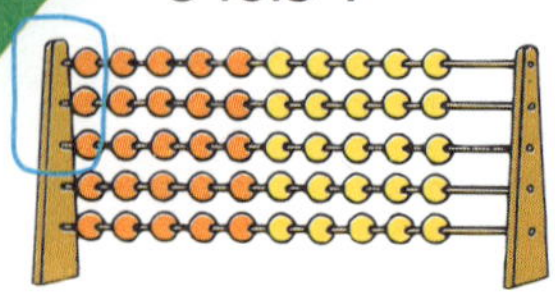
3 fois 2 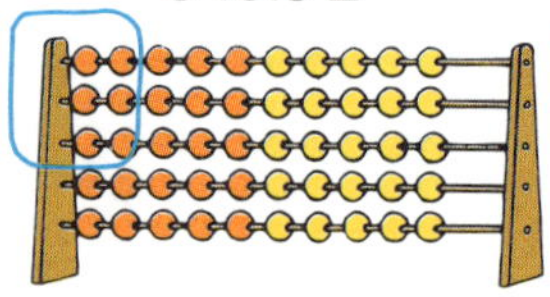
3 fois 3 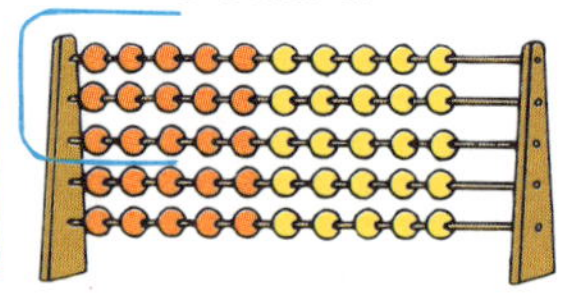
3 fois 4 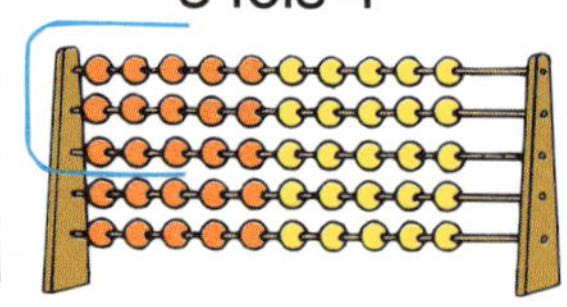
3 fois 5 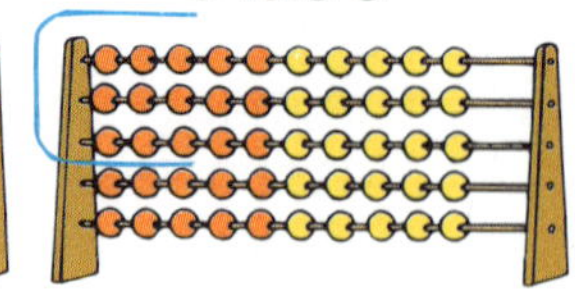

3 fois 1	3 fois 2	3 fois 3	3 fois 4	3 fois 5
......	......	......	......	......
Table de 3				
3 fois 6	3 fois 7	3 fois 8	3 fois 9	3 fois 10
......	......	......	......	......

3 fois 6 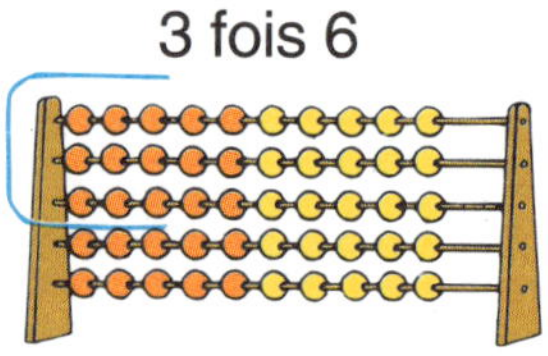
3 fois 7 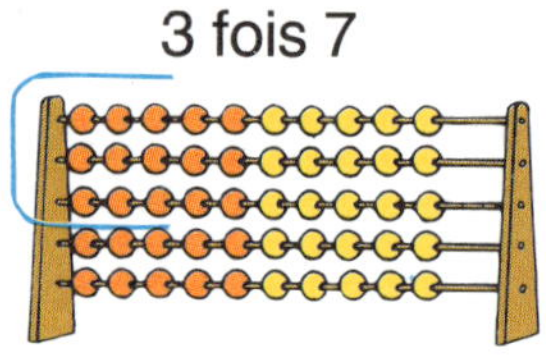
3 fois 8 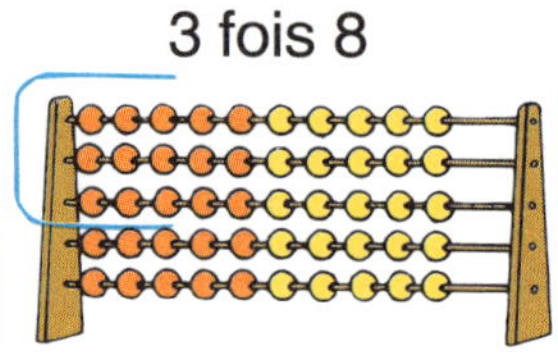
3 fois 9 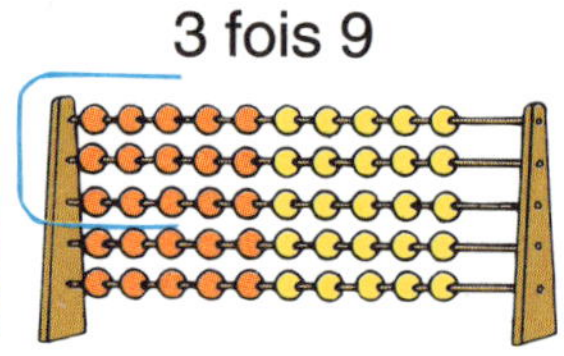
3 fois 10 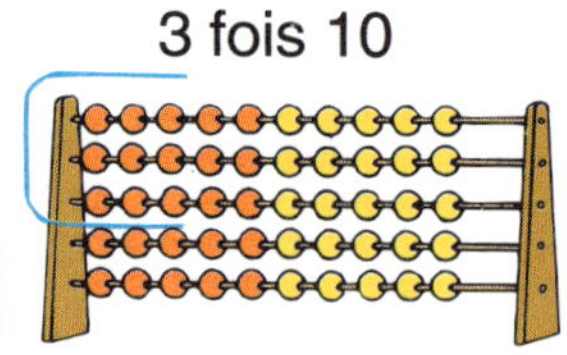

4 fois 1 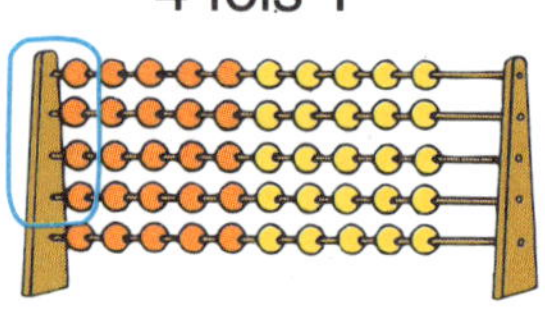
4 fois 2 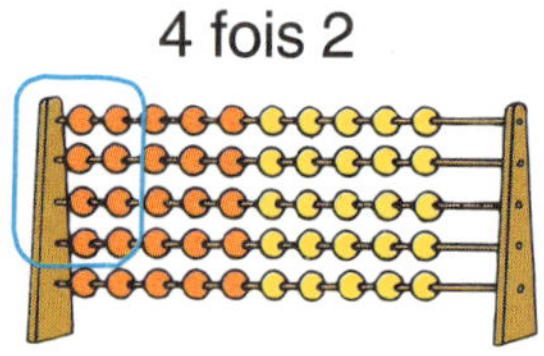
4 fois 3 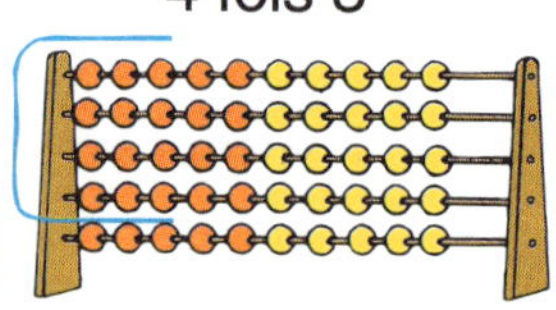
4 fois 4 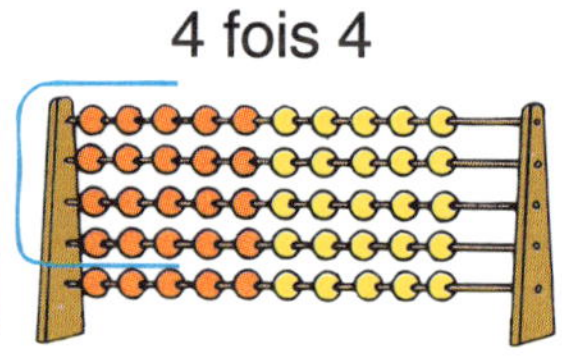
4 fois 5 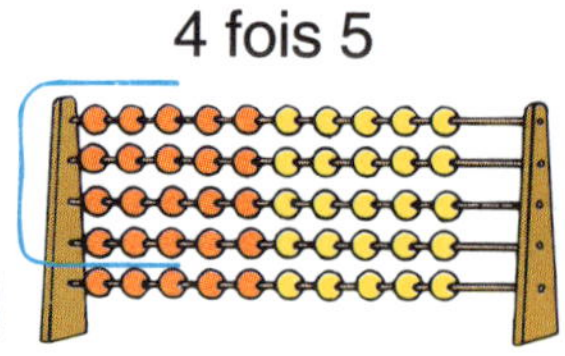

4 fois 1	4 fois 2	4 fois 3	4 fois 4	4 fois 5
......	......	......	......	......
Table de 4				
4 fois 6	4 fois 7	4 fois 8	4 fois 9	4 fois 10
......	......	......	......	......

4 fois 6 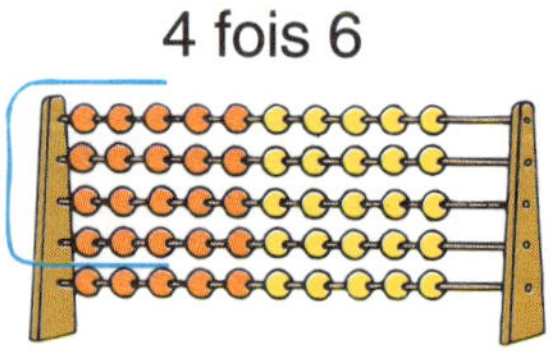
4 fois 7 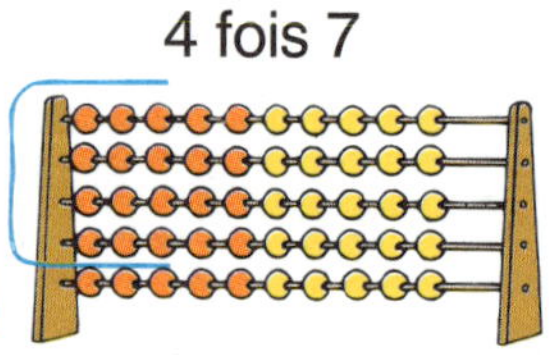
4 fois 8 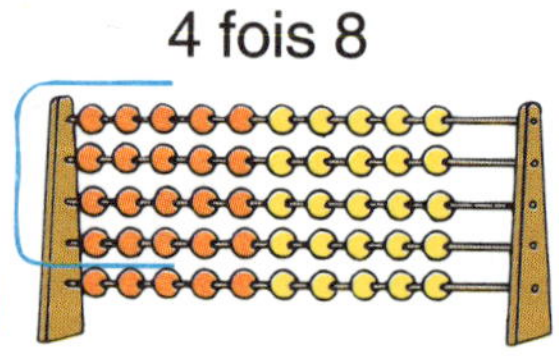
4 fois 9 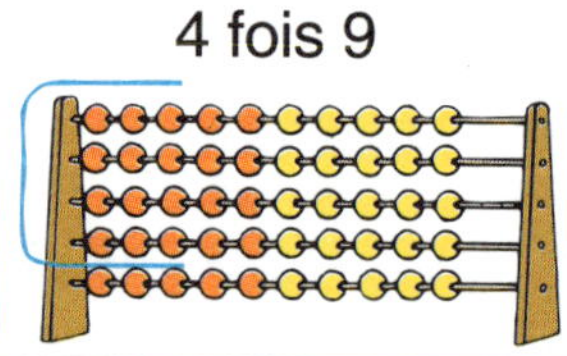
4 fois 10 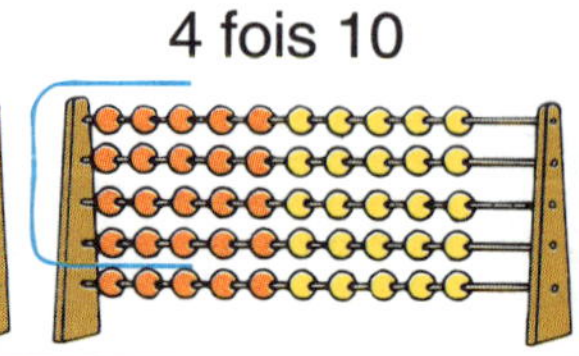

Calcule.

```
  245
+ 636
-----
.........
```

```
  201
+  49
+ 547
-----
.........
```

Pose en colonnes et calcule.

145 + 73 = ...

87 + 74 = ...

429 + 275 = ...

C

A Calcul oral de multiplications : même activité que page 84.

B Introduction des tables de 3, 4 et 5. On privilégie ici la forme "*3 fois 1, 3 fois 2, 3 fois 3, 3 fois 4, etc.*" car l'autre forme "*1 fois 3, 2 fois 3, 3 fois 3, 4 fois 3, etc.*" n'incite pas les enfants à un travail de mémorisation. Avec "*1 fois 3, 2 fois 3, 3 fois 3, 4 fois 3, etc.*", les enfants se reposent trop sur l'addition réitérée pour reconstruire les résultats plutôt que de les mémoriser (cf. *Livre du maître*). Les tables présentées ici, structurées avec les repères 5 et 10, vont favoriser cette mémorisation (voir page 90).

A

5 fois 1
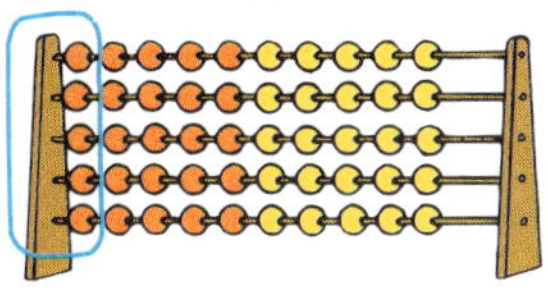
5 fois 2
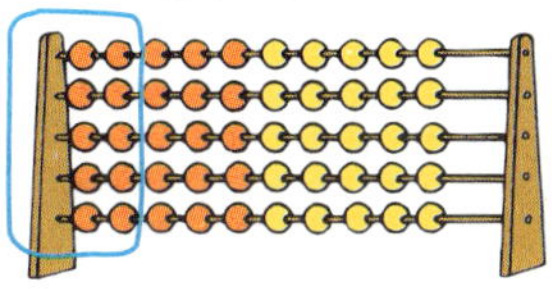
5 fois 3
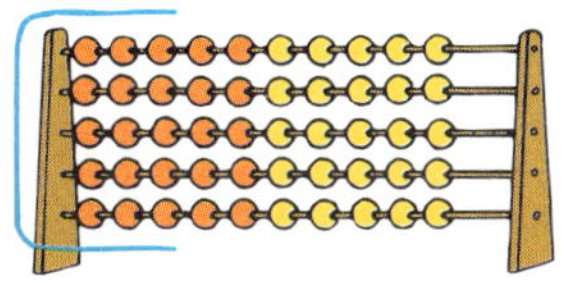
5 fois 4
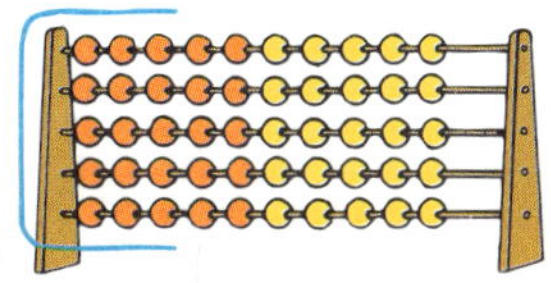
5 fois 5
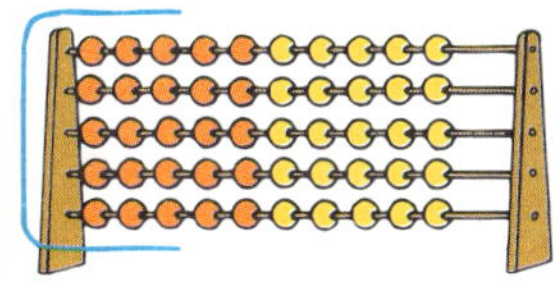

5 fois 1	5 fois 2	5 fois 3	5 fois 4	5 fois 5
.....	.....	.....	.....	.....
		Table de 5		
5 fois 6	5 fois 7	5 fois 8	5 fois 9	5 fois 10
.....	.....	.....	.....	.....

5 fois 6
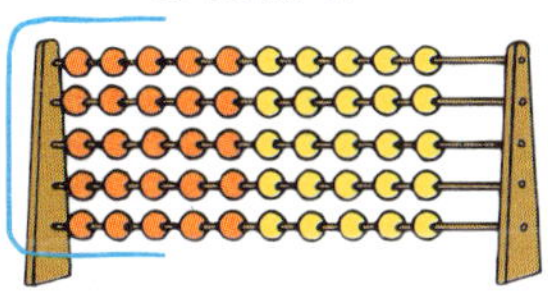
5 fois 7
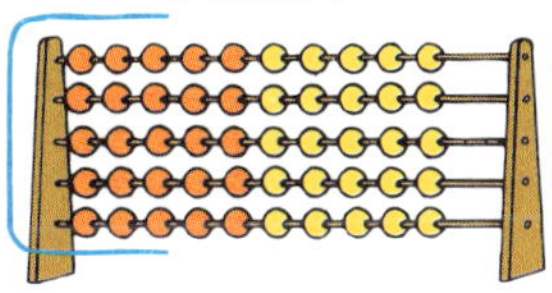
5 fois 8
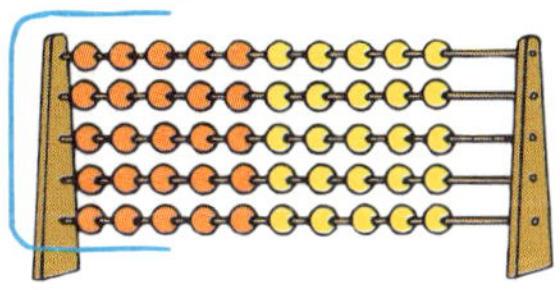
5 fois 9
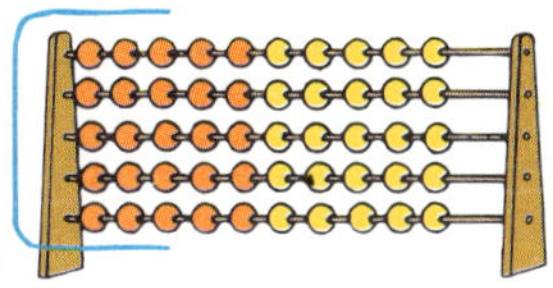
5 fois 10
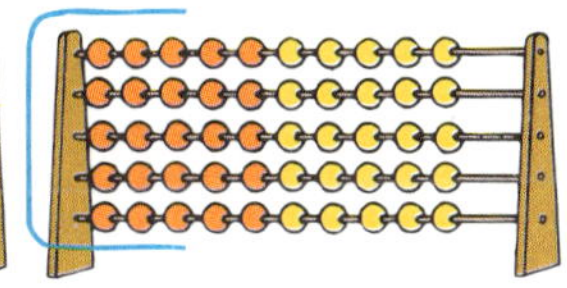

Ecris le résultat de ces multiplications.
Si tu ne le connais pas, cherche-le dans les tables de 3, 4 ou 5.

9 x 4 = ... 4 x 7 = ... 9 x 1 = ... 9 x 5 = ...

3 x 6 = ... 8 x 3 = ... 6 x 4 = ... 5 x 3 = ...

2 x 8 = ... 8 x 4 = ... 5 x 7 = ... 4 x 9 = ...

3 x 7 = ... 3 x 9 = ... 4 x 10 = ... 4 x 4 = ...

6 x 5 = ... 6 x 10 = ... 5 x 5 = ... 8 x 5 = ...

J'ai appris:

Pour connaître 3 x 6 ou 6 x 3, on peut calculer **6 + 6 + 6.**
Mais on peut aussi chercher dans la **6e case de la table de 3.**

Dans la table de 3, les nombres se suivent de 3 en 3 : *3, 6, 9, 12, 15, ...*
C'est facile d'apprendre à réciter les tables de multiplication.

B

Quelle heure est-il sur l'horloge de Picbille ?

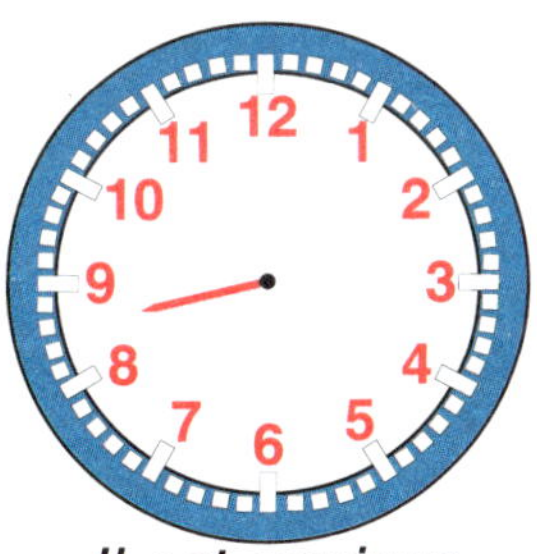
Il est environ
.... *heures* ....

Il est environ
.... *heures* ....

Avec ta règle, dessine l'aiguille des heures.

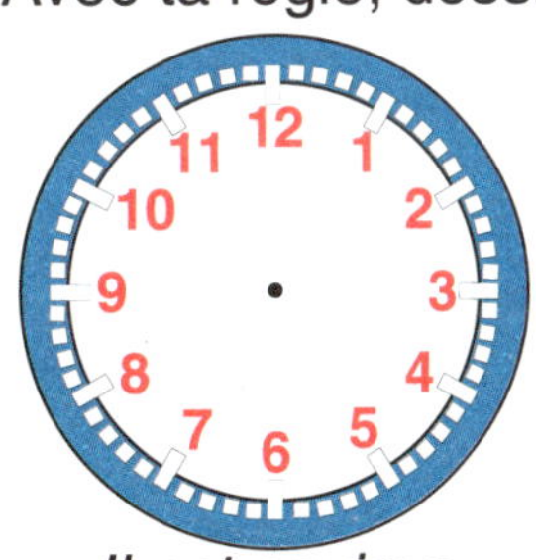
Il est environ
10 heures.

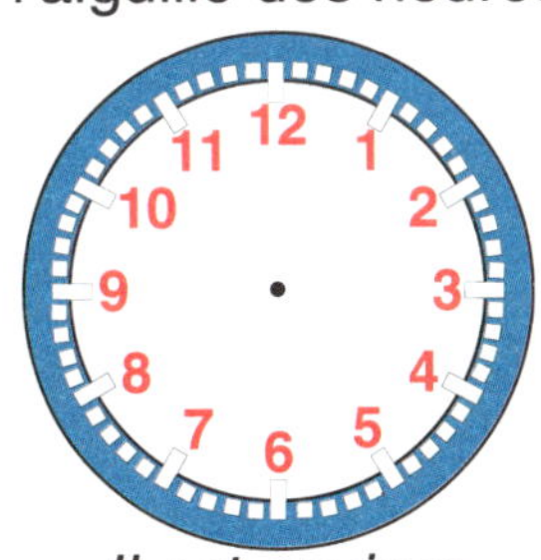
Il est environ
10 heures et demie.

C

A Calcul oral de soustractions ("en avançant") : divers cas parmi ceux qui ont été étudiés précédemment (cf. pp. 61 à 71), en adaptant au niveau de la classe.

B Idem page 88.
C Page 88 : additions en colonnes (entretien).
C Lire l'heure : entretien.

Tables de multiplication jusqu'à 5 : vers la mémorisation (1)

A

Mathilde calcule 3 x 9 et Mathieu calcule 6 x 4.
Ils utilisent les tables **sans les compléter**.

3 fois 1	3 fois 2	3 fois 3	3 fois 4	3 fois 5
3	6	9		15
Table de 3				
3 fois 6	3 fois 7	3 fois 8	3 fois 9	3 fois 10
				30

4 fois 1	4 fois 2	4 fois 3	4 fois 4	4 fois 5
4	8	12		20
Table de 4				
4 fois 6	4 fois 7	4 fois 8	4 fois 9	4 fois 10
				40

5 fois 1	5 fois 2	5 fois 3	5 fois 4	5 fois 5
5	10	15		25
Table de 5				
5 fois 6	5 fois 7	5 fois 8	5 fois 9	5 fois 10
				50

Calcule comme Mathilde et Mathieu en utilisant les tables incomplètes.

9 x 5 = ...   5 x 6 = ...   4 x 9 = ...   7 x 3 = ...

3 x 6 = ...   4 x 4 = ...   5 x 7 = ...   4 x 7 = ...

B

Calcule.

$$\begin{array}{r} 24 \\ +\ 93 \\ \hline \ldots\ldots \end{array} \qquad \begin{array}{r} 21 \\ +\ 235 \\ +\ 617 \\ \hline \ldots\ldots \end{array}$$

$$\begin{array}{r} 286 \\ +\ 34 \\ \hline \ldots\ldots \end{array} \qquad \begin{array}{r} 405 \\ +\ 187 \\ \hline \ldots\ldots \end{array}$$

Pose en colonnes et calcule.

509 + 273 = ...   91 + 147 = ...   29 + 230 + 538 = ...

C

A Calcul oral de soustractions ("en reculant") : même activité que p. 83.

B Comprendre qu'on peut s'appuyer sur la structure des tables (usage des repères 5 et 10) pour retrouver un résultat sans avoir à réciter la table à partir du début. Les tables doivent rester incomplètes : c'est en retrouvant les produits correspondant aux cases "vides" que les enfants construisent les relations du type *"au 6e rang de la table de 4, c'est 20 + 4"*, relations qui favorisent la mémorisation.

C Additions en colonnes : entretien.

A

Ecris le nom de chaque solide (observe les exemples).

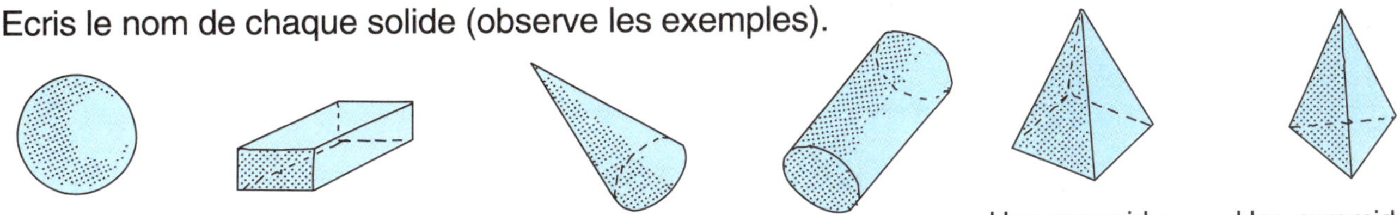

Une sphère — Un parallélépipède — Un cône — Un cylindre — Une pyramide à base carrée — Une pyramide à base triangulaire

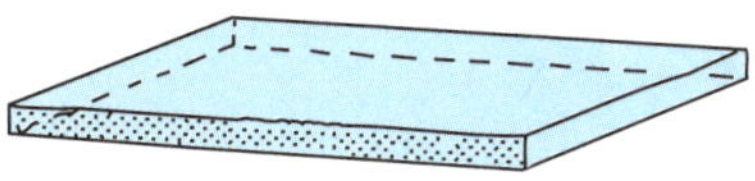

C'est un ....

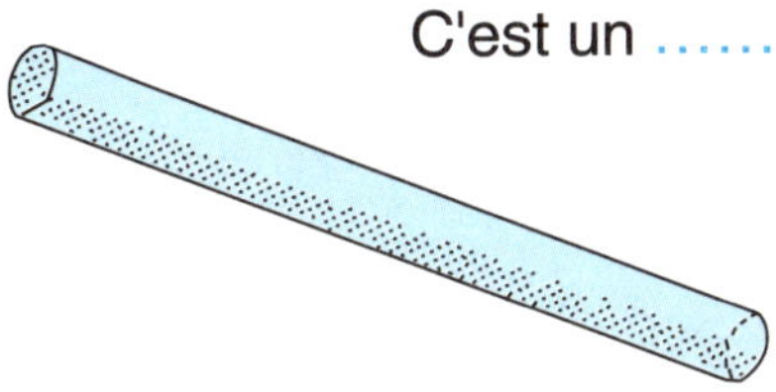

C'est ....

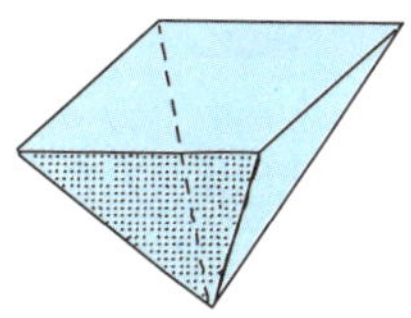

C'est ....
....

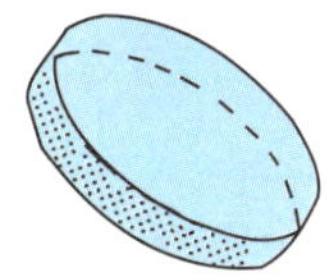

C'est ....

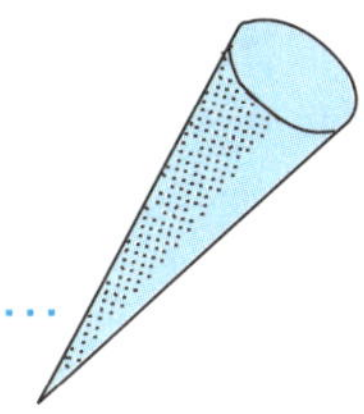

C'est ....

B

Complète.

- *Une balle de ping-pong est* ....
- *Une boîte de chaussures est* ....
- *Un tube de comprimés est* ....
- *Un morceau de sucre est* ....

Ces solides peuvent-ils rouler ?

	peut rouler	ne peut pas rouler
sphère	X	
parallélépipède		
cône		
cylindre		
pyramide à base carrée		
pyramide à base triangulaire		

C

Observe.

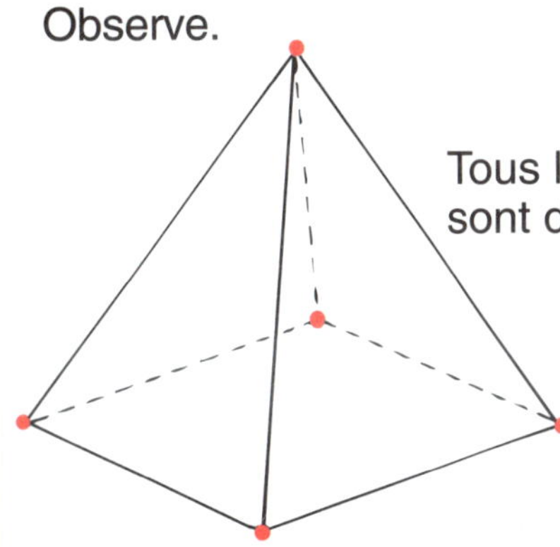

Tous les points rouges sont des sommets.

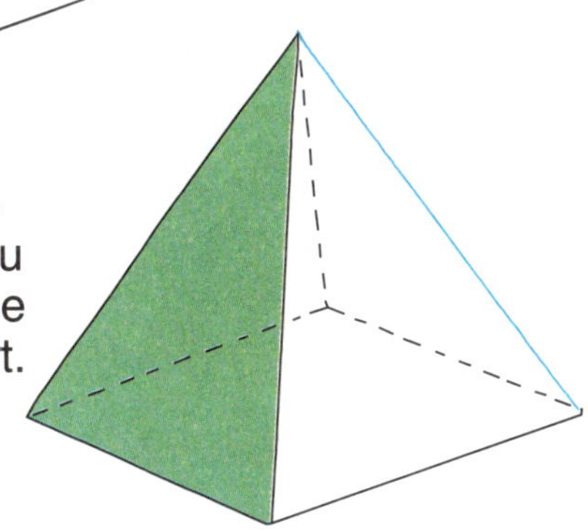

Une arête est en bleu et une face est en vert.

Complète.

	Nombre de sommets	Nombre de faces	Nombre d'arêtes
pyramide à base carrée	.....	.....	.....
parallélépipède	.....	.....	.....
pyramide à base triangulaire	.....	.....	.....

D

A Calcul oral : premières interrogations sur les tables. Les élèves disposent des tables incomplètes de 1 à 5, individuelles (feuille en fin de fichier), ou collectives (affichages dans la classe). Les cas sont proposés avec le mot *fois* (*"3 fois 6"*, par exemple) et on insiste sur les cas *n fois 5*, *n fois 6* et *n fois 9*, avec n = 3, n = 4 ou n = 5.

B C D Reconnaître des solides dans des présentations atypiques (cylindre très allongé, etc.), classer des solides, les analyser par le nombre d'arêtes, de faces, de sommets.

Tables de multiplication jusqu'à 5 : vers la mémorisation (2)

A

Mathilde et Mathieu doivent compléter des égalités.

ois ...	2 fois ...	2 fois ...	2 fois ...	2 fois ...
2	4			10
Table de 2				
2 fois ...	2 fois ...	2 fois ...	2 fois ...	2 fois ...
				20

3 fois ...	3 fois ...	3 fois ...	3 fois ...	3 fois ...
3	6			15
Table de 3				
3 fois ...	3 fois ...	3 fois ...	3 fois ...	3 fois ...
				30

4 fois ...	4 fois ...	4 fois ...	4 fois ...	4 fois ...
4	8			20
Table de 4				
4 fois ...	4 fois ...	4 fois ...	4 fois ...	4 fois ...
				40

5 fois ...	5 fois ...	5 fois ...	5 fois ...	5 fois ...
5	10			25
Table de 5				
5 fois ...	5 fois ...	5 fois ...	5 fois ...	5 fois ...
				50

17 = 3 x .....

35 = 5 x .....

Complète quand c'est possible.
Sinon, barre.

18 = ... x 2	23 = ... x 4
20 = 4 x	28 = 4 x .....
19 = 3 x	18 = 3 x .....
45 = 5 x	40 = ... x 5
32 = ... x 4	25 = ... x 3
18 = 5 x	25 = 5 x .....
20 = ... x 3	36 = ... x 5
35 = 4 x	36 = 4 x .....
16 = 2 x	15 = ... x 2
16 = 4 x	21 = 3 x .....

B

Cherche le point qui est à **5 cm** du point A. Essaie de le trouver à vue d'œil.
Entoure-le, puis vérifie en traçant avec ton double décimètre.

A •

Même exercice : cherche le point qui est à **10 cm** du point B.

B •

Même exercice : cherche le point qui est à **15 cm** du point C.

C •

C

Quelle heure est-il sur l'horloge de Picbille ?

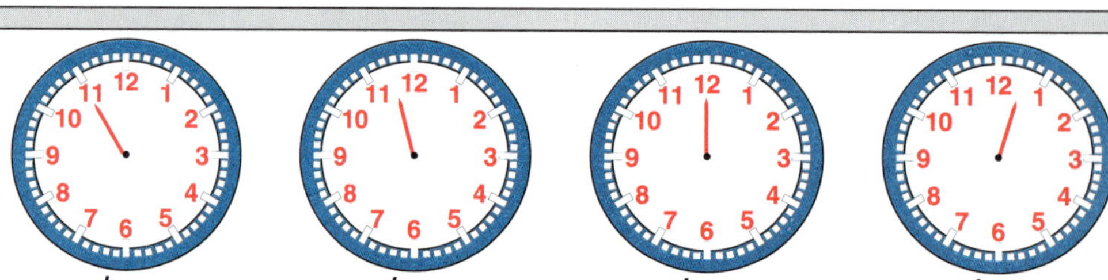

Il est environ .... *h* .... *h* .... *h* .... *h* ....

D

A Calcul oral d'additions de deux nombres à 2 chiffres (même activité que page 68).

B Parfaire la connaissance des tables en se posant deux sortes de questions : un nombre donné est-il dans une table donnée et, si c'est le cas, à quel rang y figure-t-il ? Les tables restent incomplètes.

C Estimer des longueurs : *5 cm, c'est long comment ?...*

D Lecture de l'heure : entretien.

A

Cette forme se trouve à la fin de ton fichier.

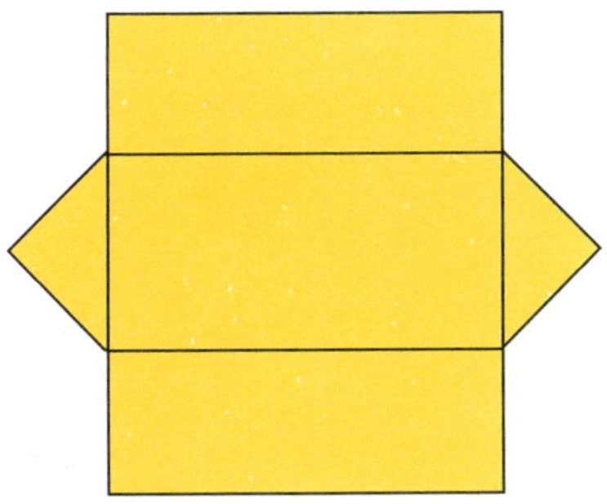

Plie en suivant les traits.

Colle les arêtes avec du ruban adhésif.

Le solide que tu obtiens s'appelle un prisme.

Observe. On a colorié de la même couleur les segments qui se joignent pour former une arête.

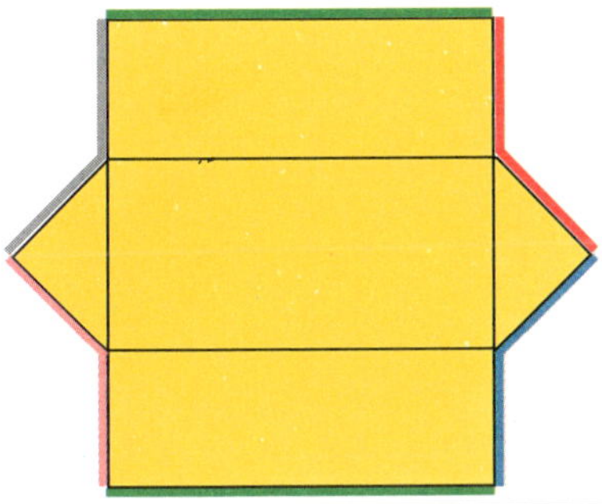

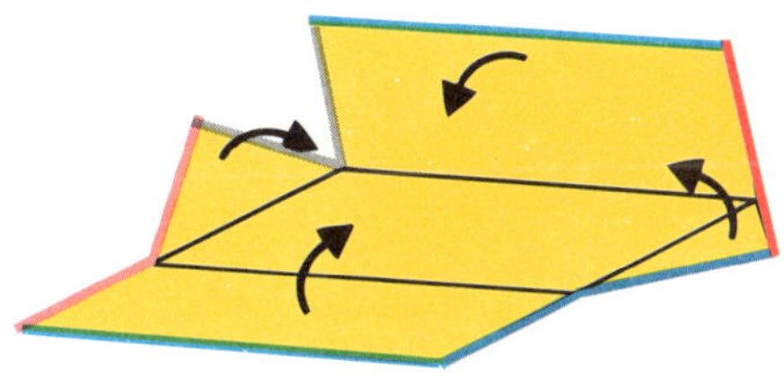

Fabrique ce solide et colorie de la même couleur les segments qui se joignent pour former une arête.

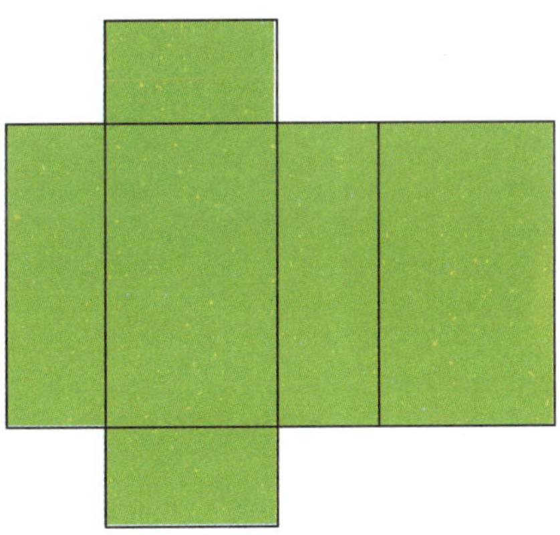

En pliant, j'ai obtenu

un ....

Imagine le pliage et colorie de la même couleur les segments qui vont se joindre pour former une arête.

En pliant, j'obtiendrai

....

B

Jeu du nombre mystérieux

Tu peux utiliser tes tables.

4 x 4 = ...	2 x 25 = ...	4 x 6 = ...
5 x 5 = ...	6 x 5 = ...	9 x 3 = ...
3 x 3 = ...	5 x 8 = ...	7 x 4 = ...

9 16 24 25 27

28 30 36 40 50

Le nombre mystérieux :

C

A Calcul oral de soustractions ("en avançant") : même activité que page 89.

B Construire un solide à partir d'un patron. Imaginer le pliage d'un patron pour apparier les segments qui, en se joignant, formeront une arête.

C Jeu du nombre mystérieux : multiplications diverses.

ARP ATELIER DE RÉSOLUTION DE PROBLÈMES

A

Voici une carte routière d'une région des Alpes. Des élèves partent en classe de neige.

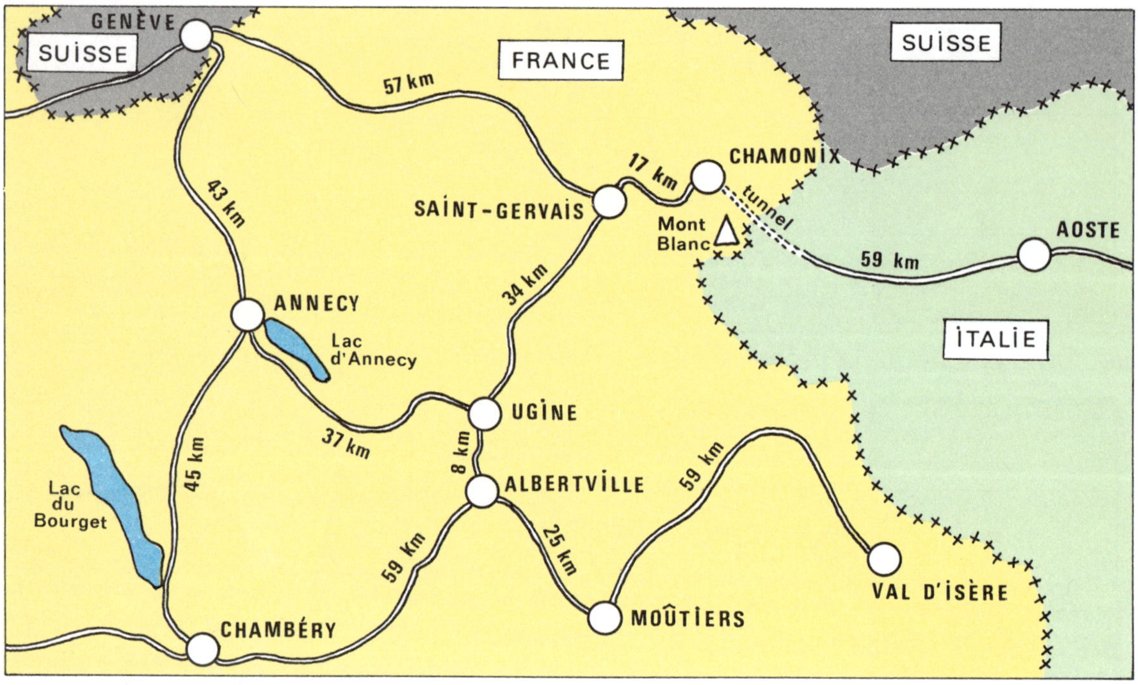

- La classe de neige aura lieu à SAINT-GERVAIS. Colorie en rouge le rond qui représente cette ville.
- Pour aller de MOUTIERS à SAINT-GERVAIS, il faut passer par deux villes. Colorie en vert les ronds qui représentent ces deux villes. Combien y a-t-il de km (kilomètres) entre MOUTIERS et SAINT-GERVAIS ? ....
- Repasse au crayon bleu la route qui va de GENEVE en Suisse à AOSTE en Italie. Y a-t-il plus de 100 km entre ces deux villes ? ....
- Pour aller d'ALBERTVILLE à GENEVE on peut passer par SAINT-GERVAIS ou par ANNECY. Quelle est la route où il y a le moins de kilomètres ? ....

B

Imagine : *Chez un boulanger, les baguettes sont vendues à 3 francs l'une.*
Le samedi matin, ce boulanger a fabriqué 107 baguettes.
Le samedi soir, il lui reste 7 baguettes qu'il n'a pas vendues.

Barre les questions quand on ne peut pas savoir.
Réponds aux autres questions.

1. *Combien de croissants le boulanger a-t-il fabriqués le samedi matin ?* ....
2. *Combien de baguettes a-t-il vendues dans la journée ?* ....
3. *Combien de baguettes a-t-il vendues avant midi ?* ....
4. *Combien d'argent le boulanger a-t-il gagné samedi en vendant ses baguettes ?* ....

....

C

A Calcul oral de multiplications : interrogations sur la table de 3 en utilisant le mot *"fois"* (par exemple *3 fois 7, 3 fois 4*, etc.). Les élèves disposent de la table de 3 incomplète, qu'elle soit individuelle ou collective.

B Rechercher dans une image ou un document des informations pertinentes pour résoudre un problème : *comparer et sommer des distances sur une carte.*

C Discerner, dans un ensemble de questions, celles qui sont calculables. Le travail sur un cahier est recommandé (cf. page 14).

A

Problème : Le médecin de Madame Le Gall lui dit :
"Prenez 4 comprimés de Rhumex par jour pendant une semaine".
Madame Le Gall achète 3 plaquettes de 10 comprimés de Rhumex.

Aura-t-elle assez de comprimés pour toute la semaine ?

Pour résoudre ce problème, Sébastien, Mélanie et Cécile ont fait un schéma.
Un seul schéma est juste. Entoure-le.

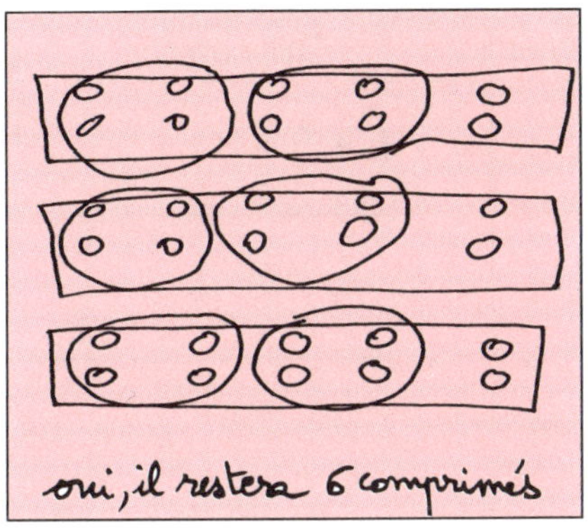

Cécile

Mélanie

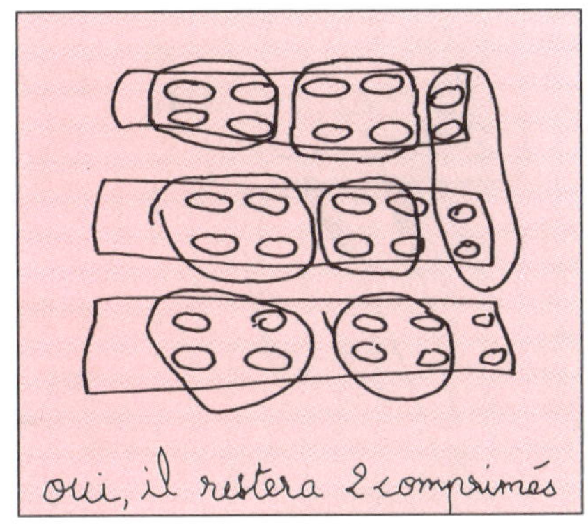

Sébastien

Le schéma juste est celui de ....

Termine son travail en écrivant, sous forme de multiplication, le nombre de comprimés que Madame Le Gall doit prendre pendant une semaine : ....

Le schéma de...................... est faux parce que ....

....

Le schéma de...................... est faux parce que ....

....

B

Problèmes à résoudre sur le cahier

Ecris une égalité ou fais un schéma.

1 ▶ Pour la kermesse de l'école, la directrice a mis 100 lots de 3 stylos dans un carton.
Combien y a-t-il de stylos dans ce carton ?

2 ▶ En vacances chez sa grand-mère, Adeline mange 2 pommes par jour.
Combien de pommes Adeline mange-t-elle, quand elle reste une semaine chez sa grand-mère ?

3 ▶ Un camion transportant 92 bidons a perdu 79 bidons sur la route.
Combien de bidons reste-t-il dans le camion ?

4 ▶ Monsieur Leroux a acheté un rosbif à 214 francs, un gâteau à 72 francs et un bouquet de fleurs à 105 francs.
Combien a-t-il dépensé ?

5 ▶ Les 5 maîtres d'une école se partagent équitablement 23 craies.
Combien de craies a chaque maître ?
Reste-t-il des craies ?

C

A Calcul oral d'additions de 2 nombres à 2 chiffres : même activité que p. 68.

B Apprendre à schématiser la situation décrite dans un problème : *signification de l'expression "a objets pendant b jours".*

C Résoudre des problèmes variés énoncés de façon classique.

A

Nous nous mesurons en m et cm.

Moi, je mesure .... m et .... cm.

Minibille et Maxibille se mesurent en allumettes (al) et centimètres*. L'un des deux s'est trompé. Lequel ? Avec tes règles, vérifie ce qu'ils disent.

Minibille mesure ..... al et ..... cm.

Maxibille mesure ..... al et ..... cm.

C'est .... qui s'est trompé.

*** C'est la première fois que tu vois ces personnages en "taille réelle".**

B

Un champignon a une hauteur de 19 cm. Quels Picbille sont plus grands que ce champignon ?

	Taille en al et cm	Taille en cm
A	2 al et 3 cm	5 + 5 + 3 = ...
B	6 al et 4 cm	
C	3 al et 3 cm	
D	4 al et 1 cm	
E	4 al	

Range les Picbille du plus petit au plus grand : ....

Les Picbille plus grands que le champignon sont : ....

C

Jeu du nombre mystérieux

18 24 26 28 30

32 35 36 40 45

Le nombre mystérieux :

Tu peux utiliser tes tables.

5 x 8 = ...	7 x 4 = ...	9 x 5 = ...
3 x 6 = ...	8 x 3 = ...	5 x 6 = ...
9 x 4 = ...	4 x 8 = ...	7 x 5 = ...

D

A Calcul de multiplications données avec l'expression *"multiplié par"*. Les élèves disposent des tables incomplètes ; on leur propose les cas simples de multiplications par 2, 3, 4, 5, 6 et 9. Par exemple : *"4 multiplié par 6, 9 multiplié par 3, etc."* Ils doivent choisir le sens de calcul.

B et C Conversion d'une mesure complexe, donnée en allumettes et cm, en une mesure simple exprimée en cm. Situation préliminaire à l'introduction du parenthésage (voir page suivante).

D Jeu du nombre mystérieux : diverses multiplications.

A

Observe l'exemple et complète.

Un Picbille mesure 6 al et 2 cm.

5 + 5 + 5 + 5 + 5 + 5 + 2 ⟶ (5 x 6) + 2 = ...

Ce Picbille mesure .... cm.

La maîtresse a commandé 6 paquets de 10 cahiers et encore 3 cahiers.

10 + 10 + 10 + 10 + 10 + 10 + 3 ⟶ (........ x ....) + ... = ...

La maîtresse a commandé .... cahiers.

Dans un bal, il y a 8 couples qui dansent et 10 personnes qui sont assises.

2 + 2 + 2 + 2 + 2 + 2 + 2 + 2 + 10 ⟶ (........ x ....) + ... = ...

Il y a .... personnes dans ce bal.

B

Qui a le plus d'argent ?

Caroline

(........ x ....) + ... = ...

Marie

(........ x ....) + ... = ...

C'est .... qui a le plus d'argent.

Ecris en utilisant des parenthèses.

Fabien

(........ x ....) + (........ x ....) = ...

Renaud

.... = ...

C'est .... qui a le plus d'argent.

C

Observe et continue.

327 = (3 x 100) + (2 x 10) + 7

408 = (4 x 100) + 8

635 = ...

701 = ...

97 = ...

314 = ...

191 = ...

D

A Calcul oral de multiplications : même activité que page 94 avec la table de 4.

B Introduction des parenthèses dans les cas du type (a x b) + c.

C Les mêmes nombres figurent dans deux écritures comportant des parenthèses, mais ils ne représentent pas la même quantité. Introduction des écritures du type (a x b) + (c x d).

D Utiliser des parenthèses pour effectuer des décompositions en centaines, dizaines et unités.

A

Mathilde, Picbille et Perrine calculent **24 x 10**.

Mathilde calcule 10 fois 24.

```
   4
  24
 +24
 +24
 +24
 +24
 +24
 +24
 +24
 +24
 +24
----
 ...0
```

```
   4
  24
 +24
 +24
 +24
 +24
 +24
 +24
 +24
 +24
 +24
----
 240
```

24 x 10 = 240

Picbille calcule 24 fois 10.

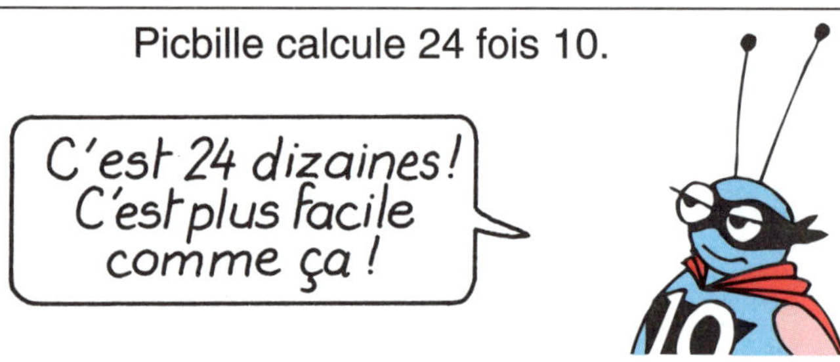

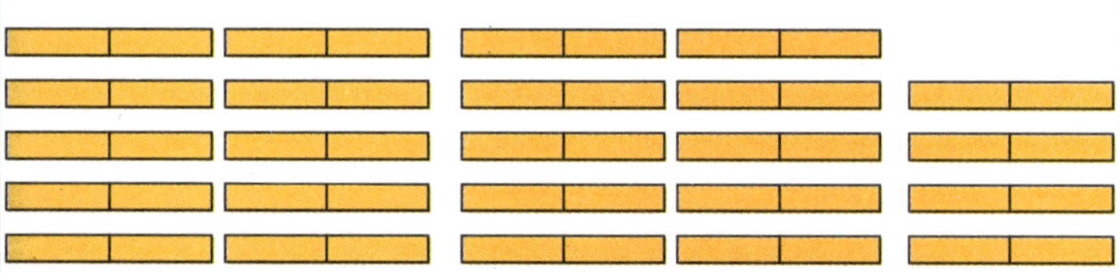

Vérifie en collant les couvercles.

24 x 10 = ...

Perrine calcule aussi 24 fois 10.

24 x 10 = ...

J'ai appris : Je peux calculer 24 x 10 comme 10 fois 24, mais c'est plus facile de calculer 24 fois 10.
24 x 10 c'est **24 dizaines,** c'est **240.**

B

Calcule de la façon la plus facile.

10 x 12 = ...	3 x 50 = ...	10 x 8 = ...
13 x 2 = ...	4 x 100 = ...	25 x 4 = ...
27 x 10 = ...	42 x 10 = ...	52 x 10 = ...
2 x 25 = ...	25 x 3 = ...	10 x 50 = ...
10 x 31 = ...	34 x 2 = ...	10 x 10 = ...

C

Calcule.

```
   3 8 1          5 6
+    4 7      + 2 9 5
+  3 5 2      + 3 3 8
 .........    .........
```

D

A Calcul oral de multiplications : même activité que page 96.

B Multiplications par 10 : on se garde d'enseigner la "règle du zéro", qui risque de n'être qu'un mécanisme. On préfère que les enfants comprennent que 24 x 10, c'est 24 dizaines. C'est pourquoi on compare les 2 modes de calcul de 24 x 10 : exceptionnellement, l'addition réitérée la plus courte *(10 fois 24)* n'est pas la plus simple.

C Multiplications diverses dont n x 10.

D Additions en colonnes : entretien.

A

Combien y a-t-il de carreaux clairs et de carreaux foncés ?
Combien y a-t-il de carreaux en tout ?

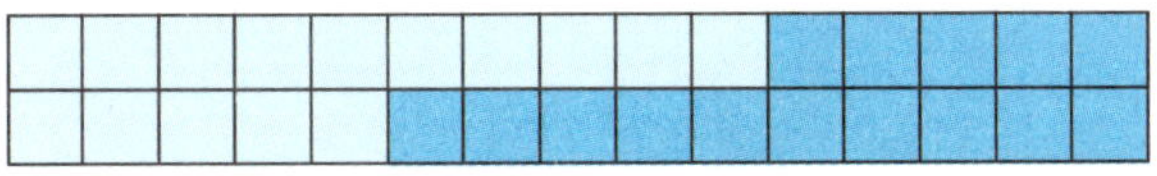

.... + ... = ... ou .... x 2 = ...

Ecris sous forme de doubles, quand c'est possible. Sinon laisse en blanc.

.... + ... = 13 .... + ... = 18

.... + ... = 12 .... + ... = 15

.... + ... = 21 .... + ... = 17

.... + ... = 16 .... + ... = 100

Complète quand c'est possible. Sinon laisse en blanc.

.... x 2 = 11 .... x 2 = 40 .... x 2 = 43

.... x 2 = 16 .... x 2 = 41 .... x 2 = 70

.... x 2 = 50 .... x 2 = 60 .... x 2 = 90

.... x 2 = 100 .... x 2 = 42 .... x 2 = 108

B

1 Prolonge le trait pour tracer un segment A B qui mesure 14 cm.
2 Dessine un point au milieu de ce segment et appelle ce point M.

Explique comment tu as fait pour trouver le milieu : ....

....

1 Dessine un point au milieu du segment A B.
2 Appelle ce point M.
3 Trace le segment M C.
4 Dessine un point D entre M et C, à 3 cm de M.

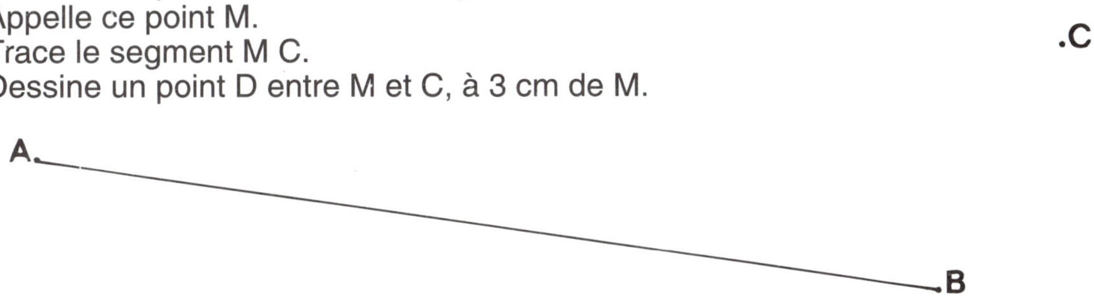

Le point D est-il le milieu du segment M C ? ....

C

Calcule.

2 x 30 = ... 28 x 10 = ... 64 x 10 = ... 80 x 10 = ...

10 x 17 = ... 2 x 18 = ... 8 x 100 = ... 37 x 0 = ...

1 x 89 = ... 10 x 60 = ... 10 x 72 = ... 98 x 10 = ...

D

A Calcul oral de multiplications : même activité que page 96 avec des cas du type 10 x 34 et 41 x 2.

B et C Vers la division par 2 : un nombre qui peut s'écrire comme un double est aussi un produit de la forme n x 2. Chercher la moitié d'un nombre donné. Chercher le milieu d'un segment.

D Multiplications par 0,1, 2, 10 et 100 : entretien.

Reproduire des figures sur un quadrillage

A

Mathilde et Mathieu doivent reproduire les figures A et B sur le grand quadrillage.
1 Trace les rectangles autour des figures pour vérifier ce qu'ils disent.
2 Observe ce qu'ils ont fait sur le grand quadrillage et termine leur travail.

Reproduis les figures C, D, E, F, G et H, en utilisant cette méthode.

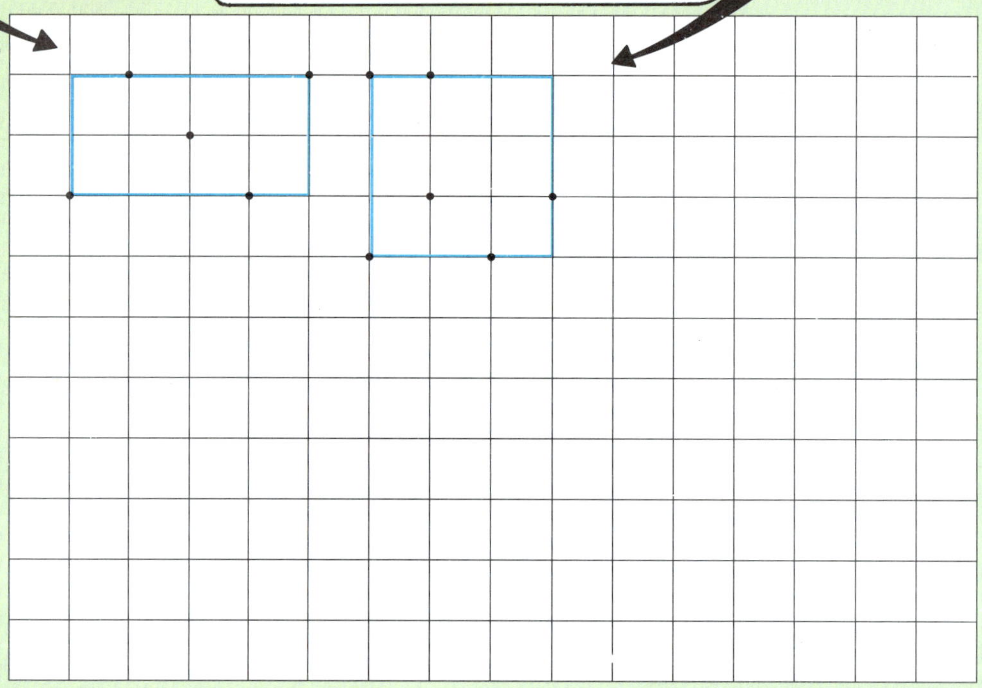

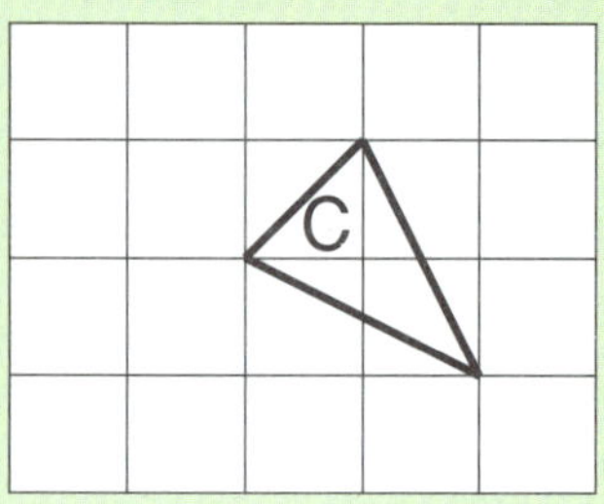

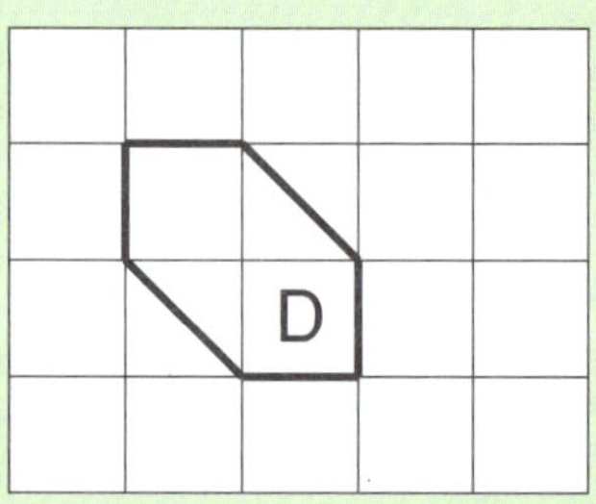

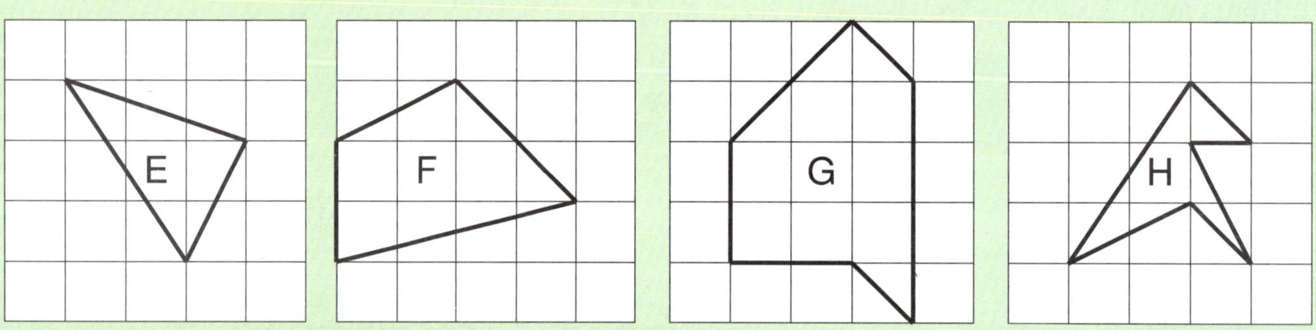

B

Calcule.

15 x 2 = ...	11 x 10 = ...	1 x 10 = ...	10 x 75 = ...
27 x 10 = ...	2 x 19 = ...	2 x 49 = ...	85 x 10 = ...
10 x 31 = ...	100 x 9 = ...	69 x 10 = ...	10 x 0 = ...

C

A Calcul oral : quelques doubles et quelques moitiés faciles du type "*la moitié de 12, la moitié de 8, la moitié de 100,... le double de 25, le double de 32, etc.*" On insistera sur les doubles et moitiés des nombres qui interviennent dans le contexte de l'heure : 15, 30 et 60.

B Pour reproduire une figure sur quadrillage :
1°) On enferme la figure dans un rectangle.
2°) On reproduit ce rectangle et les principaux points. Enfin on joint ces points.

C Multiplications par 0, 1, 2, 10 et 100 : entretien.

bilan intermédiaire 3e période

Ecris sous forme de multiplications.

7 + 7 + 7 + 7 + 7 + 7 + 7 + 7 + 7 = ... x ....

62 + 62 + 62 + 62 + 62 = ... x ....

2 + 2 + 2 + 2 + 2 + 2 + 2 + 2 + 2 + 2 + 2 + 2 = ... x ....

184 + 184 + 184 = ... x ....

Calcule.

4 x 10 = ... 4 x 5 = ... 10 x 19 = ...

5 x 3 = ... 1 x 8 = ... 2 x 31 = ...

2 x 9 = ... 4 x 3 = ... 48 x 10 = ...

Calcule (tu peux te servir des tables).

6 x 4 = ... 7 x 4 = ...

5 x 9 = ... 5 x 6 = ...

3 x 6 = ... 8 x 5 = ...

Complète les égalités.

(3 x 100) + (7 x 10) + 2 = ...

(8 x 100) + (4 x 10) + 9 = ...

651 = (..... x 100) + (..... x 10) + ...

561 = (..... x 100) + (..... x 10) + ...

Pose et calcule.

431 + 65 = ... 258 + 634 = ... 27 + 593 = ...

Quelle heure est-il sur l'horloge de Picbille ?

Il est environ
.... *heures* ....

Il est environ
.... *heures* ....

Avec ta règle, dessine l'aiguille des heures.

Il est environ
7 heures.

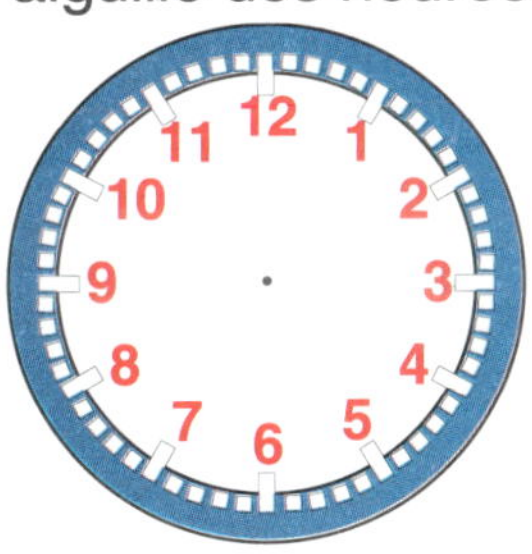

Il est environ
9 heures et demie.

Problèmes à résoudre sur feuille

Ecris une égalité ou fais un schéma.

1 ▶ L'épicier met 41 pièces de 2 F dans un sac.
Combien d'argent l'épicier a-t-il dans ce sac ?

2 ▶ Un berger a mis 62 moutons dans un pré, mais la barrière reste ouverte et 49 moutons sortent du pré.
Combien de moutons y a-t-il encore dans le pré ?

3 ▶ Dans un parking, il y a 10 rangées de 9 places.
Combien de voitures peuvent se garer dans ce parking ?

4 ▶ Mme Collet va chez son frère en voiture.
Elle parcourt 130 km.
En revenant, elle parcourt 85 km pour dire bonjour à une amie.
Enfin, elle parcourt 54 km pour rentrer chez elle.
Combien de km a-t-elle parcourus ?

(*) On pourra proposer des multiplications faciles.

A

Fabrication d'une girafe :

Matériel : - 5 allumettes
- 2 bouchons
- 1 bout de laine

1 *Tailler un bouchon pour lui donner la forme de la tête.*

2 *Avec un clou, percer les trous pour les pattes et le cou.*

3 *Assembler comme sur le schéma.*

4 *Pour la queue, coller le bout de laine.*

Dessine ou calcule au brouillon et réponds.

- Pour fabriquer 2 girafes, il faut ..... bouchons, ... allumettes et ..... bouts de laine.
- Pour fabriquer 3 girafes, il faut ....
- Pour fabriquer 4 girafes, il faut ....
- Pour fabriquer 5 girafes, il faut ....
- Pour fabriquer 10 girafes, il faut ....

B

Imagine : *Un groupe de 20 touristes veut faire une promenade sur un lac.*
Ils peuvent louer 3 pédalos et 2 barques.
Chaque pédalo n'a que 2 places et chaque barque a 6 places.

Barre les questions quand on ne peut pas savoir.
Réponds aux autres questions.

1 ▶ *Combien faut-il payer pour louer un pédalo ?* ....

2 ▶ *Combien de touristes peuvent monter dans les pédalos ?* ....

3 ▶ *Combien de touristes peuvent monter dans les barques ?* ....

4 ▶ *Combien de touristes doivent attendre sur le bord du lac ?* ....

5 ▶ *Combien de minutes doivent-ils attendre ?* ....

C

[A] Calcul oral de multiplications : même activité que page 94 avec la table de 5.

[B] Rechercher, dans une image ou un document, des informations pertinentes pour résoudre un problème : *situation de proportionnalité.*

[C] Discerner, dans un ensemble de questions, celles dont la réponse est calculable. Le travail sur un cahier est recommandé (cf. page 14).

A

Problème : Dans la classe de Benoît, il y a 3 rangées de 5 tables
et au fond de la classe, il y a 2 tables toutes seules.

Combien de tables y a-t-il dans la classe de Benoît ?

Pour résoudre ce problème, Sébastien, Mélanie et Cécile ont fait un schéma.
Un seul schéma est juste. Entoure-le.

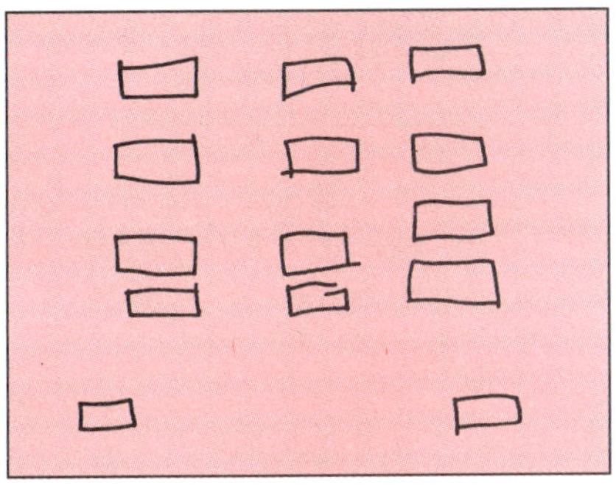

Mélanie

Sébastien

Cécile

Le schéma juste est celui de ....

Termine son travail en écrivant une égalité et la solution : ....

....

Le schéma de......................... est faux parce que ....

....

Le schéma de......................... est faux parce que ....

....

B

Problèmes à résoudre sur le cahier

Ecris une égalité ou fais un schéma.

1 ▶ Mme Martin achète 12 litres de jus d'orange à 10 francs l'un et 1 litre de jus de pamplemousse à 14 francs.

Combien dépense-t-elle ?

2 ▶ Dans le groupe scolaire maternelle d'une grande ville, il y a 127 enfants dans les classes de petits, 141 dans les classes de moyens et 136 dans les classes de grands.

Combien d'enfants y a-t-il dans ce groupe scolaire maternelle ?

3 ▶ Un marchand de fruits a préparé 10 sacs de 25 oranges.

Combien d'oranges y a-t-il en tout dans ces sacs ?

4 ▶ Dans une course à pied de 15 km, 80 coureurs prennent le départ. Mais il n'y a que 68 coureurs qui passent la ligne d'arrivée, car les autres ont abandonné.

Combien de coureurs ont abandonné ?

5 ▶ Pour le centre de loisirs, la directrice a acheté des balles de ping-pong. Elle a acheté 9 boîtes de 3 balles.

Combien de balles de ping-pong a-t-elle achetées ?

C

A Calcul oral de soustractions ("en avançant") : même activité que page 89.

B Apprendre à schématiser... : *situation permettant de réinvestir l'usage des parenthèses.*

C Résolution de problèmes variés énoncés de façon classique.

Preuve de la soustraction.
Comparaison d'écritures multiplicatives et additives

A

Picbille a 62 billes. Il va donner 49 billes à Maxibille et les autres à Minibille.

Le calcul de Mathieu

62 - 49 = 14
Minibille aura
14 billes.

$$\begin{array}{r} 49 \\ +\ 14 \\ \hline \ldots \end{array}$$

Le calcul de Mathilde

62 - 49 = 13
Minibille aura
13 billes.

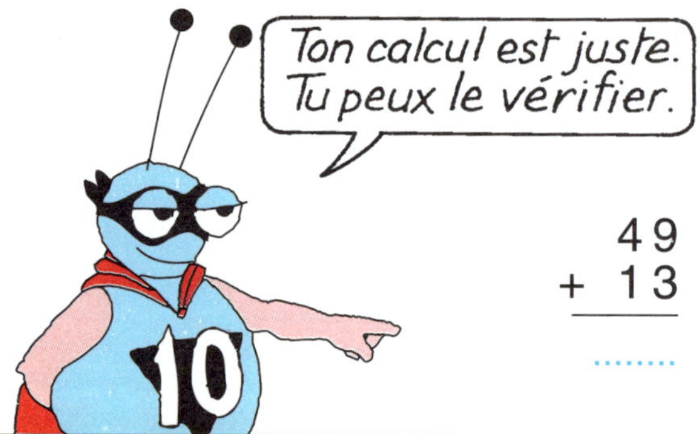

$$\begin{array}{r} 49 \\ +\ 13 \\ \hline \ldots \end{array}$$

J'ai appris: Pour savoir si une soustraction est juste, j'ajoute **le résultat** et **le petit nombre.** Je dois retrouver **le grand nombre.**

B

Je calcule	Je fais la preuve
54 - 47 = ...	
83 - 74 = ...	
56 - 38 = ...	
90 - 71 = ...	

C

Complète.

r 10 *

30	20
17	7
39	....
58	....
....	45
....	28
....	59
....	84

....

a 5

21	26
35	....
7	....
45	....
....	57
....	63
....	100
....	5

....

*** r 10 signifie "retirer 10"**

D

A Calcul oral de multiplications par 10 et par 2 du type 10 x 1.7 et 43 x 2.

B et C La preuve de la soustraction : quand on fait la somme de la part de Maxibille et de la part de Minibille, on doit retrouver le nombre initial de billes (cas où l'on vérifie une soustraction qui a été calculée "en avançant").

D Prendre conscience de la réversibilité de l'addition et de la soustraction.

A

Mets le signe qui convient : >, < ou =.

23 x 10 ..... 23 + 10

12 x 3 ..... 12 + 12 + 12 + 12

2 x 34 ..... 43 x 2

250 ..... 25 x 10

200 + 100 ..... 20 x 10

37 x 10 370

230 + 10 ..... 200 + 50

53 x 2 ..... 53 + 200

10 x 12 ..... 10 + 120

B

Reproduis les figures A, B, C, D, E et F sur le grand quadrillage.

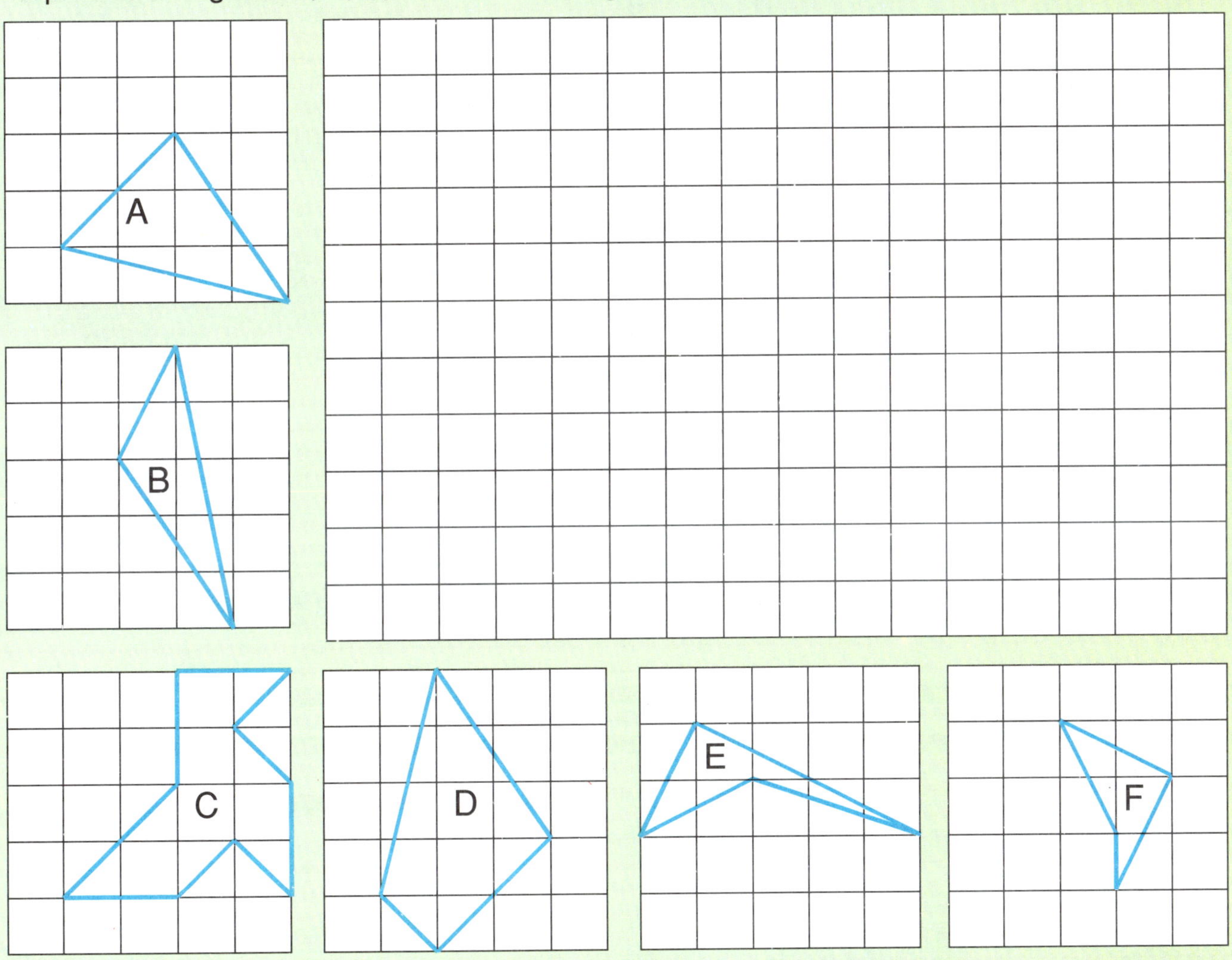

C

Je calcule	34 - 9 = ...	42 - 8 = ...	63 - 5 = ...	85 - 7 = ...
Je fais la preuve				

D

A Calcul oral de multiplications : même activité que page 96.

B Comparaison d'écritures multiplicatives et additives. Les élèves peuvent éventuellement écrire les résultats sous chaque membre.

C Reproduction de figures sur quadrillage : entretien.

D Preuve de la soustraction (cas où l'on vérifie une soustraction qui a été calculée "en reculant").

A

La fée Magibille a une baguette magique et une pierre multiplicative.

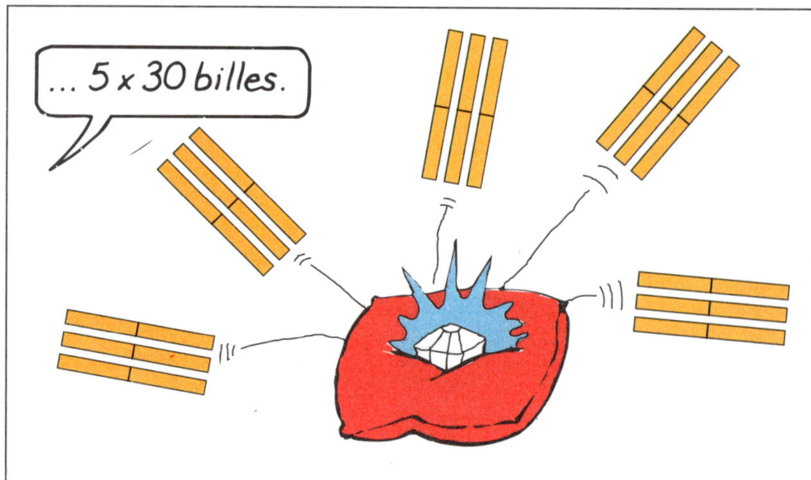

5 x 30 billes, c'est .... boîtes pleines, c'est .... billes.

Perrine achète 8 livres à 20 F le livre. Combien de pièces de 10 F lui faut-il ?

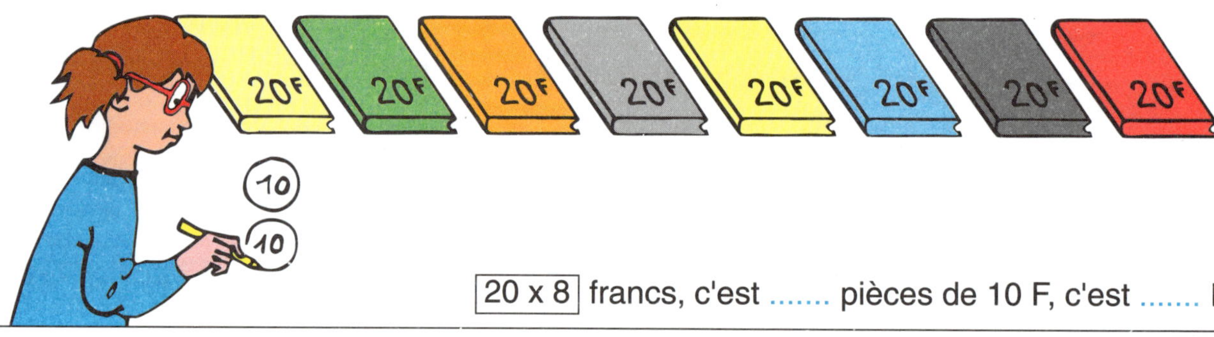

20 x 8 francs, c'est .... pièces de 10 F, c'est .... F.

J'ai appris: 5 x 30, c'est 5 fois 3 dizaines, c'est 150.
20 x 8, c'est 8 fois 2 dizaines, c'est 160.

B

Complète.

7 x 20, c'est ...7 x 2... dizaines, c'est ....
30 x 4, c'est .... dizaines, c'est ....
2 x 60, c'est .... dizaines, c'est ....
40 x 5, c'est .... dizaines, c'est ....
3 x 50, c'est .... dizaines, c'est ....
40 x 6, c'est .... dizaines, c'est ....
20 x 6, c'est .... dizaines, c'est ....
8 x 30, c'est .... dizaines, c'est ....

C

Jeu du nombre mystérieux

80 120 160 170 180
190 230 240 270 360

30 x 8 = ...	3 x 40 = ...	40 x 4 = ...
4 x 20 = ...	60 x 3 = ...	3 x 90 = ...
10 x 23 = ...	17 x 10 = ...	9 x 40 = ...

Le nombre mystérieux :

D

A Calcul oral de multiplications : même activité que page 104.

B C et D Calcul réfléchi de multiplications par 20, 30, 40, ... Comme dans le cas de la multiplication par 10, on se garde d'enseigner une règle que les enfants appliquent mécaniquement On préfère ramener ce type de multiplication à un produit portant sur des dizaines.

A

Observe le calendrier du mois de mai.

▶ Mathieu va chez le dentiste le 6 mai.
C'est un ....

▶ Il y retourne 7 jours plus tard.
C'est le ....

▶ Il y retourne encore 7 jours après.
C'est le ....

J'ai appris:
- 7 jours après un mercredi c'est encore un mercredi.
- ***7 jours après ...*** c'est aussi ***une semaine après...***

▶ Mathilde va chez le médecin le 2 mai.
C'est un ....

▶ Elle y retourne une semaine plus tard.
C'est le ....

▶ Elle y retourne encore une semaine après.
C'est le ....

MAI		
V	1	F. Travail
S	2	Boris
D	3	Philippe
L	4	Sylvain
M	5	Judith
M	6	Prudence
J	7	Gisèle
V	8	Vict.1945
S	9	Pacôme
D	10	Fête J. d'Arc
L	11	Estelle
M	12	Achille
M	13	Rolande
J	14	Mathias
V	15	Denise
S	16	Honoré
D	17	Pascal
L	18	Eric
M	19	Yves
M	20	Bernardin
J	21	Constantin
V	22	Emile
S	23	Didier
D	24	Donatien
L	25	Sophie
M	26	Béranger
M	27	Augustin
J	28	Ascension
V	29	Aymard
S	30	Ferdinand
D	31	F. des Mères

B

Complète ce que dit Mathieu.

Aujourd'hui, nous sommes le jeudi 4 juin.
Dans une semaine, nous serons le ....
Dans deux semaines, nous serons le ....
Dans trois semaines, nous serons le ....

Résous ces problèmes sur ton cahier.

1 ▶ Une classe de CE1 est partie en classe de neige pendant 3 semaines.

Pendant combien de jours cette classe est-elle partie ?

2 ▶ Les Blanco partent en vacances au bord de la mer le vendredi 2 août.

Leur séjour durera 4 semaines.
Quel jour reviendront-ils ?

C

Calcule.

20 x 4 = ...	3 x 40 = ...	1 x 47 = ...	10 x 48 = ...
34 x 10 = ...	34 x 2 = ...	40 x 5 = ...	4 x 40 = ...
6 x 30 = ...	20 x 9 = ...	7 x 20 = ...	50 x 7 = ...

D

A Calcul oral de multiplications par 20, 30, 40.

B et C Comprendre la semaine en tant que durée. Pour un jeune enfant, la semaine, c'est la suite : L, M, M, J, V, S, D. Il s'agit ici de comprendre que d'un mercredi au suivant, par exemple, il y a aussi une semaine ou 7 jours. D'où 2 semaines correspondent à 14 jours.

D Multiplications par 10, 20, 30... (entretien).

Lecture de l'heure (1).
Calculer une soustraction en utilisant une addition

A

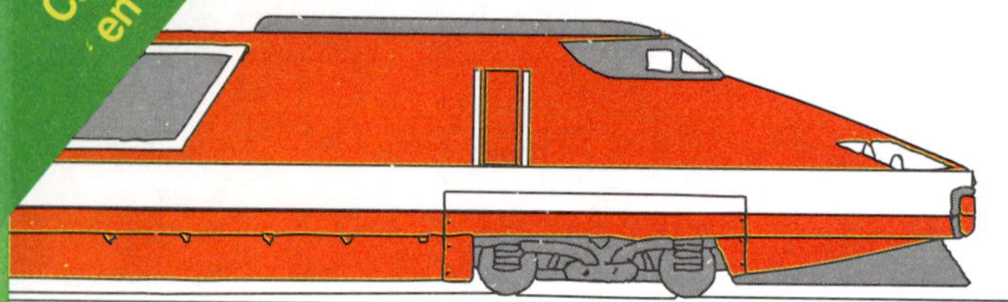

PARIS NICE 08 : 00

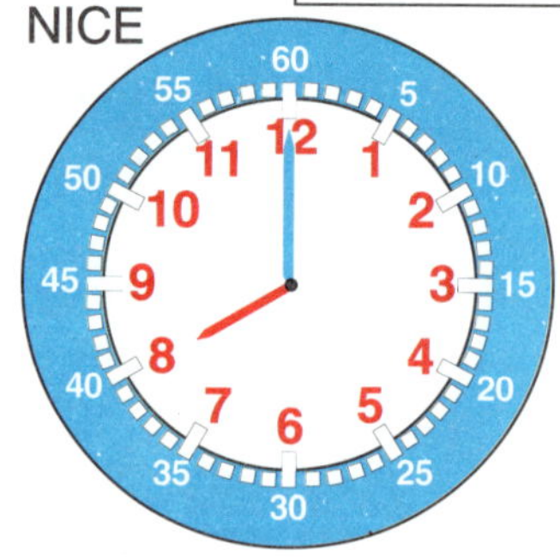

"Le TGV Paris-Nice de 8 heures va partir. Attention à la fermeture des portières !"

Observe l'heure sur les deux sortes d'horloges de la gare et complète.

PARIS DIJON . . : . .

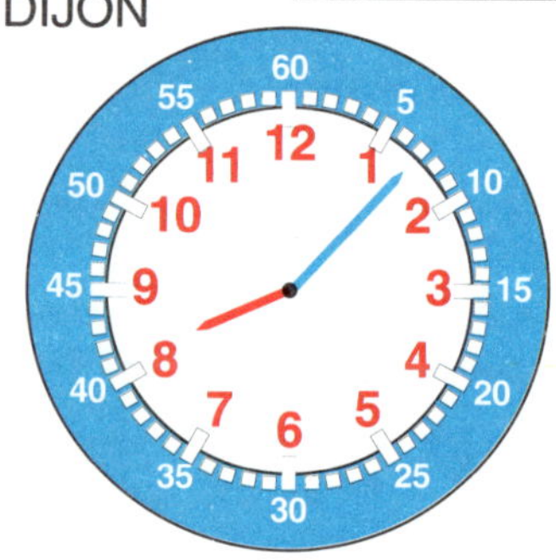

Il est .... h et .... mn.

PARIS MARSEILLE . . : . .

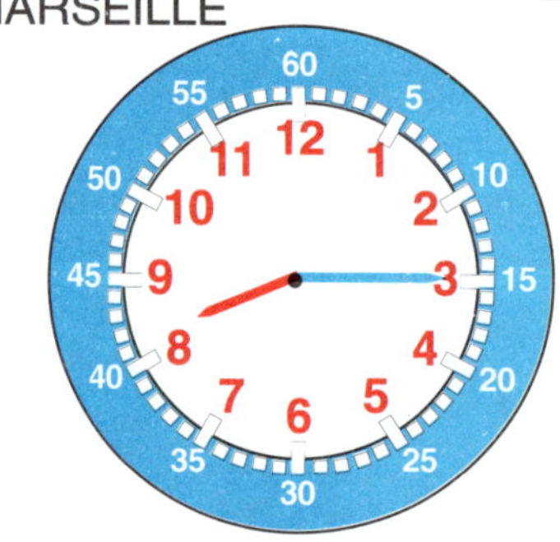

Il est .... h et .... mn.

PARIS VALENCE . . : . .

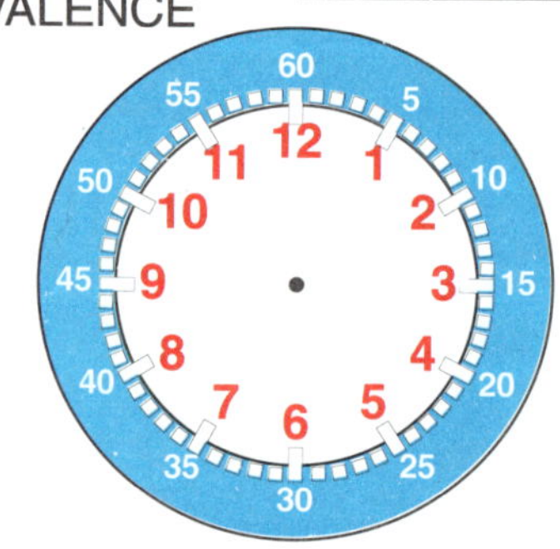

Il est 8 h et demie.

PARIS TOULON 08 : 45

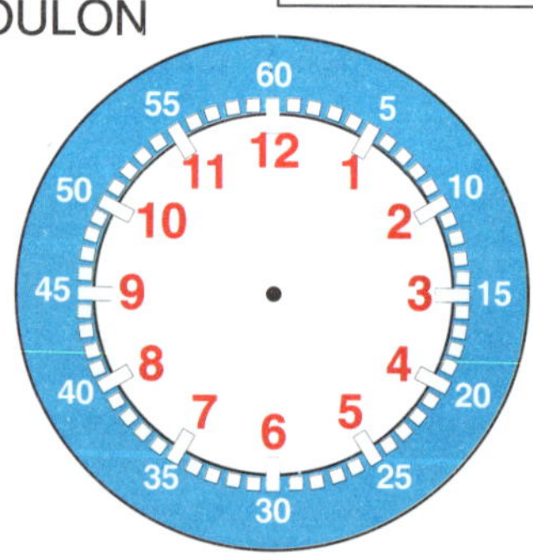

Il est .... h et .... mn.

PARIS GENEVE . . : . .

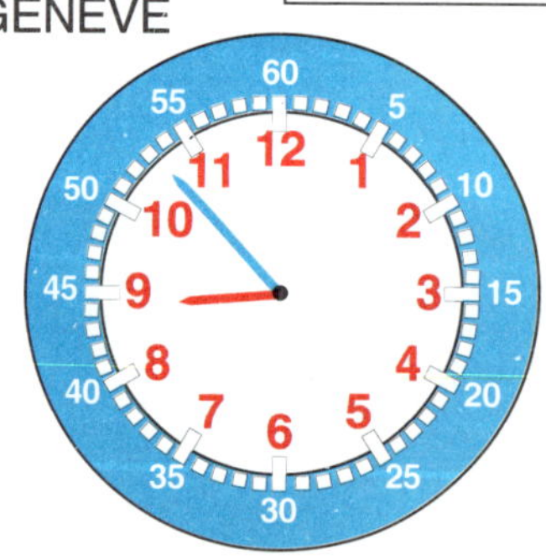

Il est .... h et .... mn.

PARIS GRENOBLE 09 : 00

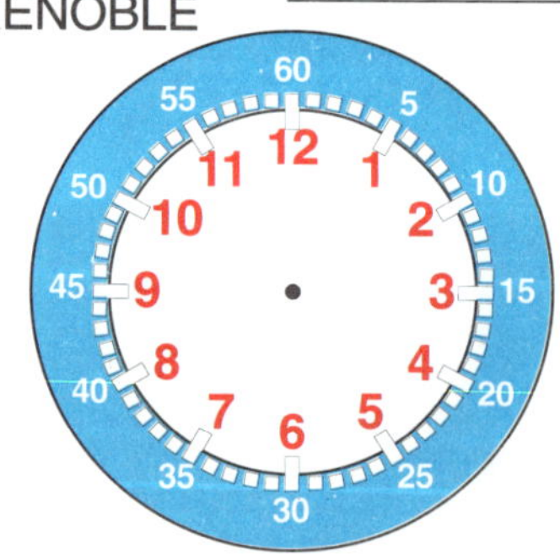

Il est ....

PARIS LYON 09 : 12

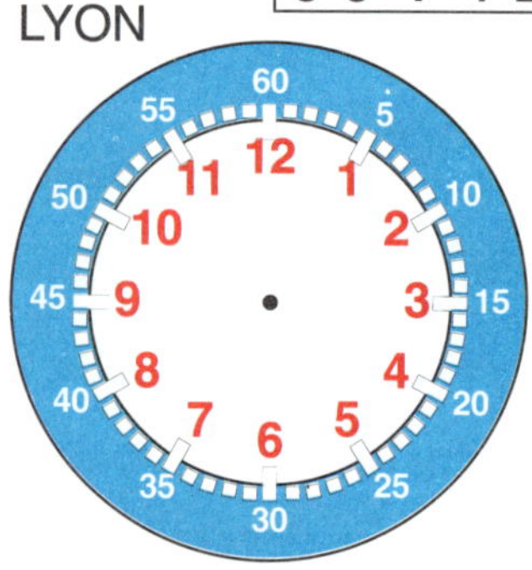

Il est ....

J'ai appris :

Quand l'aiguille des minutes fait un tour complet, il se passe **60 minutes.** ou **1 heure.**

B

A Calcul oral de soustractions ("en reculant") : même activité que page 83.

B Apprendre à coordonner le déplacement de la grande aiguille et celui de la petite sur une durée d'une heure : quand il est 7 h 55, la petite aiguille est tout près de 8 bien que l'heure s'énonce 7 heures et quelque chose. Un matériel pour cette activité est à la fin du fichier.

A

Continue.

Je calcule	Je fais la preuve	Je calcule	Je fais la preuve	Je calcule	Je fais la preuve
14 - 7 = ..7..	7 + 7 =	12 - 9 = ...	9 + 3 =	14 - 9 = ...	9 + 5 =
12 - 6 = ...		11 - 5 = ...		50 - 30 = ...	
18 - 9 = ...		37 - 27 = ...		50 - 25 = ...	
16 - 8 = ...		13 - 9 = ...		61 - 51 = ...	
100 - 50 = ...		48 - 38 = ...		17 - 9 = ...	
60 - 30 = ...		100 - 80 = ...		100 - 20 = ...	

J'ai appris : Parfois, pour **calculer une soustraction,** il vaut mieux utiliser **une addition connue par cœur.**

B

Quelle heure est-il ?

. . : . .

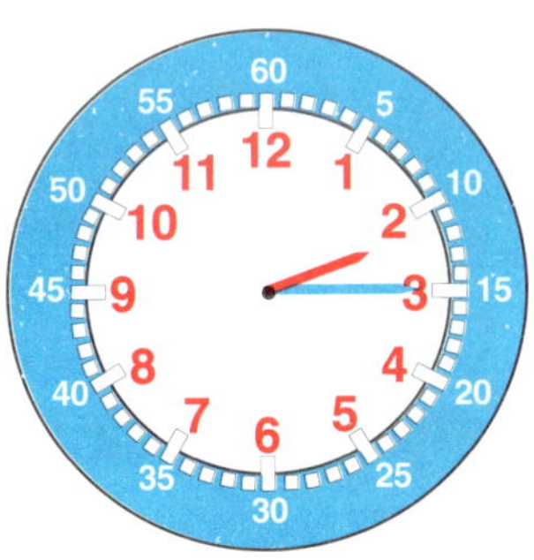

Il est .... h et .... mn.

. . : . .

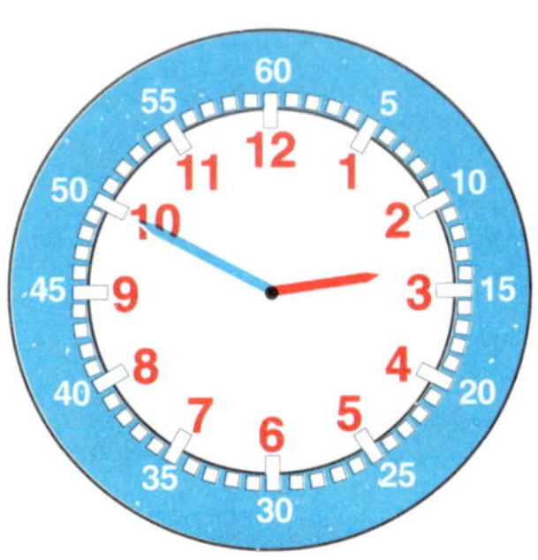

Il est .... h et .... mn.

Dessine les 2 aiguilles.

04 : 10

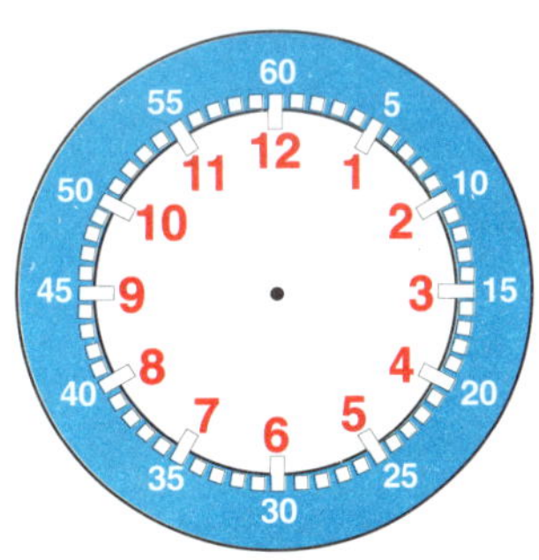

Il est ....

04 : 35

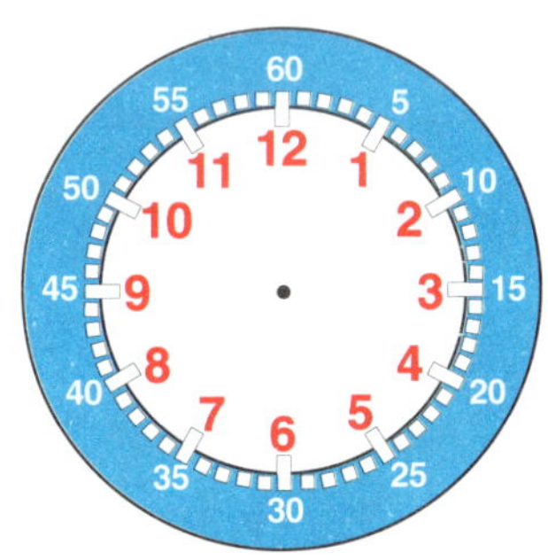

Il est ....

C

Jeu du nombre mystérieux

10 x 16 =.......
2 x 90 =.......
3 x 50 =.......
3 x 20 =.......
68 x 10 =.......
80 x 3 =.......
50 x 4 =.......
70 x 3 =.......
10 x 26 =.......

60 · 120 · 150 · 160 · 180
200 · 210 · 240 · 260 · 680

Le nombre mystérieux :

D

A Calcul rapide d'additions. On insistera sur des cas de l'activité B comme 7 + 7, 9 + 9, 6 + 6 (doubles), 9 + 4, 9 + 3 (passage de la dizaine), 6 + 5 (retour aux 5) et 38 + 10, 80 + 20.

B Les élèves sont d'abord tentés de calculer "en reculant" ou "en avançant". Peu à peu, la preuve qui était un moyen de contrôle devient le mode de calcul lui-même. Les enfants découvrent ainsi une 3e stratégie pour calculer une soustraction.

C Lecture de l'heure : entretien.

D Multiplications par 10, 20, 30, ... : entretien.

calcul oral

A

Depuis un quart d'heure, Madame Keller lave les carreaux de sa cuisine.
Entoure ceux qu'elle a déjà lavés.

Combien de carreaux Madame Keller a-t-elle lavés en un quart d'heure ? ....

Le quart d'heure suivant, elle en lave encore autant. Entoure-les.

Combien y a-t-il de carreaux dans sa cuisine ? ....

....

B

Imagine : *Dans le poulailler de Madame Lagrue, il y a 8 poules et 15 poussins.*
Un soir, elle va ramasser les œufs et, en sortant, elle oublie de refermer la porte.
3 poules et 9 poussins se sauvent.

Barre les questions quand on ne peut pas savoir.
Réponds aux autres questions.

1 ▶ *Combien de poules sont restées dans le poulailler ?* ....

2 ▶ *Combien de poussins sont restés dans le poulailler ?* ....

3 ▶ *Combien d'œufs Madame Lagrue a-t-elle ramassés ?* ....

4 ▶ *Combien de bêtes se sont sauvées ?* ....

C

A Calcul oral de multiplications par 10, 20, 30, 40... (23 x 10, 4 x 30, 10 x 47, 20 x 5 ...) avec l'expression *"multiplié par"*.

B Quantifier une collection d'objets organisés selon un quadrillage. L'usage de la multiplication peut rester implicite pendant l'activité : on pourra, en fin d'activité, faire remarquer aux enfants qu'on vient de calculer un produit.

C Discerner, dans un ensemble de questions, celles dont la réponse est calculable. Le travail sur un cahier est recommandé (cf. page 14).

A

Pour agrandir cette figure, Sébastien, Mélanie et Cécile l'ont reproduite sur un quadrillage à grands carreaux.

Une seule reproduction est correcte. Entoure-la et corrige les 2 autres au crayon vert.

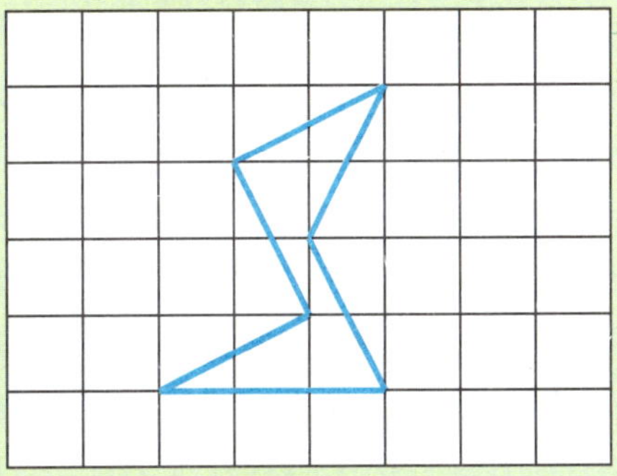

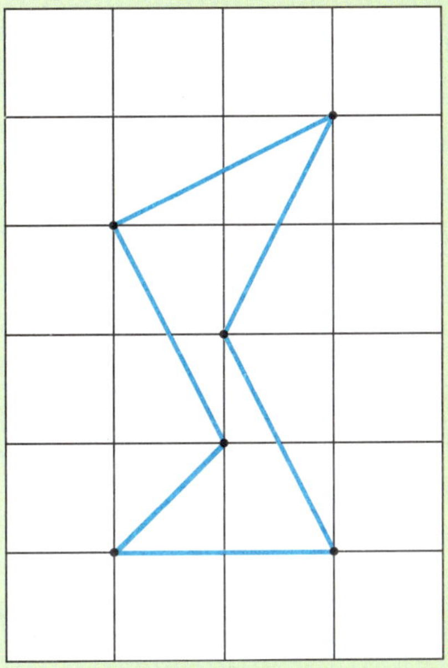
Sébastien

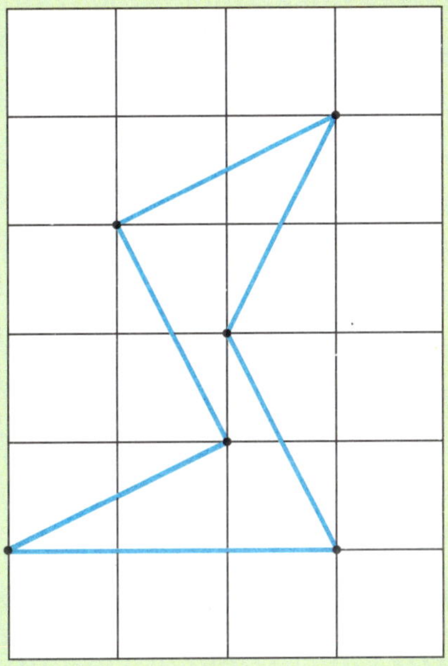
Mélanie

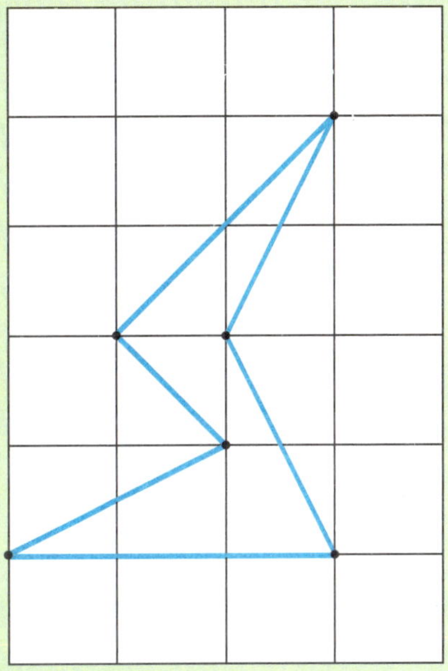
Cécile

B

Problèmes à résoudre sur le cahier

Ecris une égalité ou fais un schéma.

1 ▶ Dans la caisse de la coopérative, il y a 6 billets de 100 F, 16 pièces de 10 F et 4 pièces de 1 F.
Combien d'argent y a-t-il dans la caisse de la coopérative ?

2 ▶ François fait une pile de 5 cubes. Gaëlle dit : "Je fais beaucoup mieux". Elle réussit à empiler 24 cubes.
Combien Gaëlle a-t-elle empilé de cubes de plus que François ?

3 ▶ Un matin, dans son poulailler, une fermière ramasse 21 œufs. Elle les range dans des boîtes de 6 œufs.
Combien de boîtes sont pleines ?

4 ▶ Elsa a 100 photos. Elle colle 78 de ces photos sur un cahier et elle met les autres dans une boîte.
Combien de photos met-elle dans sa boîte ?

5 ▶ Un commerçant va chercher un rouleau de 30 pièces de 5 F à sa banque.
Combien d'argent a-t-il avec ses pièces de 5 F ?

C

A Calcul oral : même activité que page 94 avec les tables de 2, 3, 4, 5 mélangées. On utilise le mot *fois*.

B Evaluer si une reproduction sur quadrillage est conforme au modèle et analyser les erreurs.

C Résoudre des problèmes variés énoncés de façon classique.

La différence : approche intuitive puis calcul par une soustraction

A

1 Le segment AB et le segment CD ont des longueurs différentes...

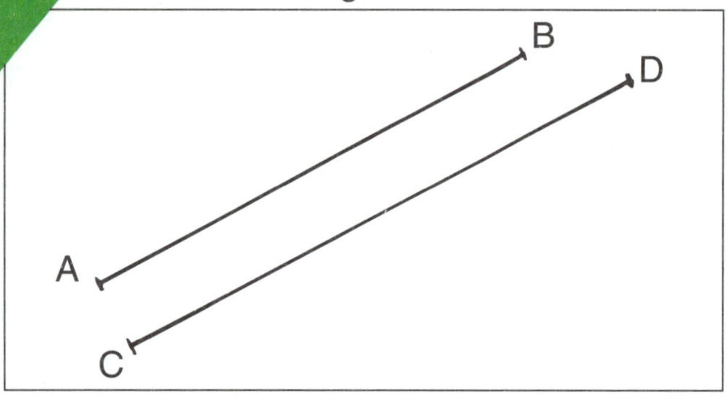

2 La **différence** de leurs longueurs a été colorée en bleu.

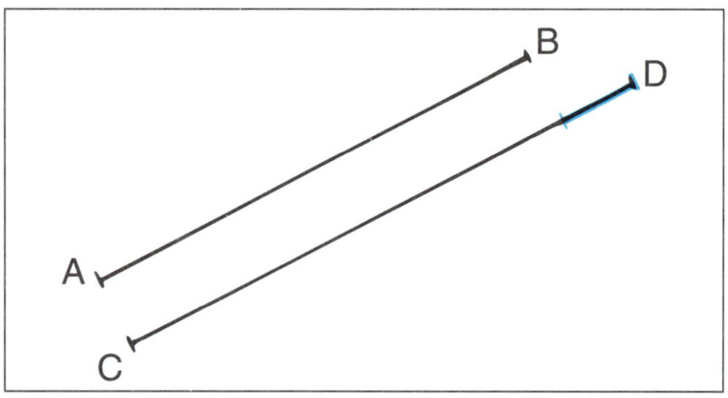

Sans utiliser de règle graduée, colorie la différence des longueurs de ces segments (utilise la bande blanche du bas de page).

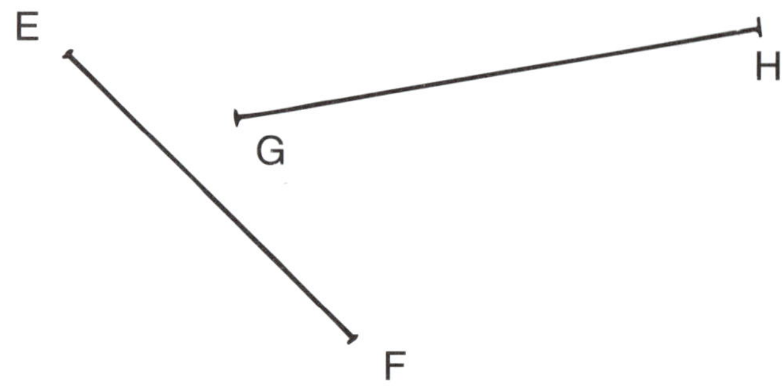

Même exercice avec les segments IJ et KL.

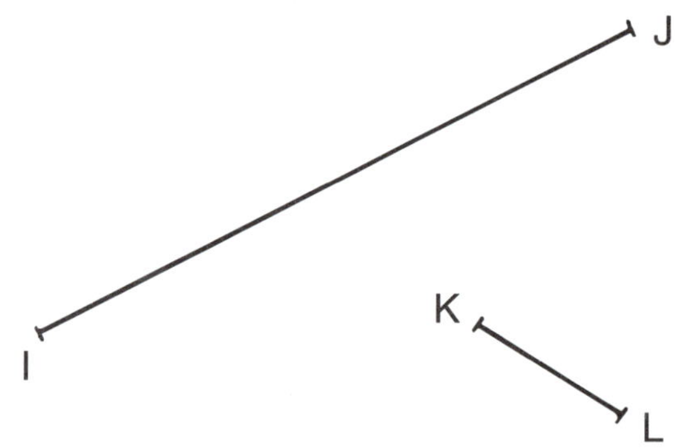

B

1 Luc et Rémi n'ont pas le même nombre de billes.

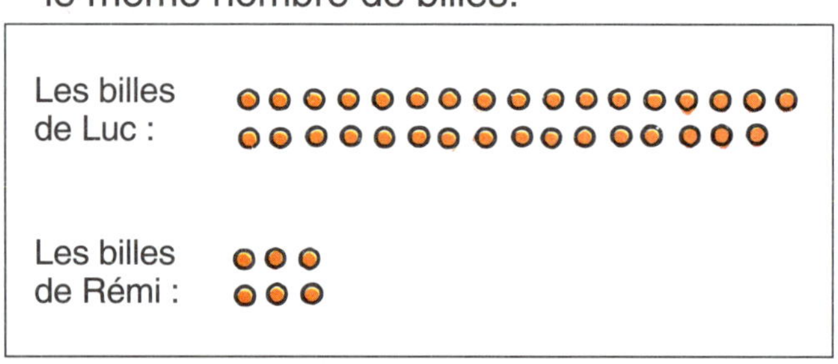

2 La **différence** de ces nombres a été entourée.

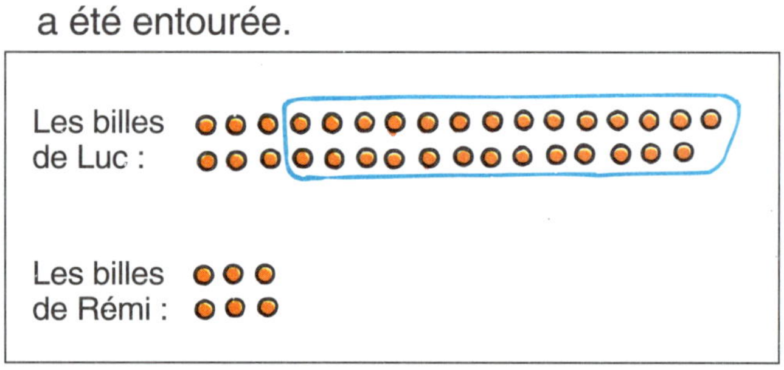

Il n'y a pas le même nombre de boîtes que de couvercles.
Entoure la différence **sans la compter.**

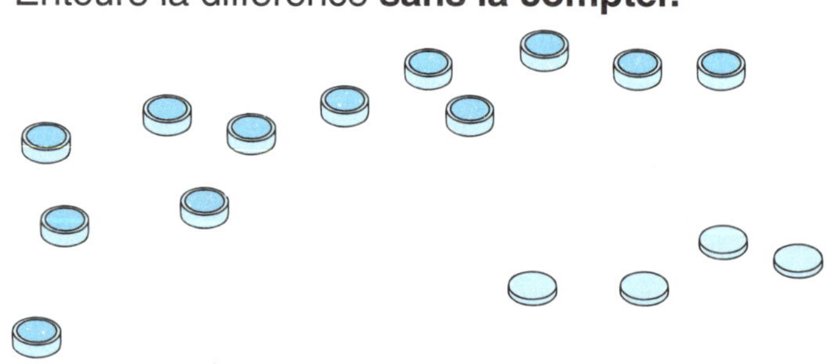

Même exercice (entoure la différence).

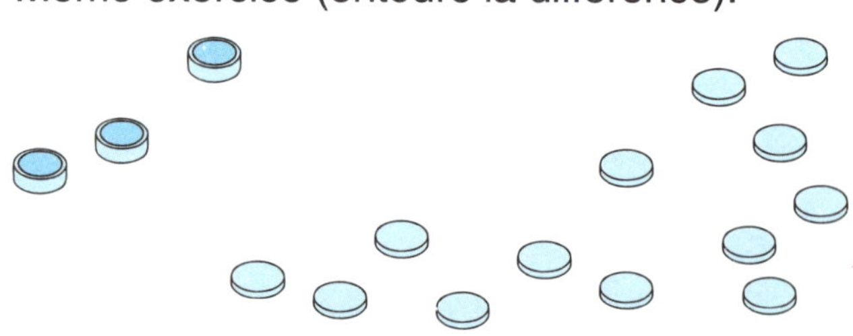

C

A Calcul oral de soustractions. Mélange de cas faciles du même type que ceux proposés dans le calcul oral pages 83 et 89.

B et C La différence des longueurs de 2 segments peut être définie indépendamment de tout nombre : c'est "ce qui dépasse" après qu'on les a juxtaposés. Cette définition reste valable dans le cas des collections. C'est seulement page 113 qu'on cherchera à calculer une différence.

A

Observe : Picbille veut faire croire qu'il est aussi grand que Dédé. Calcule leur différence de taille.

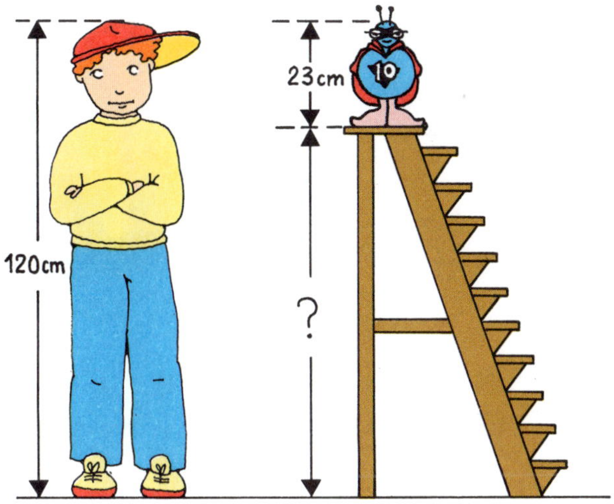

120 - 23 = ...

Calcule la différence de longueur entre la baguette magique de Magibille et un crayon.

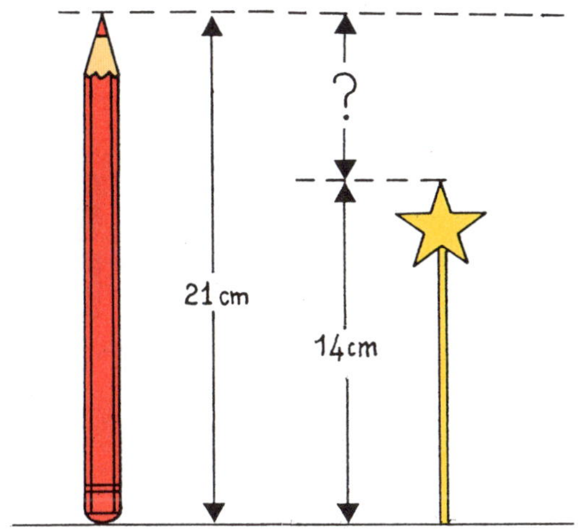

21 - 14 = ...

J'ai appris : Pour calculer la différence de deux nombres, je peux faire une soustraction.

B

Ecris une égalité puis vérifie en traçant les segments.

- Un segment AB mesure 8 cm et un segment CD mesure 2 cm
  Quelle est leur différence de longueur ?

  ....

  A

  C

- Un segment EF mesure 7 cm et un segment GH mesure 5 cm
  Quelle est leur différence de longueur ?

  ....

  E

  G

Ecris une égalité et la solution.

- Eric a 37 billes. Julien a 29 billes.
  Quelle est la différence de leurs nombres de billes ?

  ....
  ....
  ....

- Paul a 43 billes. Vincent n'a que 6 billes.
  Quelle est la différence de leurs nombres de billes ?

  ....
  ....
  ....

C

A Calcul oral de multiplications : même activité que page 96.

B et C Prendre conscience qu'une différence peut être calculée par une soustraction. Plutôt que de chercher la différence entre 120 et 97 (que les enfants vont calculer "en avançant" : *97 → 100 → 120*), on cherche la différence entre 120 et 23 (que les enfants vont calculer "en reculant" : *je retire 20, puis 3*). Ce calcul "en reculant" permet mieux de comprendre qu'on vient de faire une soustraction.

La multiplication "en lignes". Les frises

A

Magibille calcule 216 x 4.

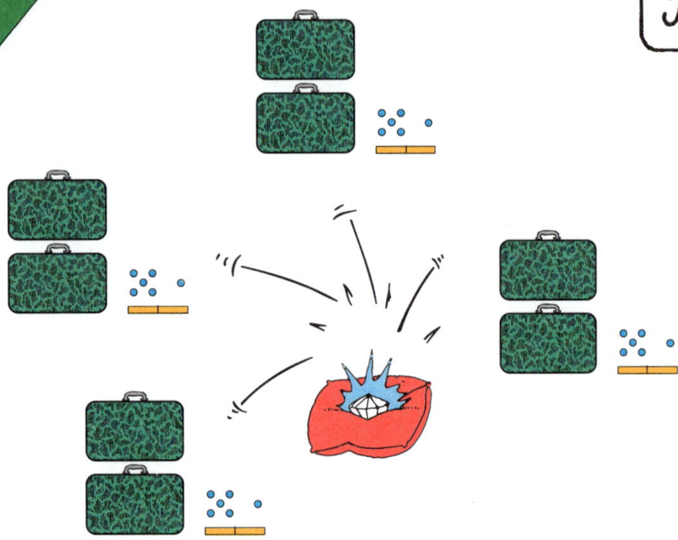

216 x 4 = (200 x 4) + (10 x 4) + (6 x 4)
216 x 4 = ... + ... + ...
216 x 4 = ...

Dessine les billes, les boîtes et les valises. Complète les égalités.

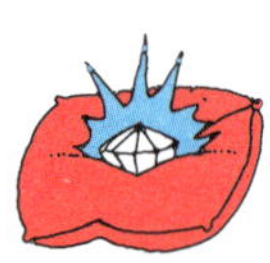

142 x 3 = (............) + (.........) + (........)
142 x 3 = ... + ... + ...
142 x 3 = ...

Complète.

131 x 5 = (..........) + (........) + (.........)
131 x 5 = ... + ... + ...
131 x 5 = ...

219 x 3 = (..........) + (........) + (.........)
219 x 3 = ... + ... + ...
219 x 3 = ...

206 x 3 = ...
206 x 3 = ...
206 x 3 = ...

161 x 5 = ...
161 x 5 = ...
161 x 5 = ...

B

Mets le signe qui convient : >, < ou =.

17 x 10 ..... 10 + 7
(3 x 100) + (8 x 10) 390
(4 x 10) + 7 407

360 ..... 10 x 36
8 x 10 ..... 2 x 35
53 - 24 ..... 63 - 24

37 + 0 370
450 + 50 ..... 400 + 100
96 ..... (8 x 10) + 6

C

A Calcul oral de multiplications par 10, 20, 30, 40 ... : même activité que page 110.

B Les adultes performants en calcul oral d'une multiplication calculent "de gauche à droite" (ici, on commence par les centaines). La multiplication en ligne prépare ce calcul oral parce qu'on y procède dans le même sens.

C Comparaison d'écritures arithmétiques: même activité que page 105.

A

Continue la frise **1**.

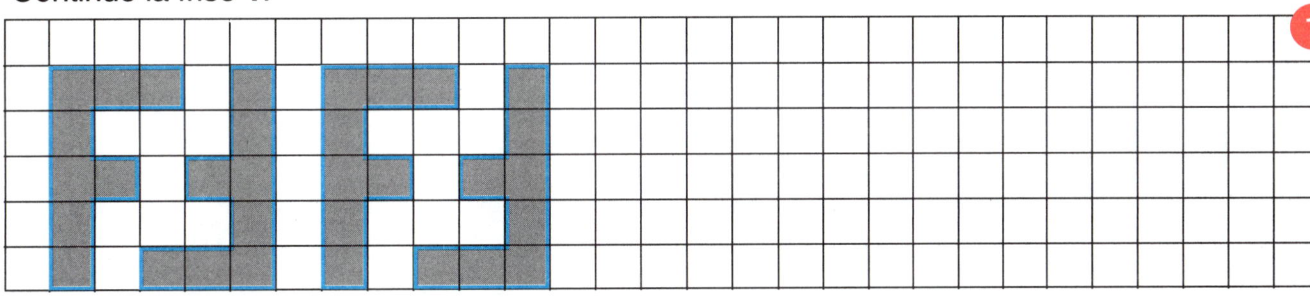

Continue la frise **2**.

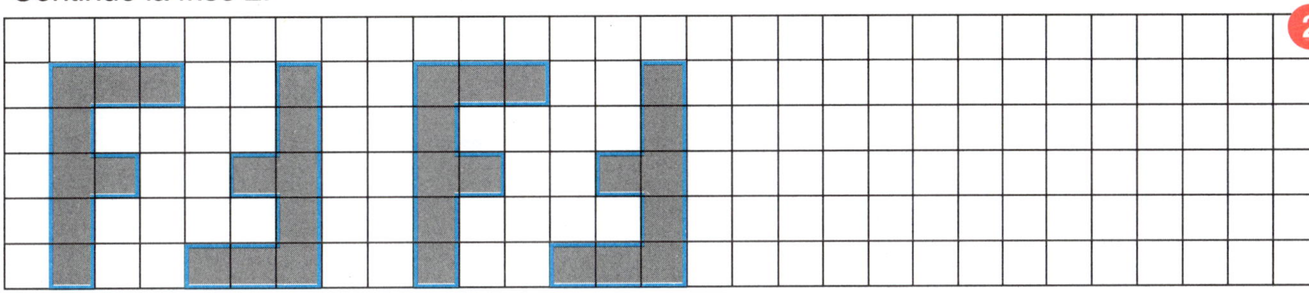

*Quelle différence y a-t-il entre les frises **1** et **2** ?* ....

....

Continue la frise **3**.

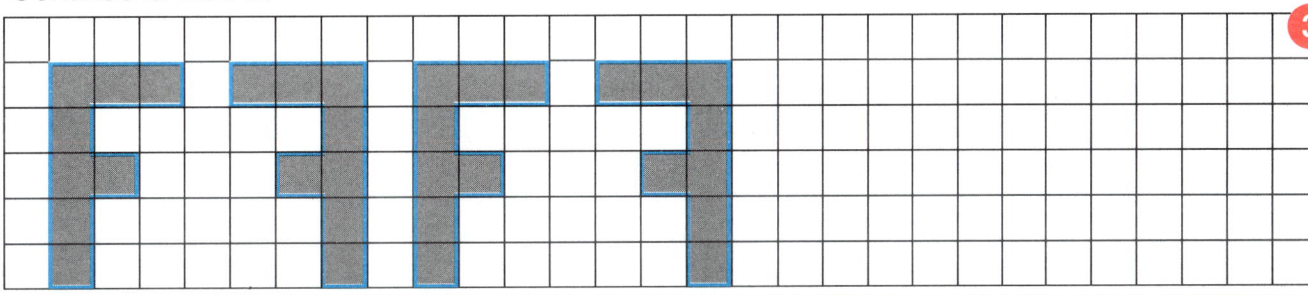

B

Calcule.

152 x 4 = (..............) + (...........) + (..........)

152 x 4 = ... + ... + ...

152 x 4 = ...

145 x 3 = ...

145 x 3 = ...

145 x 3 = ...

130 x 5 = ...

130 x 5 = ...

130 x 5 = ...

C

Complète.

. . : . .

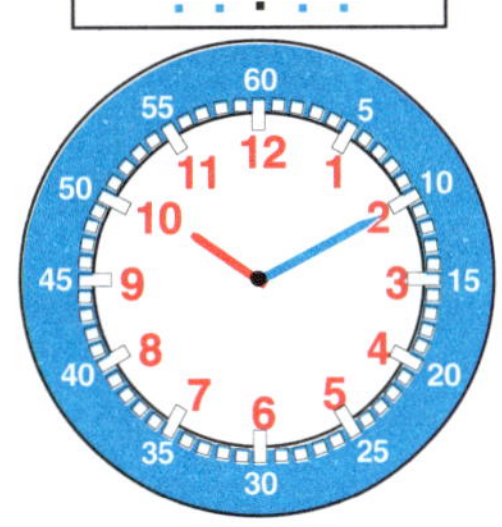

. . : . .

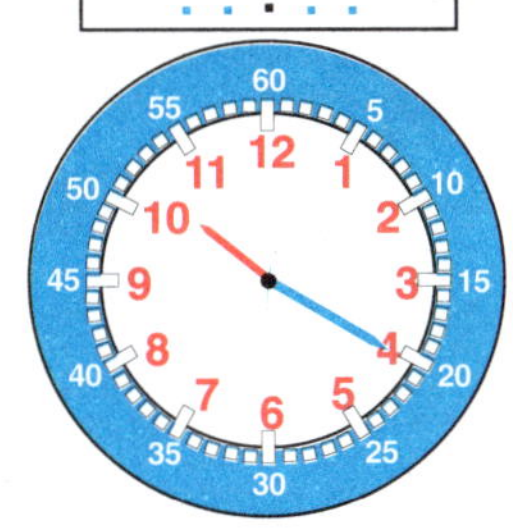

10 : 25

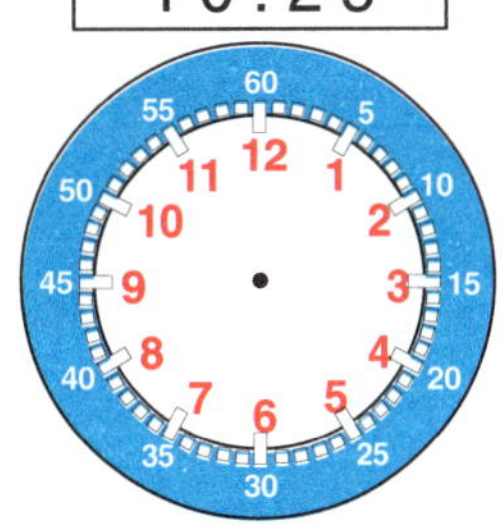

10 : 45

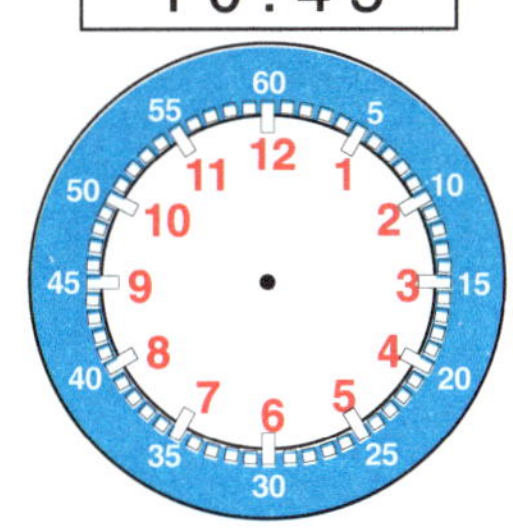

D

A Calcul oral de multiplications (tables de 2, 3, 4 et 5 mélangées) : même activité que page 111.

B Pour continuer une telle frise, il ne suffit pas de savoir anticiper le motif suivant, il faut également gérer l'écart entre les motifs. La suite de tâches proposées ici permet cette prise de conscience.

C Calcul réfléchi de multiplications : entretien.

D L'heure : entretien

La symétrie (1)

A

Ce masque doit être colorié de façon symétrique. Termine le coloriage.

Entoure les masques qui sont colorés de façon symétrique, barre les autres.

Mathieu a dessiné la partie gauche de cette figure et Mathilde la partie droite. L'encre n'est pas sèche et ils vont plier suivant le pointillé. Quelle figure obtiendront-ils ?

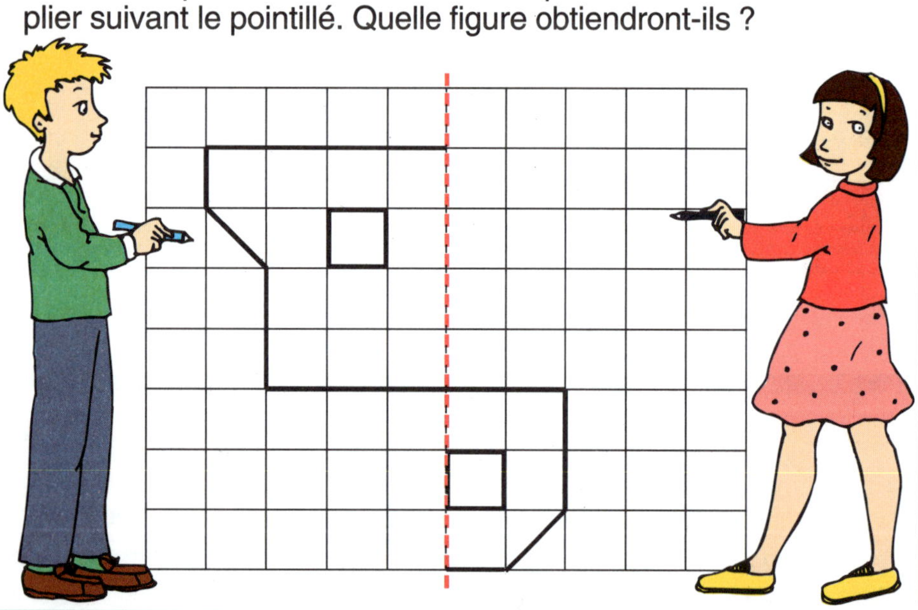

Imagine que l'encre ne soit pas sèche et qu'on plie le long du pointillé ...

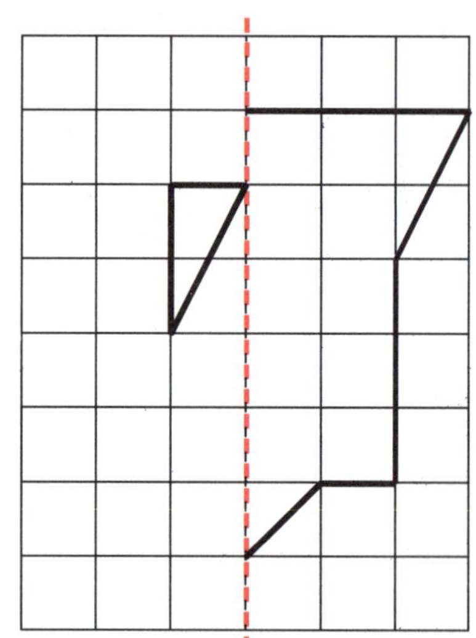

B

Complète.

143 x 4 = (..............) + (..........) + (.........)

143 x 4 = ... + ... + ...

143 x 4 = ...

327 x 3 = (..............) + (..........) + (.........)

327 x 3 = ... + ... + ...

327 x 3 = ...

164 x 5 = ...

164 x 5 = ...

164 x 5 = ...

125 x 6 = ...

125 x 6 = ...

125 x 6 = ...

C

A Calcul oral de multiplications par 10, 20, 30, 40... : même activité que page 110.

B Approche de la symétrie. 1. Terminer un coloriage déjà commencé de façon symétrique et reconnaître des figures coloriées de façon symétrique.
2. Evoquer le pliage pour tracer selon un axe de symétrie et de chaque côté de cet axe.

C Calcul de multiplications en lignes : entretien.

Calcule.

8 x 2 = ... 4 x 5 = ...

1 x 9 = ... 2 x 50 = ...

10 x 7 = ... 0 x 23 = ...

4 x 100 = ... 9 x 10 = ...

Calcule (tu peux te servir des tables).

6 x 5 = ... 7 x 3 = ...

4 x 9 = ... 8 x 4 = ...

5 x 7 = ... 3 x 6 = ...

9 x 3 = ... 5 x 9 = ...

Calcule.

18 x 10 = ... 30 x 5 = ...

6 x 20 = ... 10 x 60 = ...

10 x 29 = ... 49 x 10 = ...

60 x 2 = ... 30 x 7 = ...

Pose et calcule.

417 + 362 = ...

142 + 59 + 608 = ...

269 + 663 = ...

Complète.

. . : . .

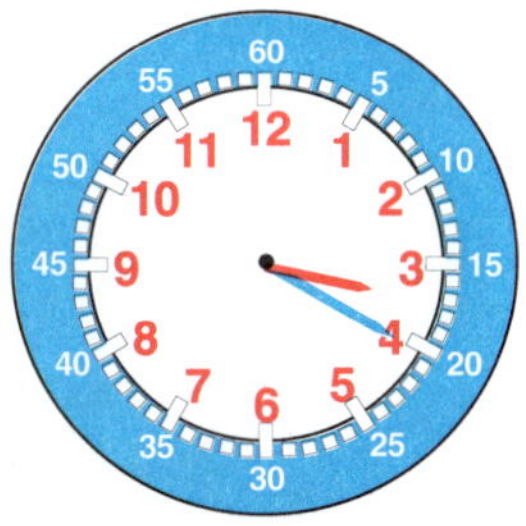

Il est ...... h et ...... mn.

. . : . .

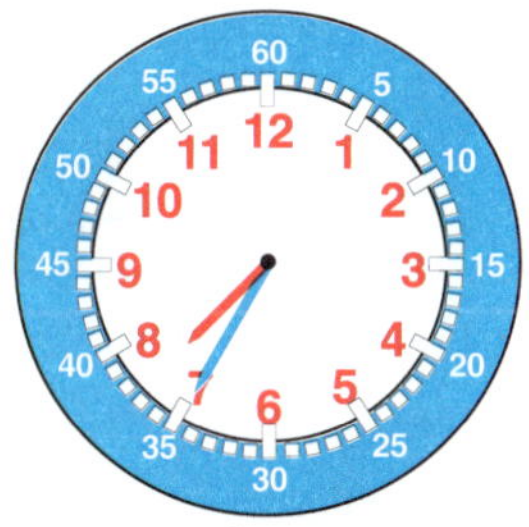

Il est ...... h et ...... mn.

1 1 : 2 5

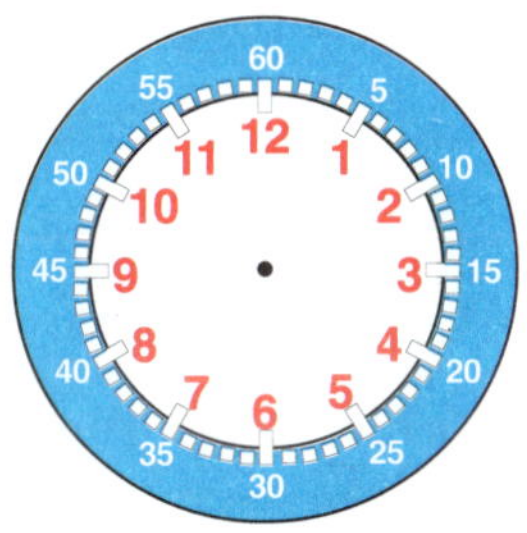

Il est ...... h et ......mn.

Problèmes à résoudre sur feuille

Ecris une égalité ou fais un schéma.

1 Dans une classe, il y a 13 tables. A chaque table, il y a 2 élèves.
Combien d'élèves y a-t-il dans cette classe ?

2 Dans une grande ferme, il y a 236 poules, 103 canards et 29 oies.
Combien d'animaux y a-t-il dans cette ferme ?

3 Pour une fête, Nadine achète 10 paquets de 25 gâteaux.
Combien de gâteaux achète-t-elle ?

4 Un jardinier a planté 85 tulipes. 69 de ces tulipes sont rouges et les autres sont jaunes.
Combien de tulipes jaunes ce jardinier a-t-il plantées ?

5 Monsieur Blanco achète 9 lots de 4 yaourts.
Combien de yaourts achète-t-il ?

A

Madame Masson roule sur l'autoroute. Elle vient de Bordeaux et va à Paris.

▶ Combien de kilomètres Madame Masson doit-elle encore parcourir pour arriver à Paris ?

....

▶ La voiture roule à 130 km par heure. Dessine l'aiguille sur le compteur de vitesse.

▶ Il lui reste encore de l'essence pour rouler pendant 100 km. A quelles stations peut-elle choisir de s'arrêter avant de tomber en panne ? ....

▶ Dans quelle station Madame Masson pourra-t-elle à la fois acheter de l'essence et prendre un repas ? ....

▶ Lorsque Madame Masson passera devant la station-service TRUC, quel nombre verra-t-elle s'inscrire sur son compteur kilométrique ? ☐☐☐☐☐ km

B

Problèmes à résoudre sur le cahier

Ecris une égalité ou fais un schéma.

1 ▶ Mario a 72 timbres dans sa collection.
Hélène, qui commence la sienne, n'a que 5 timbres.
Combien de timbres Hélène doit-elle acheter pour en avoir autant que Mario ?

2 ▶ Au marché, un marchand de vêtements vends des chemisettes à 31 francs l'une.
Un client achète 10 chemisettes pour sa famille.
Combien dépense-t-il ?

3 ▶ Pour la fête de l'école, la directrice achète 120 paquets de 4 ballons à gonfler.
Combien de ballons achète-t-elle ?

4 ▶ Samia a 84 perles.
Lucie a 79 perles et elle voudrait en avoir autant que Samia.
Combien de perles Lucie doit-elle acheter pour en avoir autant que Samia ?

5 ▶ Dans un stade de football, il y a 22 joueurs, 861 spectateurs, 3 arbitres et 16 journalistes.
Combien de personnes y a-t-il dans ce stade ?

C

A Calcul oral de soustractions sur les 20 premiers nombres dans la perspective de la soustraction en colonnes (voir pages 120 et suivantes). Cas où l'on calcule "en avançant" (13 - 8, 12 -7, 10 - 6, 11 - 8, par exemple).

B Rechercher dans une image des informations pertinentes pour résoudre un problème : *lecture sélective d'informations sur un panneau routier et sur un tableau de bord.*

C Résoudre des problèmes variés énoncés de façon classique.

A

Problème : Dans l'école de Victor, en donnant 4 billes, les enfants peuvent avoir 1 calot.
Victor a 15 billes et veut le plus possible de calots.
Combien de calots peut-il avoir ? Lui restera-t-il des billes ?

Pour résoudre ce problème, Mélanie, Sébastien et Cécile ont fait un schéma.
Un seul schéma est juste. Entoure-le.

Mélanie

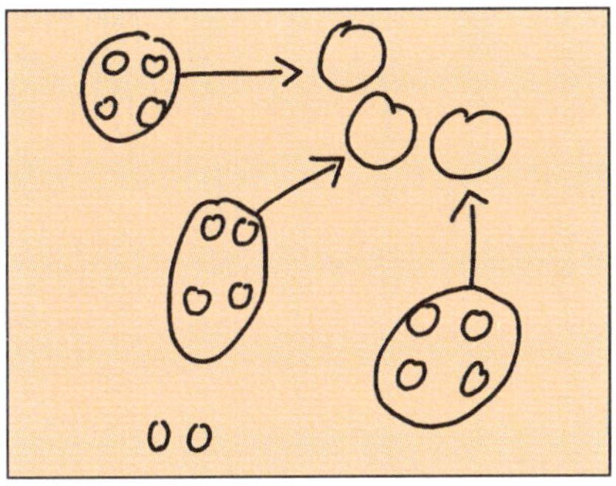
Sébastien

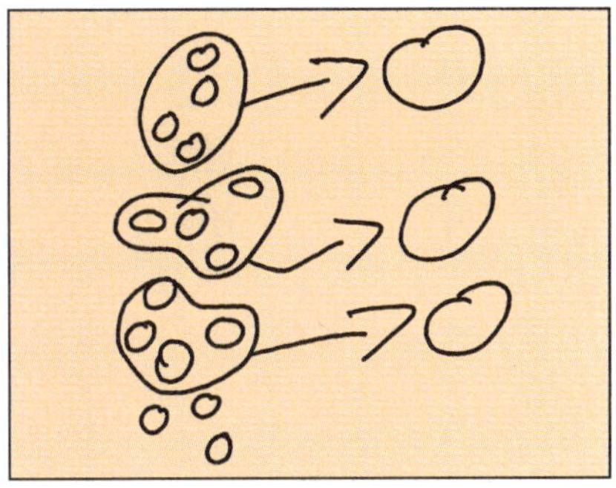
Cécile

Le schéma juste est celui de ....

Termine son travail en écrivant une égalité et la solution : ....

....

Le schéma de .... est faux parce que ....

....

Le schéma de .... est faux parce que ....

....

B

Problèmes à résoudre sur le cahier

Ecris une égalité ou fais un schéma.

1 Myriam a 8 francs. Elle voudrait bien s'acheter une bande dessinée qui coûte 56 francs.
Combien d'argent manque-t-il à Myriam ?

2 A la récréation, les enfants échangent des images. Avec 5 petites images, on peut avoir 1 grande image autocollante. Antonio a 24 petites images.
Combien de grandes images autocollantes Antonio peut-il avoir ? Lui restera-t-il des petites images ?

3 Dans un paquet d'images, il y a 6 images. En un jour, le libraire a vendu 104 paquets d'images.
Combien d'images le libraire a-t-il vendues ?

4 Luc a 49 francs. Il voudrait s'acheter un jeu qui coûte 65 francs.
Combien d'argent lui manque-t-il ?

5 Dans un concours de boules, il y a 8 équipes de 3 joueurs.
Combien de joueurs participent à ce concours de boules ?

C

A Calcul oral de soustractions : même activité que page 118. Cas où l'on calcule "en reculant" (12 - 3, 14 - 6, 11 - 4, 10 - 2, par ex.)

B Apprendre à schématiser la situation décrite dans un problème : *combien de fois a est contenu dans b (situation d'échange n contre 1).*

C Résoudre des problèmes variés énoncés de façon classique.

Arithmétique : la soustraction et la multiplication en colonnes ; le millier.
Géométrie et mesure : symétrie et pavages ; le mètre et le kilogramme ; les durées.

Perrine a 265 F. Elle dépense 123 F.
Dessine dans le cadre du bas les pièces et les billets qui lui restent*.

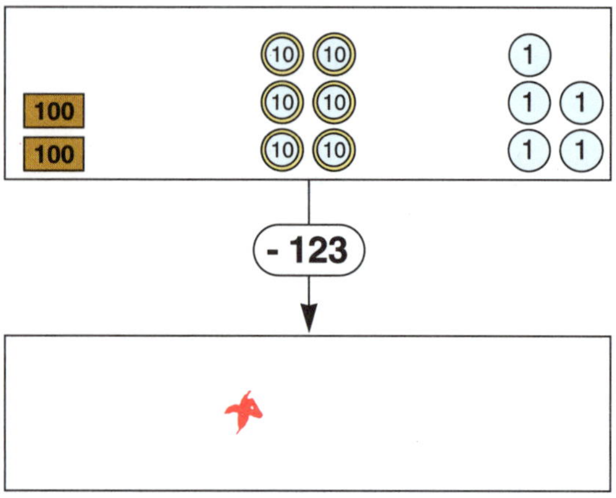

Mathilde calcule 265 - 123 en colonnes.

Termine son travail.

```
  2 6 5
- 1 2 3
.......2
```

Pose en colonnes et calcule les soustractions :

478 - 235 539 - 223 693 - 72

A

Perrine calcule 472 - 325. Termine son travail et complète l'égalité :

472 - 325 = ...

Calcule comme Perrine (fais les échanges si nécessaire) et complète les égalités :

641 - 213 = ...

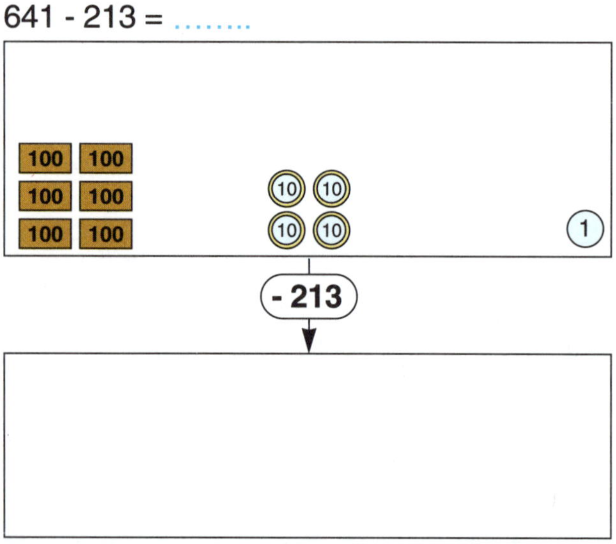

383 - 157 = ...

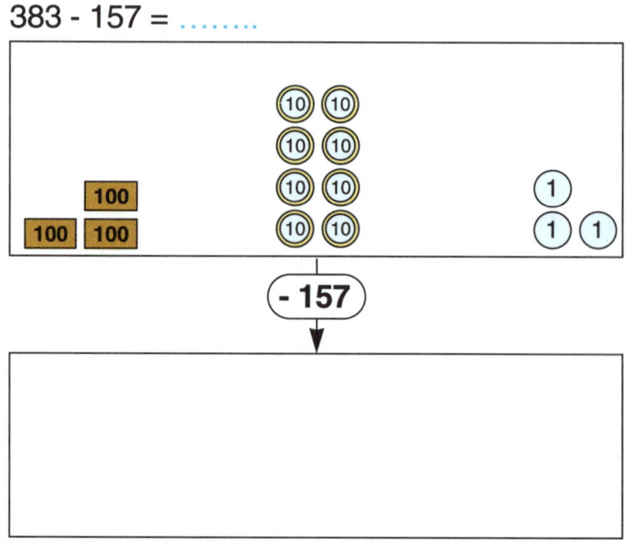

B

*** On évite de barrer les pièces et les billets du cadre supérieur pour réserver cette procédure à l'échange lors d'une retenue.**

A En utilisant les mots "dizaines" et "centaines" pour spécifier les nombres sur lesquels on opère, on permet une meilleure compréhension de la technique et on évite de perdre de vue les quantités.

B Vers la soustraction avec retenue : échange d'1 dizaine contre 10 unités.

A

Perrine calcule 429 - 246. Termine son travail et complète l'égalité :

429 - 246 = ...

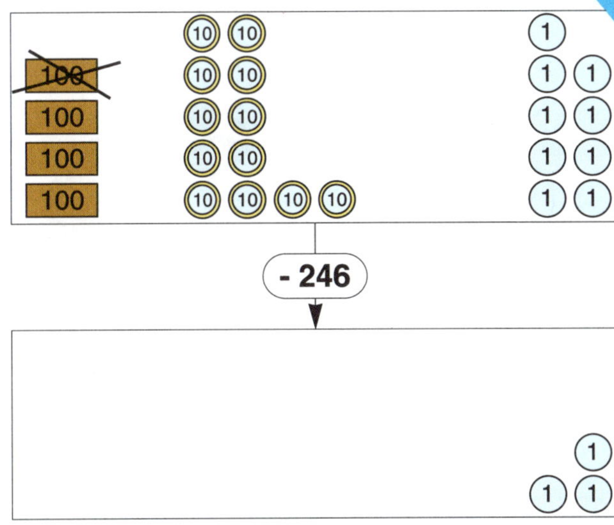

B

Calcule comme Perrine.

.... - .... = ...

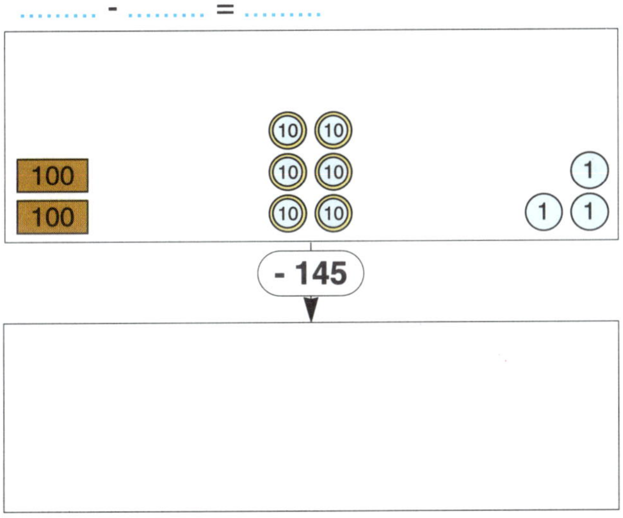

.... - .... = ...

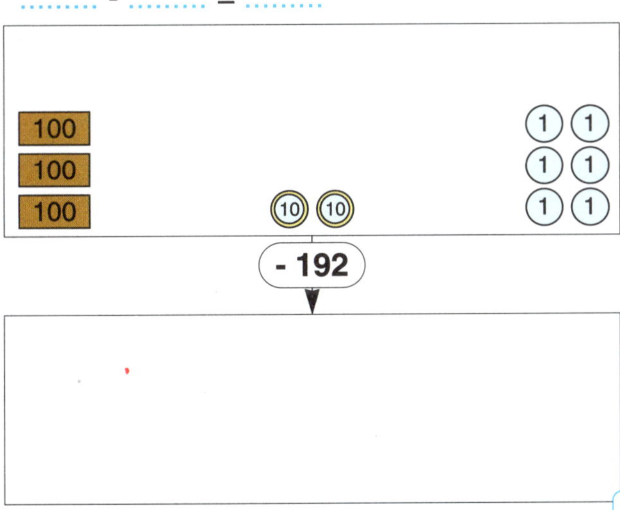

C

Complète.

143 x 4 = (............) + (..........) + (..........)

143 x 4 = ... + ... + ...

143 x 4 = ...

164 x 5 = ...

164 x 5 = ...

164 x 5 = ...

236 x 3 = ...

236 x 3 = ...

236 x 3 = ...

D

Quelle heure est-il ?

. . : . .

Il est

...... *h et* ...... *mn.*

Dessine les aiguilles.

02 : 35

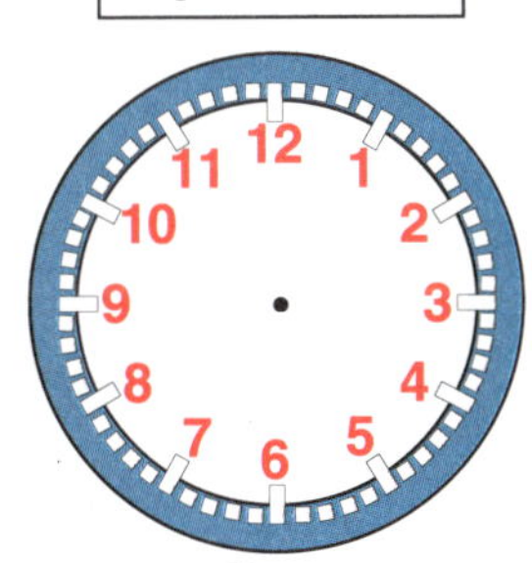

Il est

....

E

A Calcul oral de soustractions : même activité que pages 118 et 119. Mélange de cas où l'on calcule "en avançant" et de cas où l'on calcule "en reculant".

B et C Vers la soustraction en colonnes avec retenue : échanges d'1 centaine contre 10 dizaines.

D Multiplication en lignes : entretien.

E Lecture de l'heure : entretien.

A

Mathilde et Perrine calculent 253 - 129 en colonnes.

```
  2 5 3
- 1 2 9
 ..........
```

```
    4
  2 5 13
- 1 2 9
 ..........
```

Termine le travail de Perrine.

Mathieu et Perrine calculent 428 - 165 en colonnes.

```
  4 2 8
- 1 6 5
 .........3
```

```
  3
  4 12 8
- 1 6  5
 .........3
```

Termine le travail de Perrine.

B

Calcule.

148	250	403	172	687	364
- 91	- 128	- 241	- 148	- 483	- 37
....	....	....	....	....	....

C

Pose en colonnes et calcule.

392 - 57 = ...

968 - 462 = ...

769 - 304 = ...

325 - 206 = ...

D

A Calcul oral de soustractions : même activité que page 121.

B C et D La soustraction en colonnes avec retenue : réinvestissement de la procédure d'échange *1 dizaine contre 10 unités* et *1 centaine contre 10 dizaines* dans la technique écrite. Là encore on spécifie les nombres sur lesquels on opère par l'emploi des termes "dizaines" et "centaines" (voir page 120).

A

Imagine qu'on plie cette feuille le long du pointillé. Quelles sont les figures qui vont se superposer ?

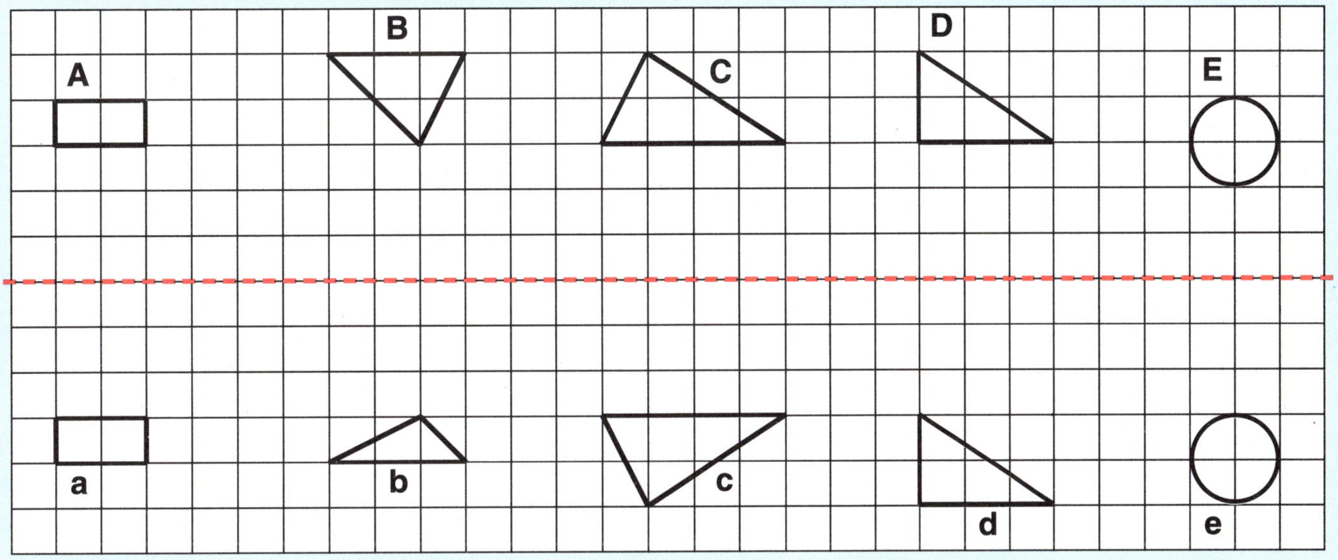

Les figures A et a se superposeront VRAI FAUX

Les figures B et b se superposeront VRAI FAUX

Les figures C et c se superposeront VRAI FAUX

Les figures D et d se superposeront VRAI FAUX

Les figures E et e se superposeront VRAI FAUX

Dessine les figures au-dessus du trait de pliage pour qu'elles se superposent.

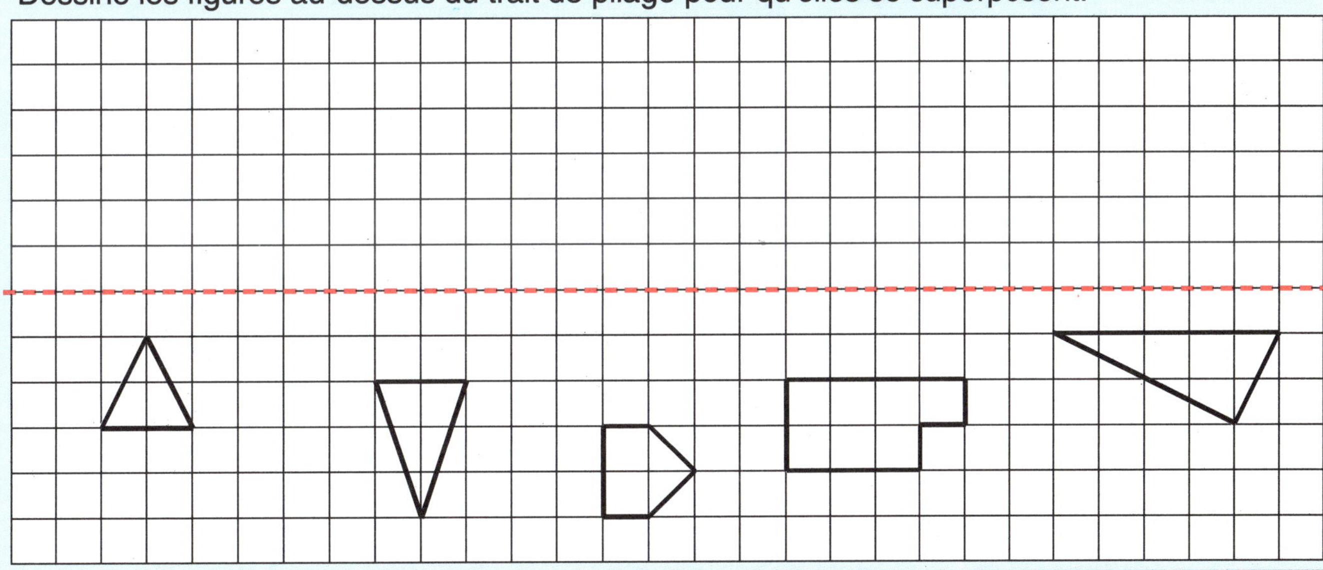

B

Pose en colonnes et calcule.

856 - 617 = ...

538 - 402 = ...

270 - 148 = ...

749 - 653 = ...

C

A Calcul oral d'additions de deux nombres à 2 chiffres : même activité que p. 68 en adaptant au niveau de la classe.

B Apprendre à reproduire symétriquement des figures à distance de l'axe. On commence par analyser des couples de figures pour déterminer si elles sont symétriques. 3 cas d'asymétrie correspondant à 3 types fréquents de reproductions erronées : déformation de la figure (B, b), simple reproduction à l'identique (D, d) et distances à l'axe inégales (E, e).

C Soustractions en colonnes : entretien.

A

Entoure sur le boulier et complète la table de multiplication.

6 fois 1 | 6 fois 2 | 6 fois 3 | 6 fois 4 | 6 fois 5

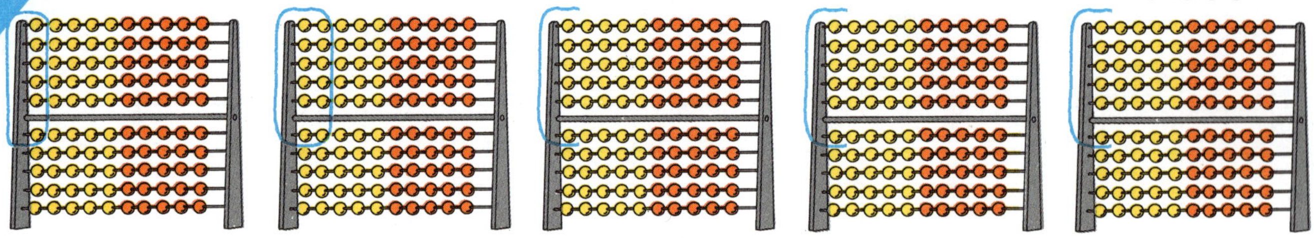

6 fois 1	6 fois 2	6 fois 3	6 fois 4	6 fois 5
......	......	......	......	......
		Table de 6		
6 fois 6	6 fois 7	6 fois 8	6 fois 9	6 fois 10
......	......	......	......	......

6 fois 6 | 6 fois 7 | 6 fois 8 | 6 fois 9 | 6 fois 10

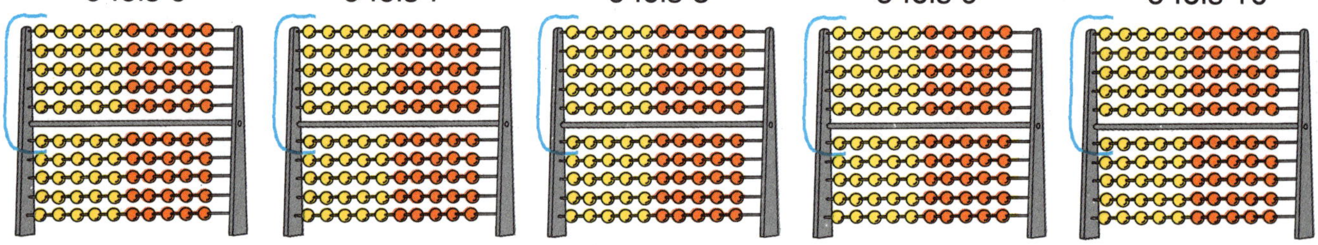

7 fois 1 | 7 fois 2 | 7 fois 3 | 7 fois 4 | 7 fois 5

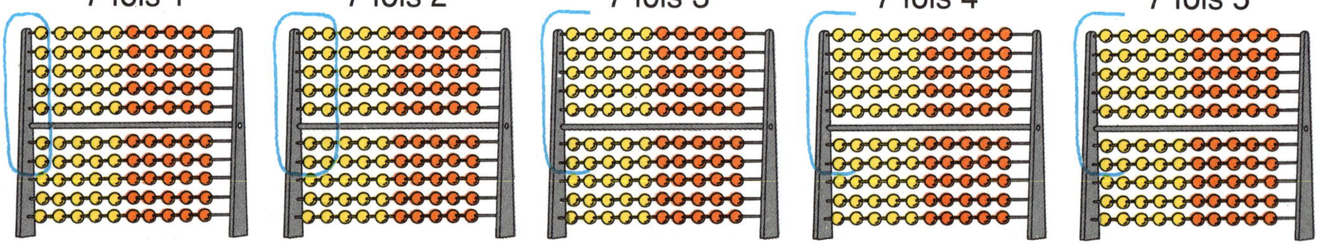

7 fois 1	7 fois 2	7 fois 3	7 fois 4	7 fois 5
......	......	......	......	......
		Table de 7		
7 fois 6	7 fois 7	7 fois 8	7 fois 9	7 fois 10
......	......	......	......	......

8 fois 1	8 fois 2	8 fois 3	8 fois 4	8 fois 5
......	......	......	......	......
		Table de 8		
8 fois 6	8 fois 7	8 fois 8	8 fois 9	8 fois 10
......	......	......	......	......

B

A Calcul oral de deux nombres à 2 chiffres : même activité que p. 68 en adaptant au niveau de la classe.

B Les tables de multiplication de 6 à 10 (cf. notes pp. 88 et 89 sur les tables de 2 à 5). Dans la table de 6, les nombres vont de 6 en 6 (6, 12, 18, 24, ...). On remarque que les 5 premiers produits de chaque table sont déjà connus : 6 fois 4 dans la table de 6, c'est aussi 4 fois 6 dans la table de 4.

A

Entoure sur les bouliers et complète les tables.

9 fois 1

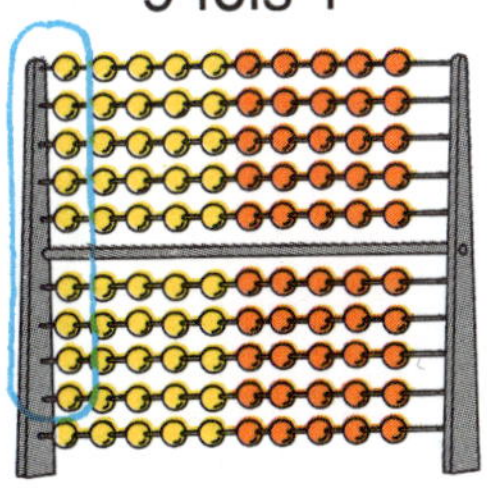

9 fois 2

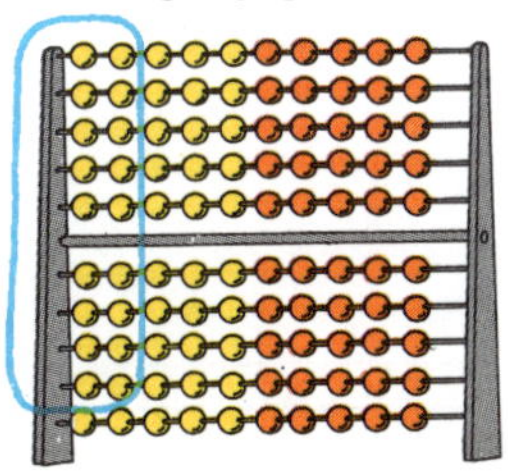

9 fois 3

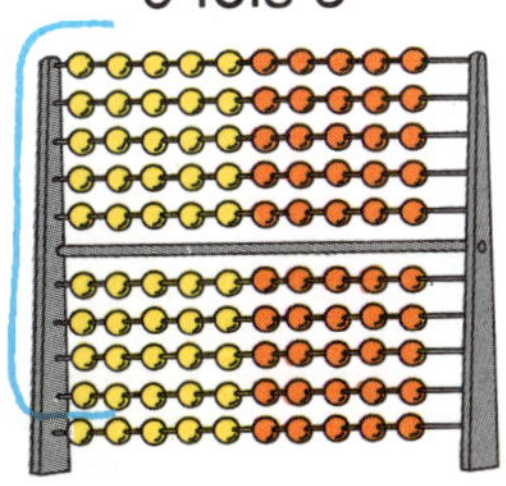

9 fois 4

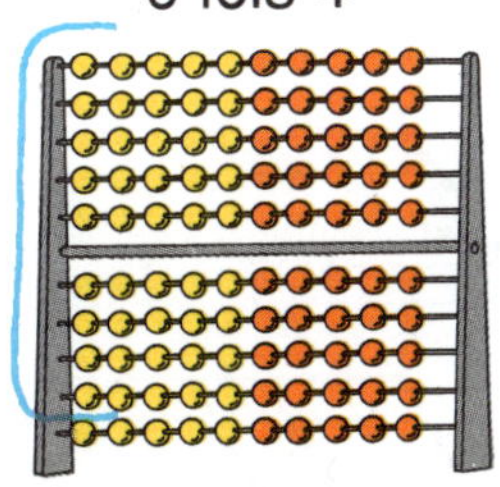

9 fois 5

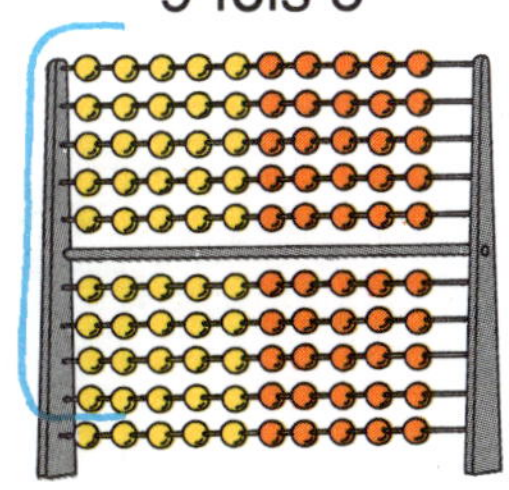

9 fois 1	9 fois 2	9 fois 3	9 fois 4	9 fois 5
......	......	......	......	......
Table de 9				
9 fois 6	9 fois 7	9 fois 8	9 fois 9	9 fois 10
......	......	......	......	......

10 fois 1

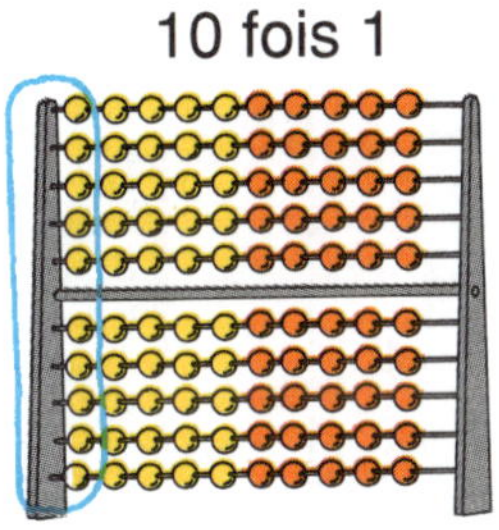

10 fois 2

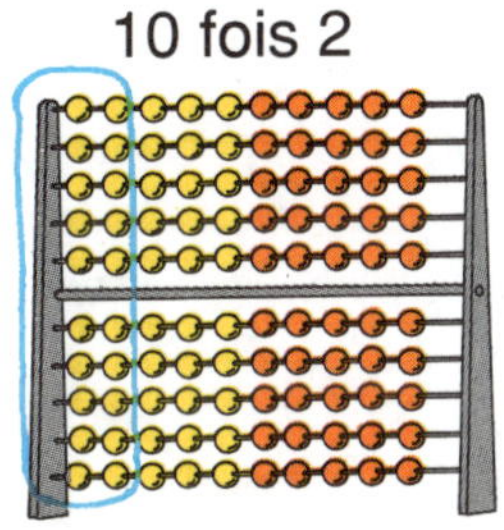

10 fois 3

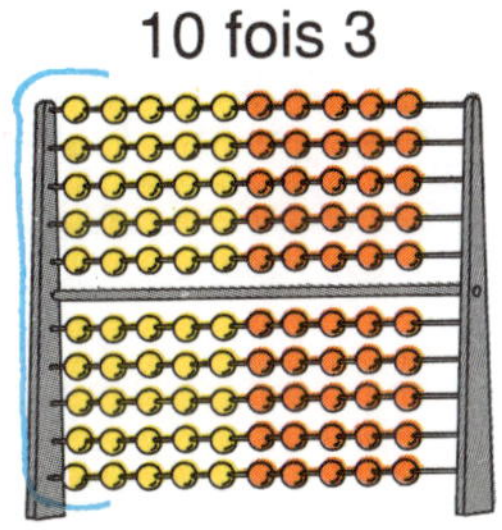

10 fois 4

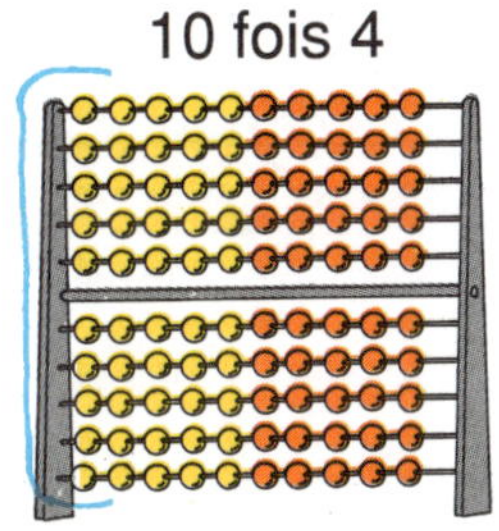

10 fois 5

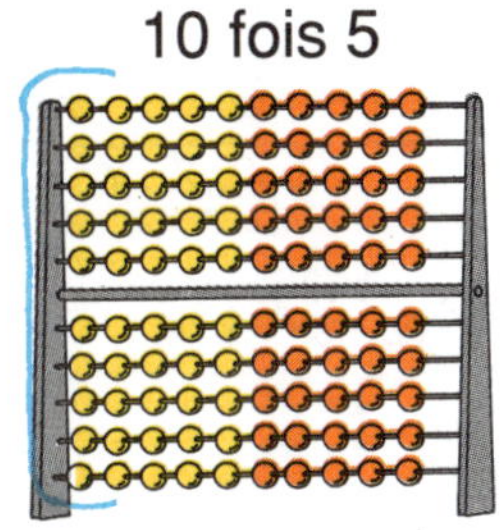

10 fois 1	10 fois 2	10 fois 3	10 fois 4	10 fois 5
......	......	......	......	......
Table de 10				
10 fois 6	10 fois 7	10 fois 8	10 fois 9	10 fois 10
......	......	......	......	......

B

Ecris le résultat de ces multiplications (si tu ne le connais pas, cherche-le dans les tables de 6, 7, 8, 9, ou 10).

9 x 6 = ...   8 x 8 = ...

7 x 8 = ...   6 x 10 = ...

9 x 9 = ...   8 x 6 = ...

6 x 6 = ...   7 x 7 = ...

9 x 8 = ...   6 x 7 = ...

7 x 10 = ...   9 x 10 = ...

C

Pose en colonnes et calcule.

837 - 683 = ...   209 -78 = ...

D

A Calcul oral d'additions de deux nombres à 4 chiffres : même activité que p. 68 en adaptant au niveau de la classe.

B Voir note page 124.

C Chercher dans la table et dans la case correspondantes le produit de 2 nombres. On remarque qu'on trouve le résultat de 6 x 8 dans la 8ᵉ case de la table de 6 et dans la 6ᵉ case de celle de 8.

D Soustractions en colonnes : entretien.

A

Des deux côtés du toit de Monsieur Lelon, il y a le même nombre de tuiles.
Combien y a-t-il de tuiles sur le toit de Monsieur Lelon ?

....

....

B

Problèmes à résoudre sur le cahier

Ecris une égalité ou fais un schéma.

1 ▶ Madame Hernandez paye son journal qui coûte 13 F avec un billet de 100 F.

Combien d'argent le marchand de journaux lui rend-il ?

2 ▶ 90 élèves d'une école font une sortie. La moitié des élèves montent dans un car bleu, l'autre moitié dans un car vert.

Combien d'élèves montent dans chaque car ?

3 ▶ Pour la kermesse de l'école, on a acheté 475 petites bouteilles de jus de fruits. A la fin de la kermesse, il en reste 139.

Combien de bouteilles de jus de fruits ont été vendues ?

4 ▶ Le jardinier de la ville a planté 30 rangées de 6 tulipes autour de la mairie.

Combien de tulipes a-t-il plantées ?

5 ▶ Un motocycliste prend de l'essence pour 79 F et paye avec un billet de 100 F.

Combien d'argent le garagiste lui rend-il ?

C

A Calcul oral de multiplications par 10, 20, 30, 40, ... : même activité que page 110.

B Rechercher dans une image... *Même situation que page 110 (quantifier une collection d'objets organisés selon un quadrillage...). Mais ici, la stratégie de constitution de produits partiels n'est pas induite par la présentation de l'activité.*

C Résoudre des problèmes variés, énoncés de façon classique.

A

Sébastien, Mélanie et Cécile doivent dessiner une figure pour qu'elle se superpose avec celle du haut après pliage.

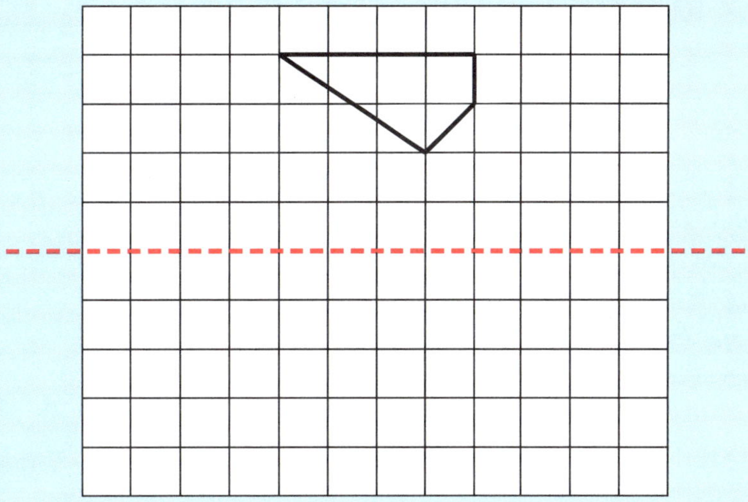

Un seul dessin est correct.
Entoure-le et corrige les 2 autres au crayon vert.

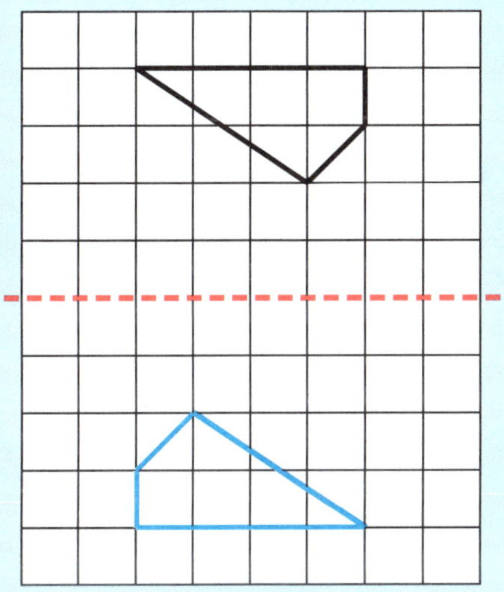
Cécile

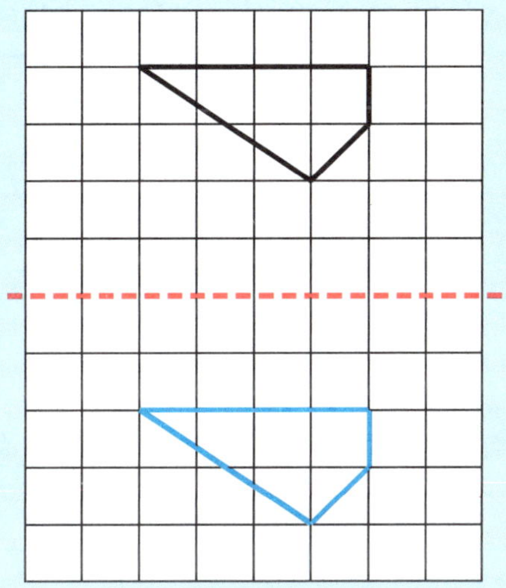
Sébastien

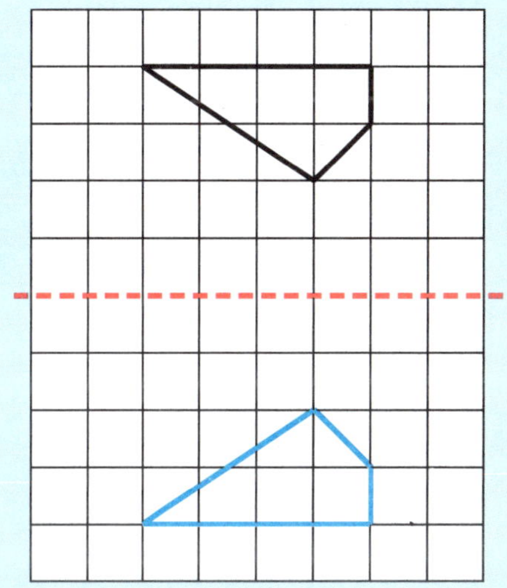
Mélanie

B

Problèmes à résoudre sur le cahier

Ecris une égalité ou fais un schéma.

1 ▶ Pour la kermesse de l'école, Nicolas a vendu 83 billets de tombola, mais sa sœur Nathalie n'a vendu que 5 billets.
Combien Nicolas a-t-il vendu de billets de plus que sa sœur ?

2 ▶ A la fête d'un village, la buvette a vendu 207 sandwichs au jambon, 98 sandwichs au saucisson et 174 sandwichs au gruyère.
Combien de sandwichs ont été vendus ?

3 ▶ Muriel compte son argent.
Elle a 6 pièces de 20 F, 3 pièces de 5 F et 4 pièces de 2 F.
Combien d'argent Muriel a-t-elle ?

4 ▶ Pour la kermesse de l'école, France a vendu 70 billets de tombola. Son frère Arnaud n'a vendu que 58 billets.
Combien France a-t-elle vendu de billets de plus que son frère ?

5 ▶ Pour la cantine d'une école, on a acheté 106 paquets de 4 yaourts.
Combien de yaourts a-t-on achetés ?

C

A Calcul oral d'additions de deux nombres à 2 chiffres : même activité que p. 123.

B Evaluer des tracés géométriques : *Cas où deux figures doivent être symétriques par rapport à un axe. Analyse de 2 types d'erreurs fréquentes : dans un cas, l'enfant a fait une translation ; dans l'autre, il a fait tourner la figure dans le plan.*

C Résoudre des problèmes variés, énoncés de façon classique.

A

Mathilde et Mathieu calculent 8 x 6 **sans compléter les tables.**

6 fois ...	6 fois ...	6 fois ...	6 fois ...	6 fois ...
6	12			30
Table de 6				
6 fois ...	6 fois ...	6 fois ...	6 fois ...	6 fois ...
				60

8 fois ...	8 fois ...	8 fois ...	8 fois ...	8 fois ...
8	16			40
Table de 8				
8 fois ...	8 fois ...	8 fois ...	8 fois ...	8 fois ...
				80

8 x 6 = ...

Mathilde et Mathieu calculent 7 x 9 **sans compléter les tables.**

7 fois ...	7 fois ...	7 fois ...	7 fois ...	7 fois ...
7	14			35
Table de 7				
7 fois ...	7 fois ...	7 fois ...	7 fois ...	7 fois ...
				70

9 fois ...	9 fois ...	9 fois ...	9 fois ...	9 fois ...
9	18			45
Table de 9				
9 fois ...	9 fois ...	9 fois ...	9 fois ...	9 fois ...
				90

7 x 9 = ...

Calcule en utilisant les tables incomplètes.

6 x 7 = ... 9 x 6 = ... 8 x 9 = ... 9 x 9 = ...

9 x 8 = ... 8 x 7 = ... 6 x 6 = ... 6 x 9 = ...

8 x 8 = ... 6 x 8 = ... 7 x 9 = ... 7 x 7 = ...

B

Calcule.

$$\begin{array}{r} 640 \\ -\ 127 \\ \hline \end{array} \qquad \begin{array}{r} 836 \\ -\ 152 \\ \hline \end{array} \qquad \begin{array}{r} 357 \\ -\ 96 \\ \hline \end{array}$$

$$\begin{array}{r} 735 \\ -\ 475 \\ \hline \end{array} \qquad \begin{array}{r} 409 \\ -\ 353 \\ \hline \end{array} \qquad \begin{array}{r} 164 \\ -\ 82 \\ \hline \end{array}$$

C

Pose en colonnes et calcule.

657 - 342 = ... 329 - 56 = ...

D

A Calcul oral d'additions : même activité que p. 123.

B Comprendre qu'on peut s'appuyer sur la structure des tables (usage des repères 5 et 10) pour retrouver un résultat sans avoir à réciter la table à partir du début. Les tables doivent rester incomplètes : c'est en retrouvant les produits correspondant aux cases "vides" que les enfants construisent les relations du type *"au 6e rang dans la table de 8, c'est 40 + 8"*, relations qui favorisent la mémorisation.

C et D Soustractions en colonnes : entretien.

A

Prends une ficelle et ton double décimètre. Combien mesure ton périmètre crânien ? ....

Et celui de ce robot (que tu vois en taille réelle) ? ....

Qui a le plus grand périmètre crânien ? Toi ou ce robot ? ....

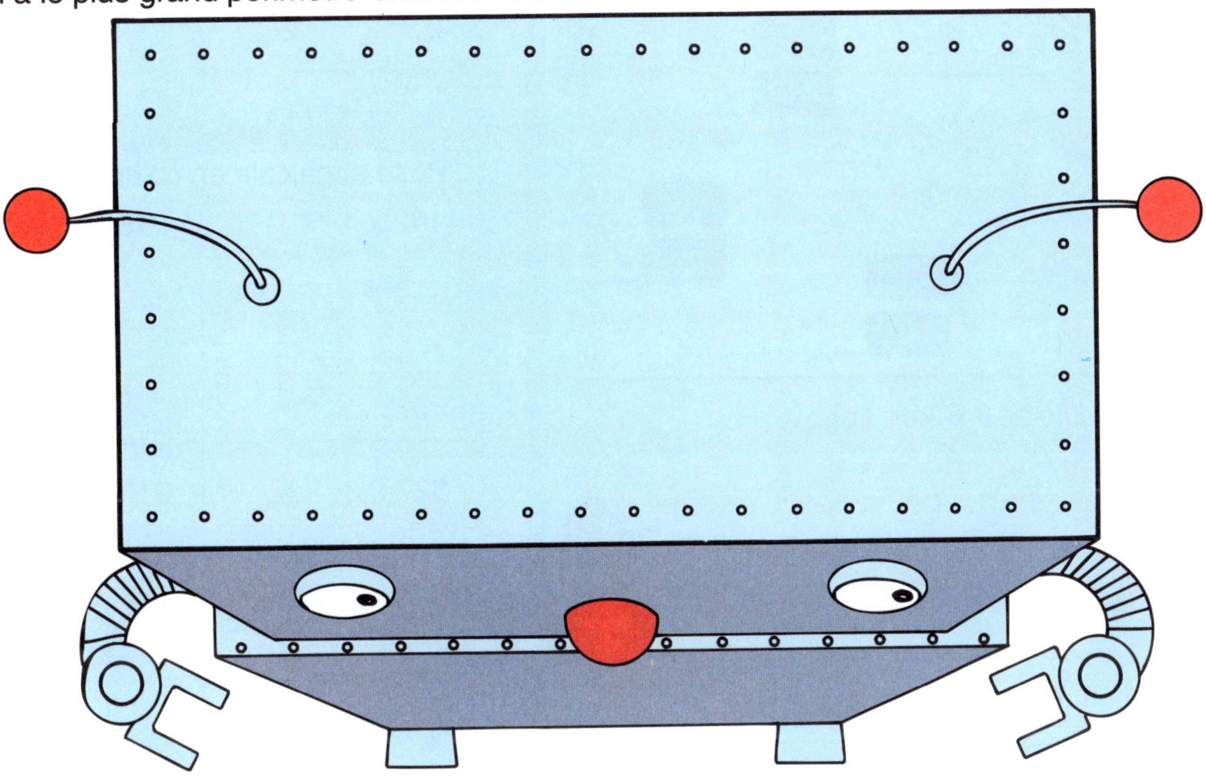

B

Mesure le périmètre de ces figures.

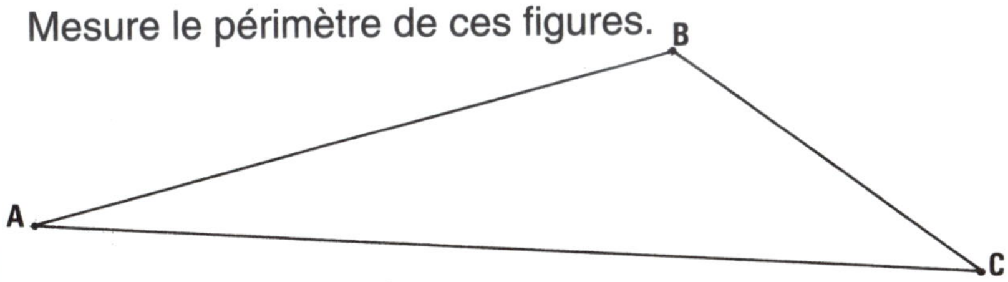

Périmètre du triangle A B C :

....

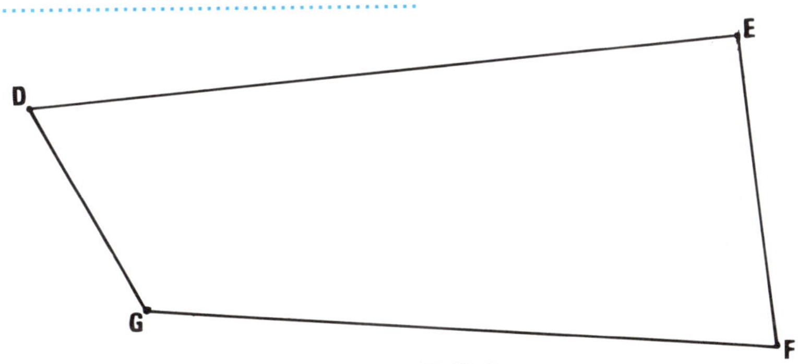

Périmètre du quadrilatère D E F G :

....

Voici le plan du stade où Mathieu joue au football. Avant le match, il fait un tour complet du stade.

Quelle distance parcourt-il ?

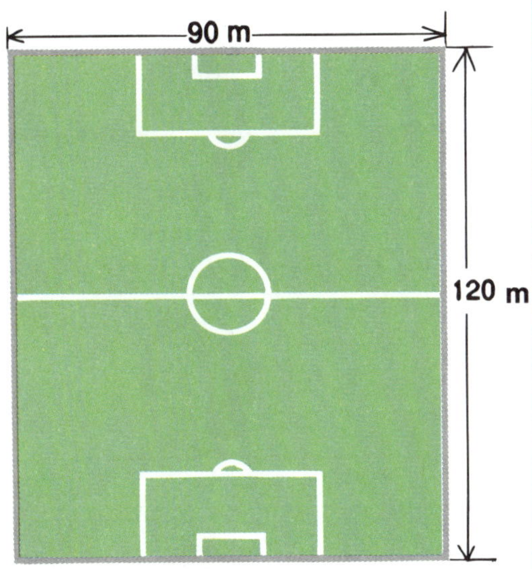

....

....

C

A Premières interrogations sur les tables de 6 à 9 en utilisant le mot *fois* et en se limitant aux cas de la première ligne. Par exemple : *6 fois 4, 8 fois 3, 9 fois 5, 7 fois 3, etc.* Les élèves disposent des tables incomplètes, individuelles (fin du fichier) ou collectives (affichage en classe).

B et C Introduction de la notion de périmètre en s'appuyant sur l'expression "périmètre crânien". L'usage d'une ficelle pour mesurer des longueurs aide à se représenter une même longueur sous différentes configurations (lignes courbes et lignes brisées).

A

Magibille calcule 219 x 3.

Mathieu calcule 219 x 3 en ligne.

219 x 3 = (............) + (.........) + (.........)

219 x 3 = ... + ... + ...

219 x 3 = ...

Mathilde calcule 219 x 3 en colonnes.

```
  2 1 9
x     3
-------
```

```
  2 1 9
x  (2)3
-------
      7
```

```
  2 1 9
x  (2)3
-------
    5 7
```

```
  2 1 9
x  (2)3
-------
  6 5 7
```

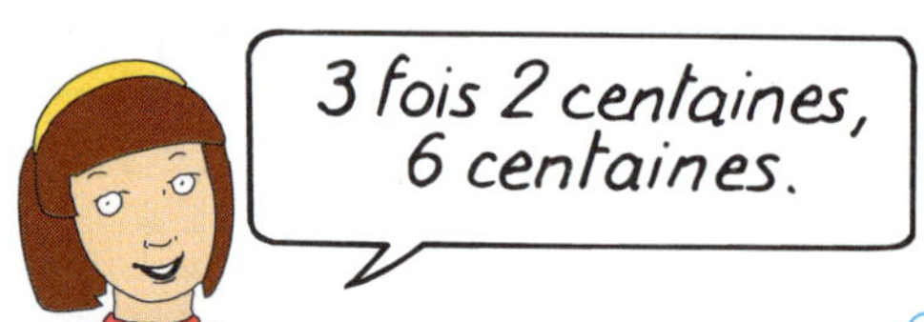

B

Calcule en colonnes.

```
  2 3 8        1 7 1
x     2      x     5
-------      -------
.......      .......
```

Pose et calcule en colonnes.

162 x 4

219 x 2

327 x 3

216 x 4

C

Quelle heure est-il ?

.. : ..

Il est
......*h et* ......*mn.*

.. : ..

Il est
......*h et* ......*mn.*

Dessine les aiguilles.

08 : 25

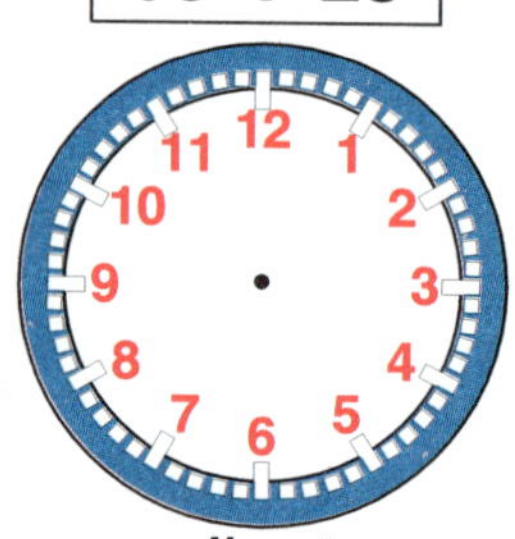

Il est
......*h et* ......*mn.*

08 : 50

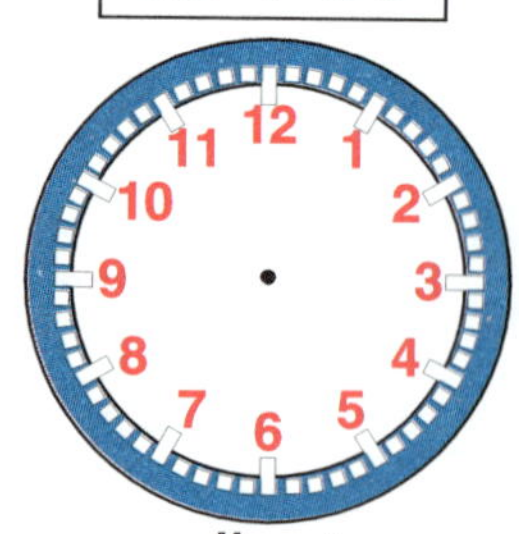

Il est
......*h et* ......*mn.*

D

A Interrogations sur les tables de 6 à 9 : même activité que page 129.

B Comparaison de la multiplication en lignes (on commence par les centaines) et de la multiplication en colonnes (on commence par les unités). L'utilisation des termes *unités, dizaines* et *centaines* permet de mieux comprendre la technique en colonnes et évite qu'on perde de vue les quantités.

C Poser et calculer des multiplications en colonnes.

D L'heure : entretien.

A

Mathieu se demande comment former 37 F avec le plus possible de pièces de 5 F.

Dessine les pièces, complète l'égalité :

37 = (5 x ....) + ...

Pour former 37 F ....

....

Dans sa tirelire, Sandrine n'a que des pièces de 2 F, sauf une.
En tout, Sandrine a 17 F.

Combien de pièces de 2 F a-t-elle ?

Ecris une égalité et réponds :

....

....

....

Dans sa tirelire, Louis n'a que des pièces de 10 F, sauf une.
En tout, Louis a 42 F.

Combien de pièces de 10 F a-t-il ?

Ecris une égalité et réponds :

....

....

....

Dans une classe, il y a 25 enfants.
Le maître dit : "Formez des équipes de 4".

Combien d'équipes peut-on former et combien reste-t-il d'enfants ?

Fais un schéma et complète l'égalité :

25 = (4 x ....) + ...

On peut former ....

....

La fleuriste a 16 roses.
Elle fait des bouquets de 3 roses.

Combien de bouquets peut-elle faire et combien reste-t-il de roses ?

Ecris une égalité et réponds :

....

....

....

La fermière a 27 œufs.
Elle les met dans des boîtes de 6.

Combien de boîtes peut-elle remplir et combien reste-t-il d'œufs ?

Ecris une égalité et réponds :

....

....

....

J'ai appris : Quand je cherche combien de fois il y a 5 dans 37, je peux écrire : **37 = (5 x ......) + ...**

Cherche combien de fois il y a 5 dans …

19 = (5 x .....) + ...	32 = ...
20 = ...	34 = ...
26 = ...	51 = ...

Cherche combien de fois il y a 3 dans …

7 = (3 x .....) + ...	22 = ...
12 = ...	29 = ...
14 = ...	33 = ...

B

A Calcul oral de soustractions "en avançant" du type 54 - 49 : même activité que page 89.

B Les enfants savent résoudre ce type de problème en faisant un schéma. Ils apprennent ici à utiliser l'écriture a = (b x q) + r et l'expression : *"Dans a, combien de fois b ?"*. Les élèves peuvent s'aider des tables de multiplication incomplètes (page fin du fichier ou affichage en classe).

Conversions cm ↔ m. Découverte des nombres au-delà de 1000

A

100 cm = 1 m

Cherche la longueur en cm de cette ligne brisée.

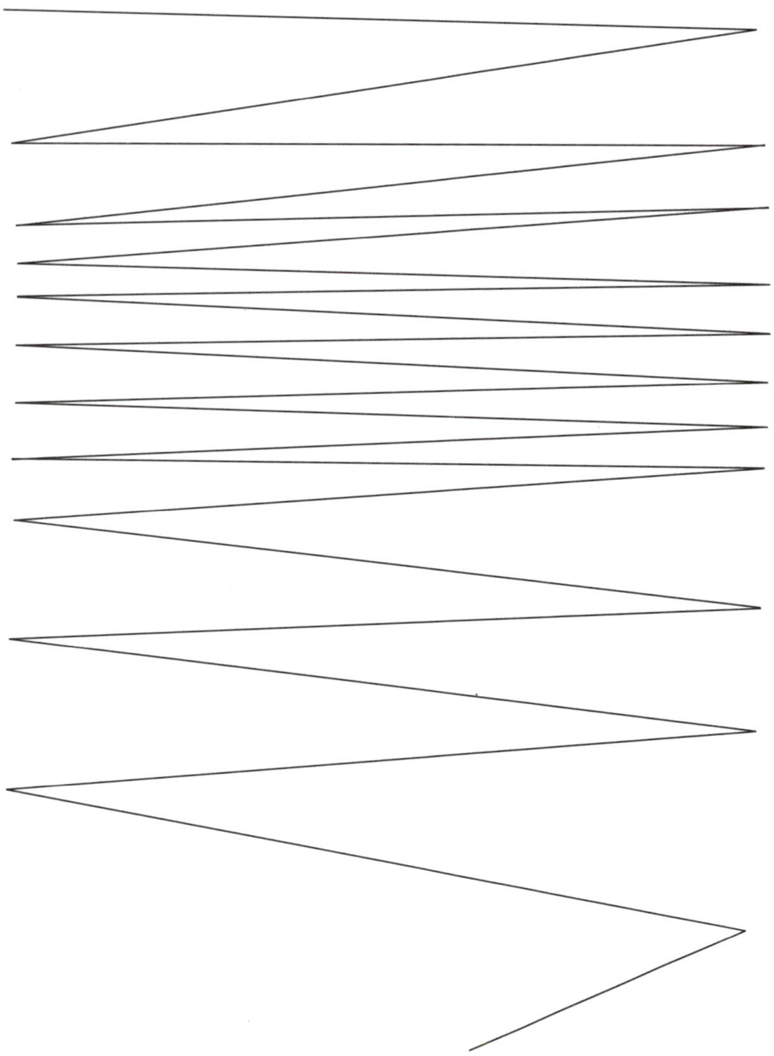

- La ligne brisée mesure .... cm.
- Explique ton résultat en écrivant une égalité.

.... = ...

- Repasse d'une couleur une longueur de 1 m puis d'une autre couleur une autre longueur de 1 m.

214 cm = ... m .... cm.

- Cette ligne brisée est-elle plus petite ou plus grande que toi ? ....

J'ai appris : 357 cm = 3 m 57 cm
car 357 c'est 3 fois 100 plus 57
357 = (3 x 100) + 57

B

Complète.

542 cm = ... m ...... cm
car 542 = (...... x 100) + ...

309 cm = ... m ...... cm
car 309 = ...

863 cm = ... m ...... cm
car 863 = ...

400 cm = ...
car 400 = ...

1 m 28 cm = ... cm
7 m 92 cm = ... cm
3 m = ... cm
8 m 4 cm = ... cm
6 m = ... cm
4 m 10 cm = ... cm
6 m 6 cm = ... cm

C

Barre les mesures impossibles.

Une porte

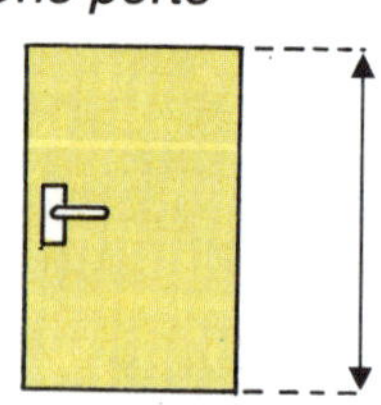

1 m 30 cm
2 m 5 cm
6 m

Une table

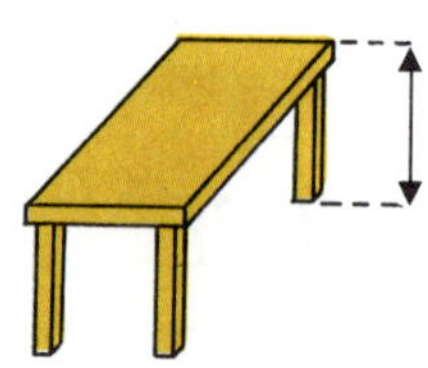

1 m 75 cm
7 m 5 cm
75 cm

Un crayon

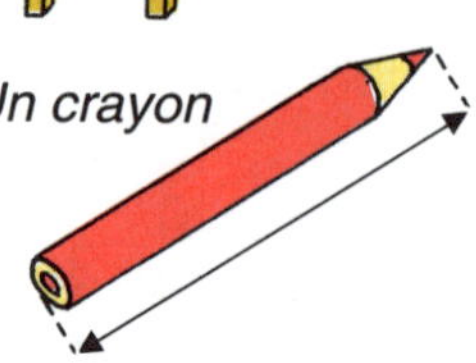

18 cm
1 m 8 cm
18 m

D

A

Ces deux voitures roulent sur l'autoroute. Prends ton compteur et complète.

0 9 9 7	1 0 8 8

B

La fée Magibille calcule 203 x 6.

  203
x   6
....

203 x 6 = (..........) + (..........)

203 x 6 = ...

Calcule.

  315
x   5
....

  214
x   7
....

  342
x   6
....

C

Combien y a-t-il d'argent ?

Il y a .... francs.

Il y a .... francs.

Calcule.

  315
+ 945
....

  654
+ 427
....

  758
+ 766
....

D

Ecris en lettres

1993 ....

2397 ....

3800 ....

E

A Interrogations sur les tables de 6 à 9. On n'interroge que sur les cas *n fois 5*, *n fois 6*, *n fois 9* et *n fois 10*.

B Engendrement des écritures après 999 sur le compteur. L'apparition d'une 10e centaine justifie l'écriture 1000 (= 10 centaines). Après 1099, on forme une 11e centaine : 1100 (et non 2000).

C D E Réinvestissement dans le cas de la multiplication (la centaine est représentée par la valise de Picbille) et dans le cas de l'addition (la centaine est représentée par le billet de 100). En E, écritures littérales.

A

Combien y a-t-il de confettis sur les pages 134 et 135 ?

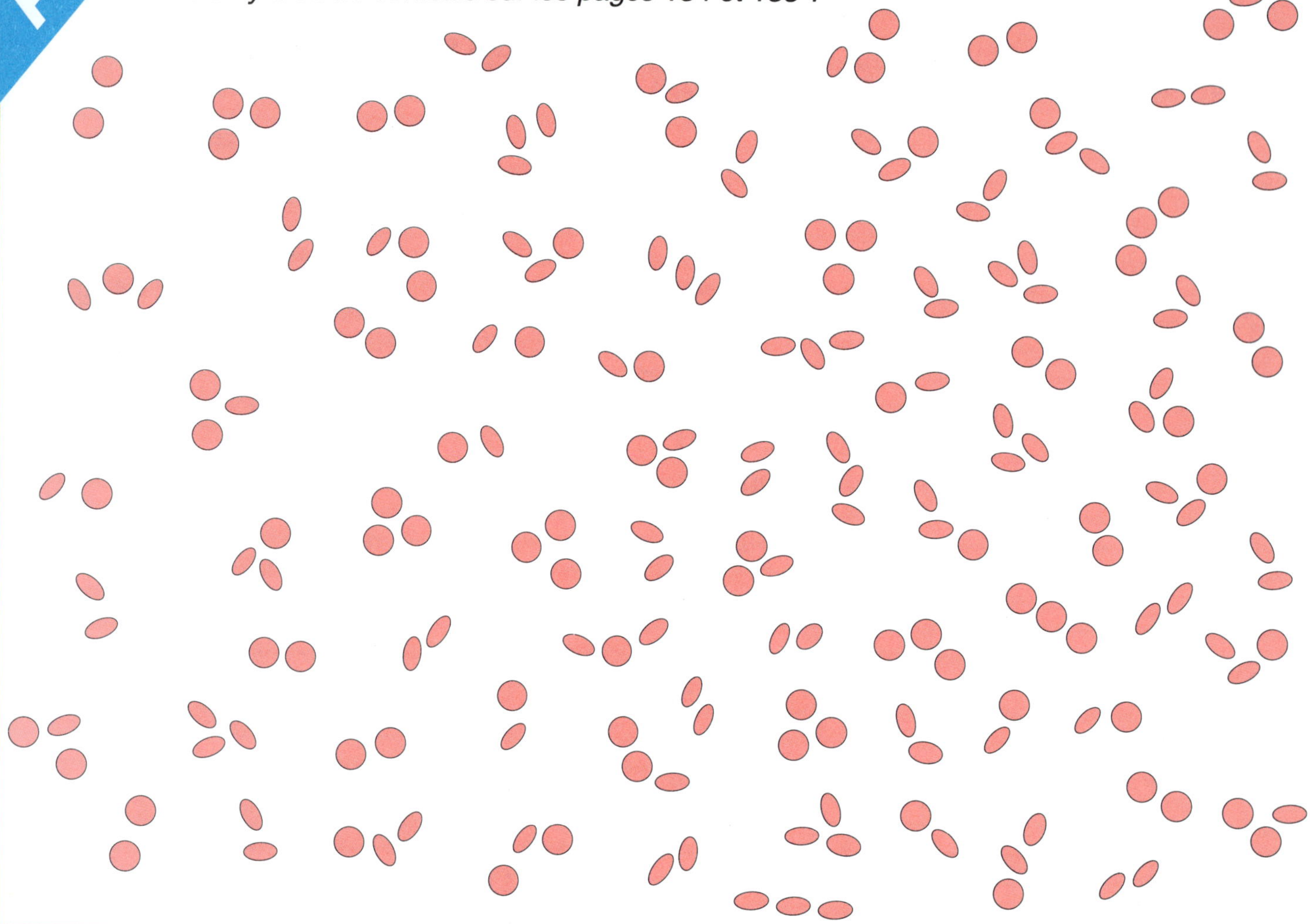

Problèmes à résoudre sur le cahier

Ecris une égalité ou fais un schéma.

1 Un maître a commandé 18 cahiers.
Une semaine après, il reçoit un colis de 235 cahiers.
Combien de cahiers a-t-il reçus en trop ?

2 Voici l'argent obtenu par une école, grâce à une tombola : 6 billets de 100 F,
2 billets de 50 F,
4 pièces de 20 F,
18 pièces de 1 F.
Combien d'argent la tombola a-t-elle rapporté ?

3 Le champ de blé d'un agriculteur est rectangulaire. Chaque grand côté mesure 250 m et chaque petit côté 140 m.
Quel est le périmètre de ce champ ?

4 27 élèves mangent à la cantine, et se mettent par table de 4.
Combien de tables de 4 élèves y a-t-il ?
Combien d'élèves ne sont pas par 4 ?

5 Une personne a besoin de 38 comprimés.
Le pharmacien lui vend une boîte de 50 comprimés.
Combien de comprimés cette personne a-t-elle en trop ?

C

A Interrogations sur les tables de 6 à 9 (même activité que p. 133).

B Rechercher dans une image … *Dénombrer une collection d'objets inorganisés (même activité que page 62).* Cette situation permet aux élèves de réinvestir les stratégies découvertes dans le cas des quadrillages (pages 110 et 126) : utiliser non seulement le groupement par 10 mais aussi le groupement par 100.

C Résoudre des problèmes variés énoncés de façon classique.

A

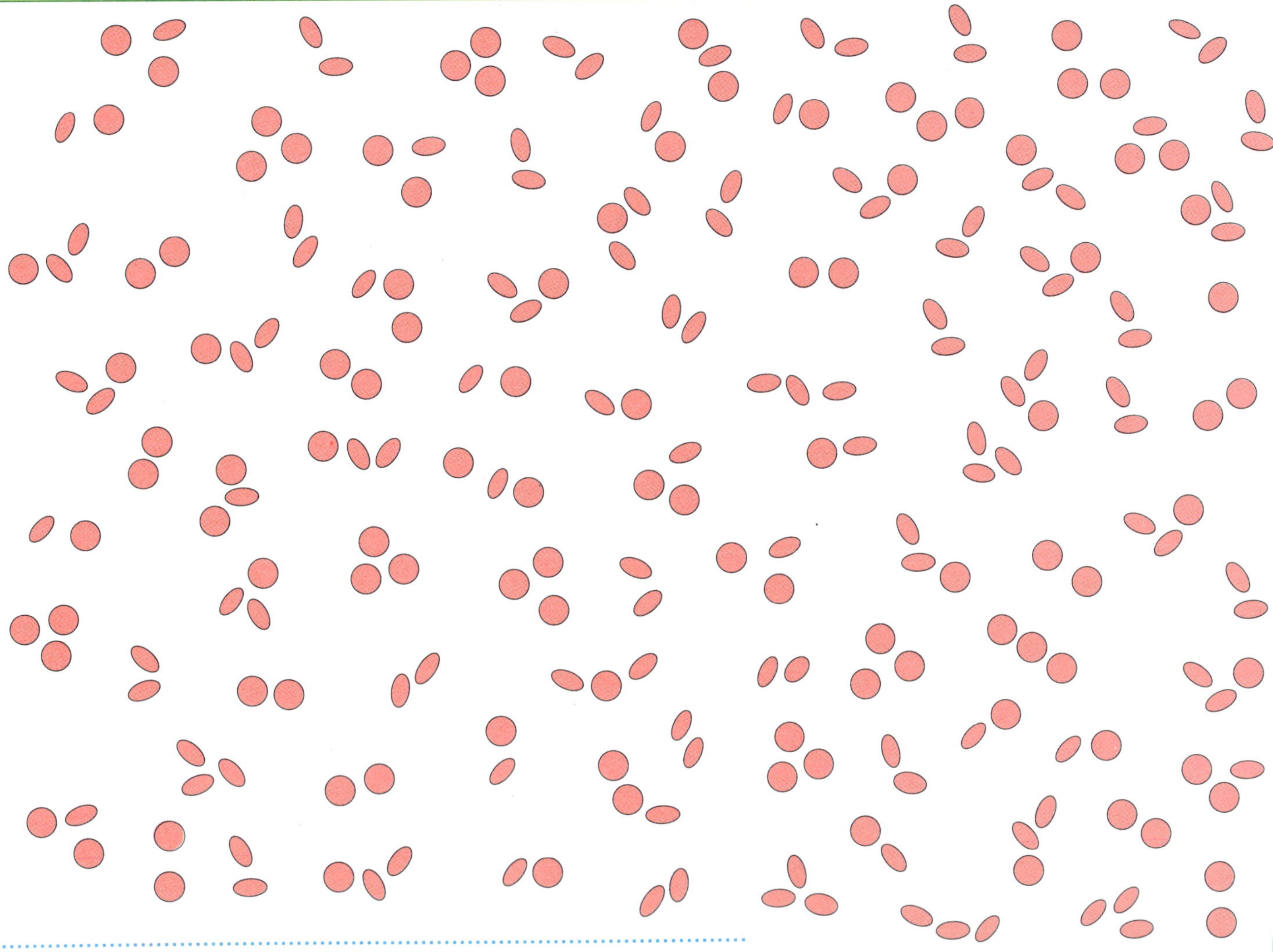

B

Problèmes à résoudre sur le cahier

Ecris une égalité ou fais un schéma.

1 Une navigatrice a fait le tour du monde. Elle a navigué sur les océans pendant 10 semaines.

Pendant combien de jours a-t-elle navigué ?

2 Mourad est venu à l'école avec 5 billes. A la récréation, il a gagné des billes. Maintenant, il a 47 billes.

Combien de billes Mourad a-t-il gagnées ?

3 Dans une école, il y a 112 élèves. La moitié de ces élèves sont des filles.

Combien de garçons y a-t-il dans cette école ?

4 Dans un train, il y a 542 voyageurs. A une gare, 128 voyageurs descendent et 10 voyageurs montent.

Combien de voyageurs y a-t-il maintenant dans le train ?

5 Pour l'école, le directeur a acheté 20 cahiers à 7 F le cahier et 4 dictionnaires à 236 F l'un.

Combien ont coûté tous ces achats ?

C

A Calcul oral de multiplications d'un nombre de 2 ou 3 chiffres par un nombre de 1 chiffre dans des cas faciles comme : 108 × 2, 201 × 3, 20 × 3, 4 × 20, 105 × 3, 3 × 30, etc. Dans le cas des nombres de 3 chiffres, le chiffre des dizaines est 0 et on multiplie par 2 ou 3.

B Chercher dans une image ... *Voir note page 134.*

C Résoudre des problèmes variés énoncés de façon classique.

A

Calcule "à la main".

```
   3 7
+ 6 2 4
+   4 8
-------
............

  3 4 1
x     6
-------
............

  8 4 5
- 4 7 3
-------
............
```

Vérifie tes calculs avec une calculatrice.

37 + 624 + 48		341 x 6		845 - 473	
J'appuie sur ...	Je vois ...	J'appuie sur ...	Je vois ...	J'appuie sur ...	Je vois ...
ON →		C →		C →	
3 →		3 →		→	
7 →		4 →		→	
+ →		1 →		→	
6 →		x →		→	
2 →		6 →		→	
4 →		= →		→	
+ →		→		→	
4 →		→		→	
8 →		→		→	
= →		→		→	

B

Calcule avec la calculette et vérifie "à la main".

439 + 386 = ...   437 x 5 = ...

683 - 475 = ...   45 + 569 + 626 = ...

439 + 386 = ...

437 x 5 = ...

683 - 475 = ...

45 + 569 + 626 = ...

C

Barre les mesures impossibles.

Une fenêtre

19 cm
19 m
1 m 90 cm

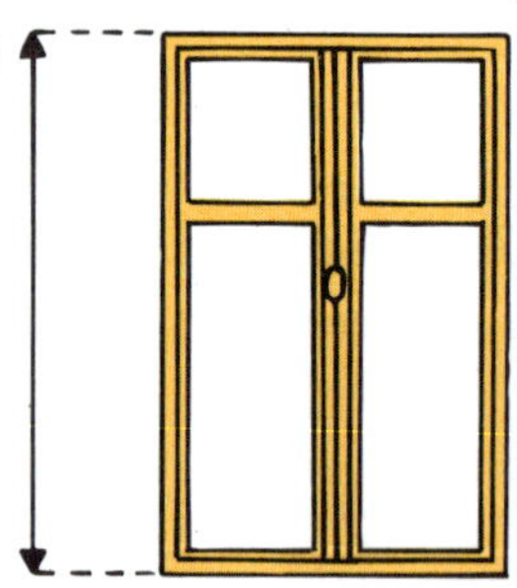

Un taille-crayon

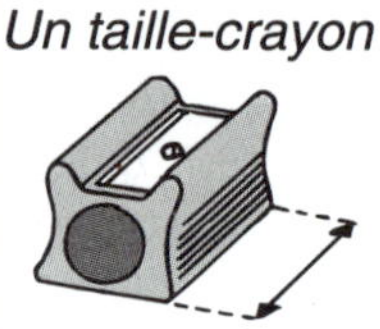

3 m
3 cm
30 cm

Une paire de lunettes

12 m
12 cm
1 m 20 cm

Une chaise

4 m
4 cm
40 cm

D

A Interrogations sur les tables de 6 à 9 : même activité que page 133.

B En partant d'opérations déjà effectuées "à la main", découvrir la relation entre les actions successives sur les touches d'une calculette et ce qui s'affiche sur son écran.

C Comparer calculs à la calculette et calculs "à la main" : les écarts entre les résultats peuvent souvent s'expliquer par des erreurs de manipulation de la calculette.

D Développer l'intuition de ce que sont 1 m et 1 cm : même activité que p. 132.

A

Ces deux calculs ont été effectués avec une calculette qui a des parenthèses.
Peux-tu expliquer pourquoi les résultats sont différents ?

4 + (6 x 2) = 16 .... (4 + 6) x 2 = 20 ....

J'ai appris: Dans les opérations où il y a des parenthèses, je calcule **d'abord l'intérieur des parenthèses.**

Calcule ces opérations. Si tu disposes d'une calculette qui a des parenthèses, utilise-la pour vérifier tes calculs.

(12 - 2) x 3 = ...	10 x (7 - 5) = ...	(8 - 5) - 2 = ...
....	....	....
12 - (2 x 3) = ...	(10 x 7) - 5 = ...	8 - (5 - 2) = ...
....	....	....

Dans ces calculs, les parenthèses ont été effacées.
Place les parenthèses au bon endroit.

10 x 2 + 4 = 60	2 x 5 + 3 = 16	2 x 4 + 3 = 14	9 - 2 x 2 = 5
3 + 7 x 2 = 20	34 - 4 x 2 = 60	2 x 10 - 7 = 6	10 x 6 - 4 = 20

B

Quelle heure est-il ?

. . : . .

Il est .... h et .... mn.

. . : . .

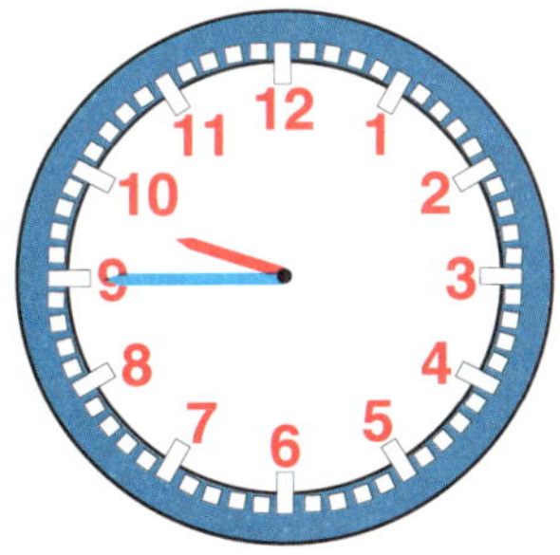

Il est .... h et .... mn.

Dessine les aiguilles.

10 : 10

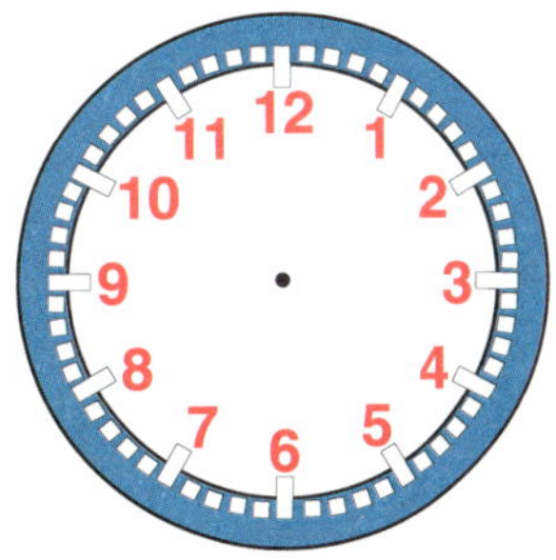

Il est .... h et .... mn.

10 : 55

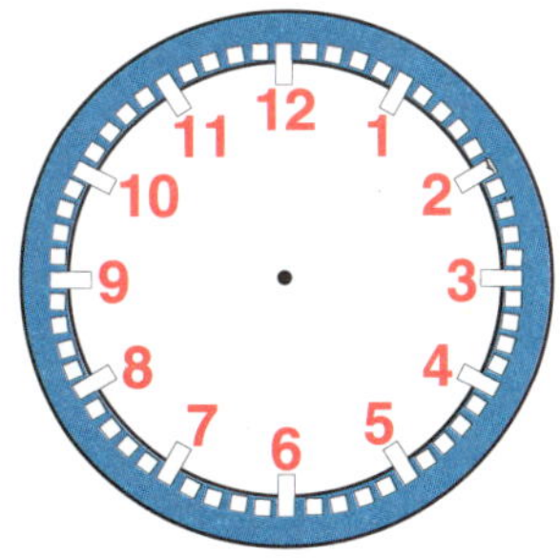

Il est .... h et .... mn.

C

A Interrogations sur l'ensemble de la table de 6.

B Bien que deux opérations comportent les mêmes nombres et les mêmes signes, les résultats peuvent varier suivant la disposition des parenthèses (bien évidemment, la calculette à parenthèses n'est pas indispensable au déroulement de l'activité). Pour chaque calcul, les enfants peuvent soit utiliser un arbre, soit réécrire des égalités.

C Lecture de l'heure : entretien.

A

Voici l'emploi du temps d'une journée de Mathieu. Complète les phrases et place les aiguilles.

0 h (minuit)	Sommeil
7 h	Toilette et petit déjeuner
8 h	Trajet pour l'école
8 h 30	Classe
10 h	Récréation
10 h 15	Classe
11 h 30	Repas
13 h	Classe
14 h 45	Récréation
15 h	Classe
16 h	Etude, devoirs
17 h 30	Retour de l'école et jeux
19 h	Repas
19 h 45	Toilette
20 h	Lecture
21 h	Sommeil
24 h (minuit)	

A 6 h Mathieu ....

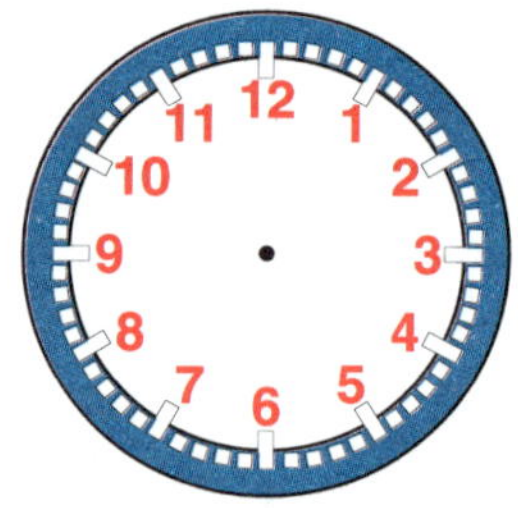

A 9 h 15 Mathieu ....

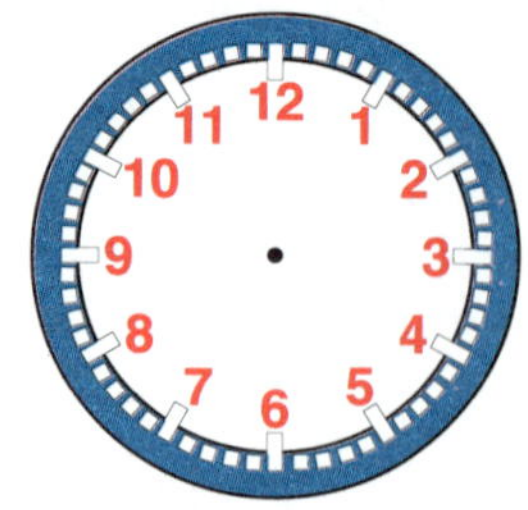

A 12 h (midi) Mathieu ....

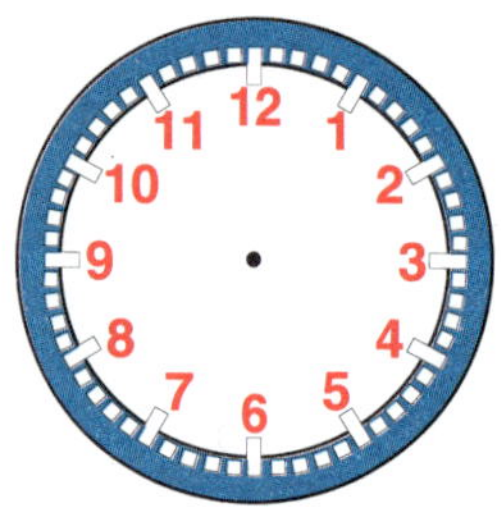

A 13 h Mathieu ....

A .... Mathieu ....

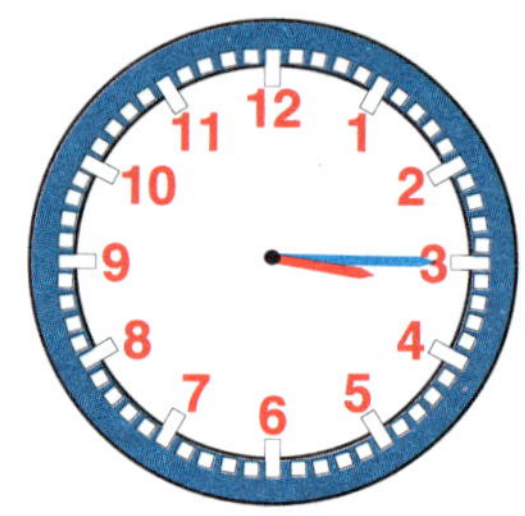

A .... Mathieu ....

► Que fait Mathieu à 8 heures ?

....

Quelle heure est-il une heure plus tard ?

....

Que fait-il alors ?

....

► Que fait Mathieu à 18 heures 15 ?

....

Quelle heure est-il une heure plus tard ?

....

Que fait-il alors ?

....

► Combien de temps met-il pour faire sa toilette et prendre son petit déjeuner ? ....

Combien de temps met-il pour aller à l'école le matin ?

....

Combien de temps les récréations durent-elles dans l'école de Mathieu ? ....

En tout, dans une journée, combien de temps Mathieu dort-il ?

....

J'ai appris :
- Dans une journée, il y a 24 heures.
- Une heure après 13 h 15, il est 14 h 15.

B

[A] Interrogations sur la table de 6 et sur les "carrés" : 7 fois 7, 8 fois 8 et 9 fois 9.

[B] Comprendre l'heure en tant que durée. On commence par : *1 heure après 8 h 15, la grande aiguille a fait un tour, il est 9 h 15.* L'autre type de problème : *quelle durée entre 8 h 15 et 9 h 15 ?* est plus difficile et n'est abordé que dans des cas simples (7 h - 8 h - 8 h 30, ...).

A

Combien y a-t-il d'argent en centimes (c) ?

Il y a .... c ou encore .... F.

Explique ton résultat en écrivant une égalité.

(..... x .....) + (..... x .....) + (..... x .....) = ...

Combien y a-t-il d'argent en centimes ? ....

Entoure des groupes de pièces qui équivalent à 1 F et complète.

205 c = ... F c

J'ai appris:

340 c = 3 F 40 c
car 340 c'est 3 fois 100 plus 40
340 = (3 x 100) + 40

B

Combien d'argent y a-t-il en francs et centimes ?

235 c = ... F c
car 235 = (........ x 100) + ...

465 c = ... F c
car 465 = ...

605 c = ... F c
car 605 = ...

400 c = ...
car 400 = ...

Combien d'argent y a-t-il en centimes ?

1 F 25 c = ... c

3 F 95 c = ... c

7 F 5 c = ... c

7 F 50 c = ... c

8 F = ... c

C

Calcul en colonnes (tu peux te servir des tables).

1 1 2	2 6 3	5 7
x 5	x 3	x 4
....	....	....

Pose et calcule (tu peux te servir des tables).

160 x 5   26 x 7   108 x 9

D

Barre les mesures impossibles.

Une page de "J'apprends les maths"

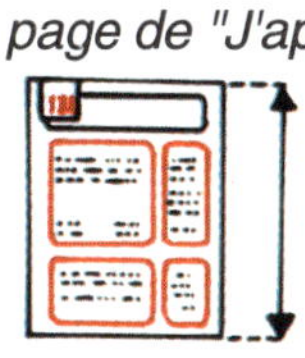

3 m
3 cm
30 cm

Une gomme

4 cm
40 cm
4 m

Le tableau d'une classe

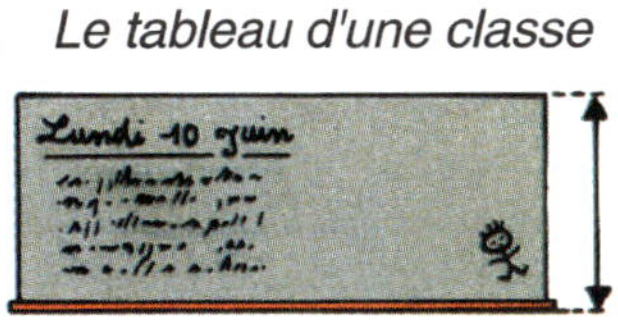

12 m
1 m 20 cm
12 cm

E

A Calcul oral de soustractions "en avançant" : même activité que page 89.

B et C Il faut 100 centimes pour faire 1 F. Conversions de sommes (des centimes au franc et du franc aux centimes) en s'appuyant sur les connaissances en numération.

D Multiplications en colonnes : entretien.

E Développer l'intuition de ce que sont 1 m et 1 cm : même activité que page 132.

Masses : kilogramme et gramme. Le compas

A

Observe :

1 kilogramme (1 kg), c'est lourd comme ...

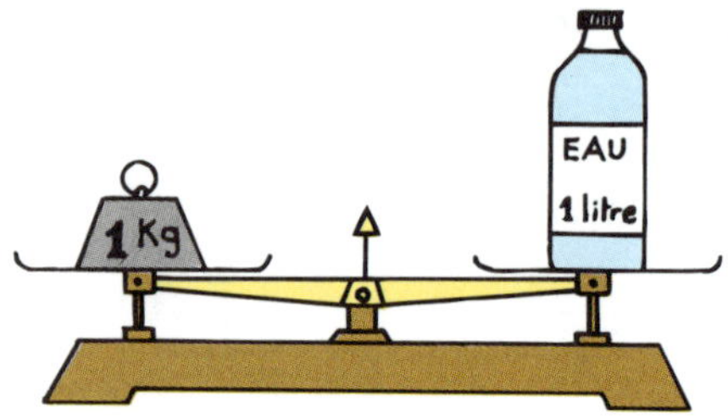

1 litre d'eau

1 gramme (1 g), c'est lourd comme ...

1 trombone

1 kilogramme (1 kg), c'est lourd comme ...

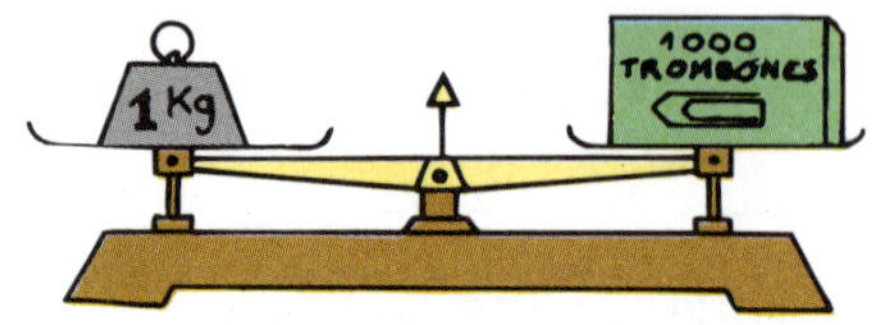

1000 trombones ou 1000 grammes

Réponds

Mathieu, qui pèse 27 kilos, est lourd comme .... litres d'eau.

Un pot de yaourt, qui pèse 125 g, est lourd comme .... trombones.

Mathieu, avec la boîte de 1000 trombones dans la main, pèse .... kilos.

B

Observe ces objets.

Observe les 3 exemples.
Imagine la position des deux plateaux et du fléau dans les autres cas et dessine-les.

1 plaquette de beurre	300 trombones	1 kilo	2 pots de fromage blanc	1500 grammes	2 kilos
1 kilo	3 boîtes de thé	1 boîte d'allumettes	40 trombones	1 plaquette de beurre	1 boîte de maïs et 1 boîte de thé
4 boîtes d'allumettes	200 grammes	2 boîtes de maïs	500 grammes	10 boîtes de thé	1 paquet de riz

C

A Calcul oral de soustractions "en reculant" : même activité que p. 83.

B et C A l'aide de la balance Roberval et du trébuchet, approche intuitive du kg et du g et équivalence du kg avec une masse de 1000 g. L'expression *"un kg, c'est lourd comme 1000 trombones de 1 g"* est moins abstraite que l'expression *"un kg, c'est 1000 g"*.

A

Prends ton double décimètre et réponds.

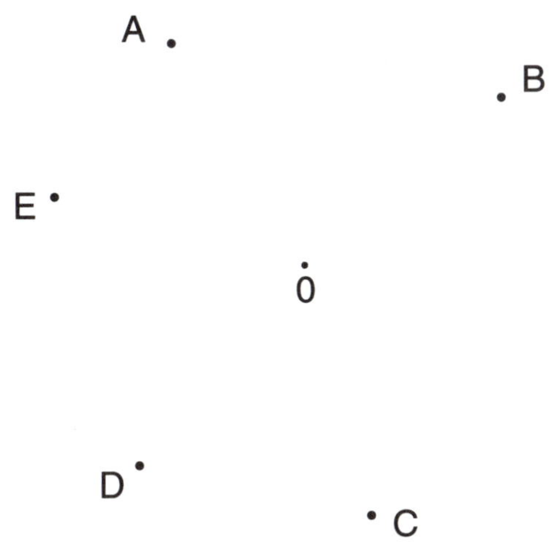

Le point A est à .... cm du point 0.
Le point B est à .... cm du point 0.
Le point C est à .... cm du point 0.
Le point D est à .... cm du point 0.
Le point E est à .... cm du point 0.

Dessine quinze autres points à 3 cm du point 0.
Que remarques-tu ? ....
....

Prends ton compas et joins tous ces points.

J'ai appris : Pour tracer un cercle avec le compas, l'écartement des branches ne doit pas changer. J'appuie assez fort sur la pointe et légèrement sur le crayon.

B

Observe la rosace que voici
et trace la rosace qui passe par ces points.

On a commencé
cette chenille.
Termine-la.

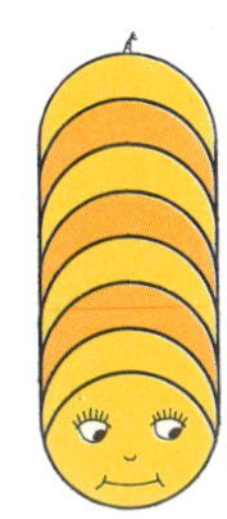

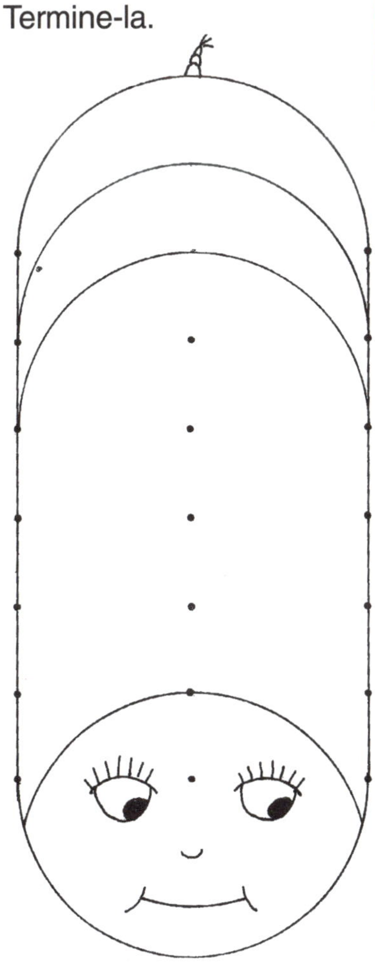

C

A Interrogations sur les tables : même activité que page 138.

B et C Apprendre à utiliser un compas. On commence par prendre conscience qu'en déterminant différents points situés à égale distance d'un point donné on a ébauché un cercle. Cette distance constante correspond à celle qui existe entre la pointe et la mine du compas. On peut introduire le vocabulaire "centre" et "rayon".

A

Continue de colorier comme on a commencé.
Détache l'étoile et le "S" blanc qui sont à la fin de ton fichier,
et termine le pavage en suivant avec ton crayon le contour de ces pièces.

Détache les carrés et les triangles, cherche différents pavages qui les utilisent et reproduis ici celui qui te semble le plus beau.

B

A La table de 7 et les "carrés".

B Découverte progressive d'un pavage complexe. Les enfants peuvent préalablement réaliser ce pavage avec les pièces prédécoupées du fichier. Puis construction libre avec des carrés et des triangles équilatéraux.

bilan terminal
4e période

Pose et calcule.

649 - 27 = ...

384 - 219 = ...

526 - 143 = ...

Pose et calcule.

243 x 3 = ...

219 x 4 = ...

141 x 6 = ...

Calcule
(tu peux te servir des tables).

5 x 9 = ...	7 x 6 = ...
4 x 6 = ...	8 x 9 = ...
6 x 3 = ...	8 x 6 = ...
10 x 7 = ...	9 x 7 = ...

Calcule.

5 x (3 + 7) = ...

(13 - 4) x 2 = ...

(10 x 6) + 5 = ...

29 - (6 + 2) = ...

Quelle heure est-il ?

. . : . .

Il est ..... h et ..... mn.

Dessine les aiguilles.

08 : 20

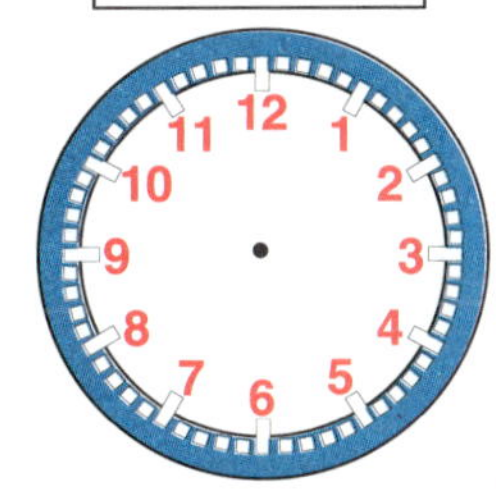

Il est ..... h et ..... mn.

08 : 55

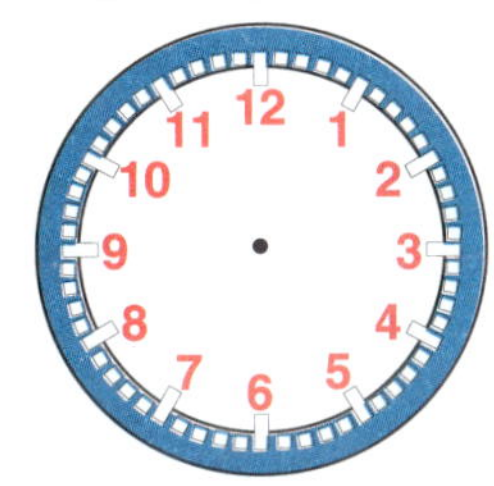

Il est ..... h et ..... mn.

Problèmes à résoudre sur feuille

Ecris une égalité ou fais un schéma.

1 ▶ Le 14 juillet, 4 enfants se partagent en parts égales un paquet de 50 pétards.

Combien de pétards aura chaque enfant ?
Restera-t-il des pétards ?

2 ▶ Au bord d'une route, il y avait 286 arbres. Mais on a abattu 59 de ces arbres qui étaient malades.

Combien d'arbres y a-t-il maintenant au bord de cette route ?

3 ▶ En un an, Madame Duroi a acheté 215 journaux à 6 F le journal.

Combien d'argent a-t-elle dépensé en un an pour l'achat de tous ces journaux ?

4 ▶ Un berger compte les bêtes de son troupeau. Il trouve 114 brebis, 6 béliers et 47 agneaux.

Combien de bêtes y a-t-il dans ce troupeau ?

5 ▶ Mikaël voudrait acheter un disque qui coûte 83 F. Mais il n'a que 6 F.

Combien d'argent lui manque-t-il ?

Au dos des cahiers, on voit souvent des tables de multiplication complètes, mais c'est avec celles-ci que tu apprendras le mieux. **Ne les complète pas !**

J'apprends les tables de multiplication

Dans la table de 4, les nombres vont de 4 en 4 : *4, 8, 12, 16, 20 ...*

*Si je veux savoir combien font **4 fois 6** ...*
*... je cherche dans la **table de 4**, à la **6e case**. Après 20, c'est 24.*

*Si je veux savoir combien font **4 fois 9** ...*
*... je cherche dans la **table de 4**, à la **9e case**. Avant 40, c'est 36.*

Table de 3

3 fois 1	3 fois 2	3 fois 3	3 fois 4	3 fois 5
3	6			15
3 fois 6	3 fois 7	3 fois 8	3 fois 9	3 fois 10
				30

Table de 4

4 fois 1	4 fois 2	4 fois 3	4 fois 4	4 fois 5
4	8			20
4 fois 6	4 fois 7	4 fois 8	4 fois 9	4 fois 10
				40

Table de 5

5 fois 1	5 fois 2	5 fois 3	5 fois 4	5 fois 5
5	10			25
5 fois 6	5 fois 7	5 fois 8	5 fois 9	5 fois 10
				50

Table de 6

6 fois 1	6 fois 2	6 fois 3	6 fois 4	6 fois 5
6	12			30
6 fois 6	6 fois 7	6 fois 8	6 fois 9	6 fois 10
				60

Table de 7

7 fois 1	7 fois 2	7 fois 3	7 fois 4	7 fois 5
7	14			35
7 fois 6	7 fois 7	7 fois 8	7 fois 9	7 fois 10
				70

Table de 8

8 fois 1	8 fois 2	8 fois 3	8 fois 4	8 fois 5
8	16			40
8 fois 6	8 fois 7	8 fois 8	8 fois 9	8 fois 10
				80

Table de 9

9 fois 1	9 fois 2	9 fois 3	9 fois 4	9 fois 5
9	18			45
9 fois 6	9 fois 7	9 fois 8	9 fois 9	9 fois 10
				90

Table de 10

10 fois 1	10 fois 2	10 fois 3	10 fois 4	10 fois 5
10	20			50
10 fois 6	10 fois 7	10 fois 8	10 fois 9	10 fois 10
				100

Maquette de couverture et d'intérieur : **Studio Primart**
Secrétariat d'édition : **Jean-Philippe Mars**
Dessins techniques : **Claudine Piffero**
Photocomposition : **Graphic Hainaut**

N° d'éditeur 10053048 - (XIII) - 1075 - OSBV 90
Imprimé en France - Janvier 1999
Par Mame Imprimeurs à Tours (98122207)

Bientôt l'euro...

On trouve dans cet atelier :

- Un jeu pour découvrir les pays de l'euro, pages II et III
- Des activités avec l'euro*, pages IV à VII
- Des conseils aux enseignants et aux parents, page VIII
- Des cartes pour le Jeu de l'euro, et de la monnaie factice, 2 planches prédécoupées

* Il s'agit d'activités qui figurent déjà dans le fichier avec le franc comme monnaie. Chacune d'elles peut être proposée après l'activité correspondante avec le franc. *Voir aussi nos conseils page VIII.*

Les trois premières activités de cet atelier sont similaires à celles de l'atelier euro de *J'apprends les maths CP*. Seules certaines valeurs numériques diffèrent. Le caractère fondamental de ces activités justifie leur reprise au CE1.

Avant l'euro :

À partir de 2002, avec l'euro :

Connais-tu d'autres pays de l'Europe qui vont utiliser l'euro... ?
Tourne la page et joue au Jeu de l'euro : tu les découvriras tous.

A

A Pour faire comprendre la principale conséquence de la monnaie unique (suppression des monnaies nationales), on fait comparer la situation où trois personnes, de trois pays différents de la zone euro, achètent un même objet, avant et après 2002.

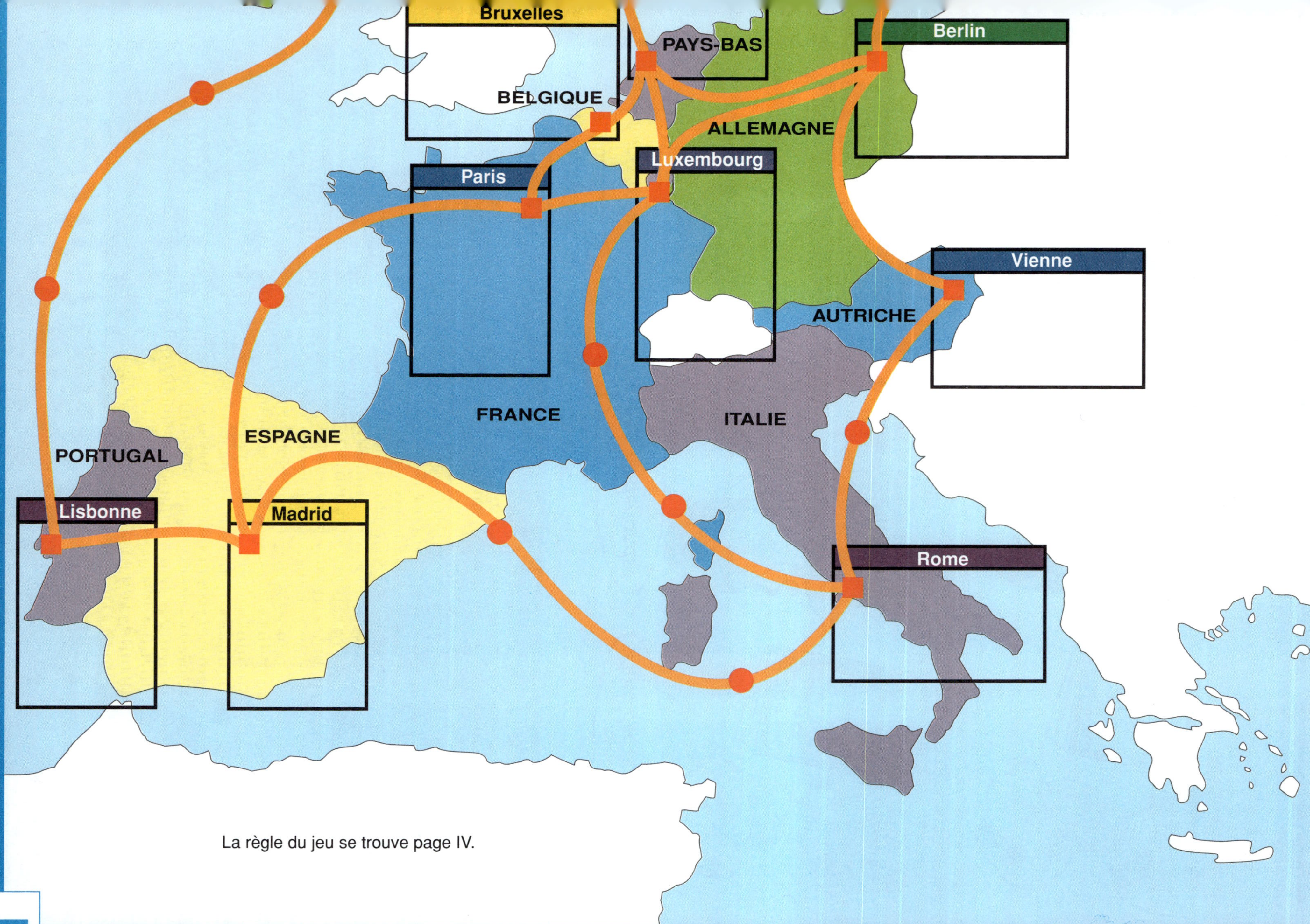

La règle du jeu se trouve page IV.

Jeu de l'euro

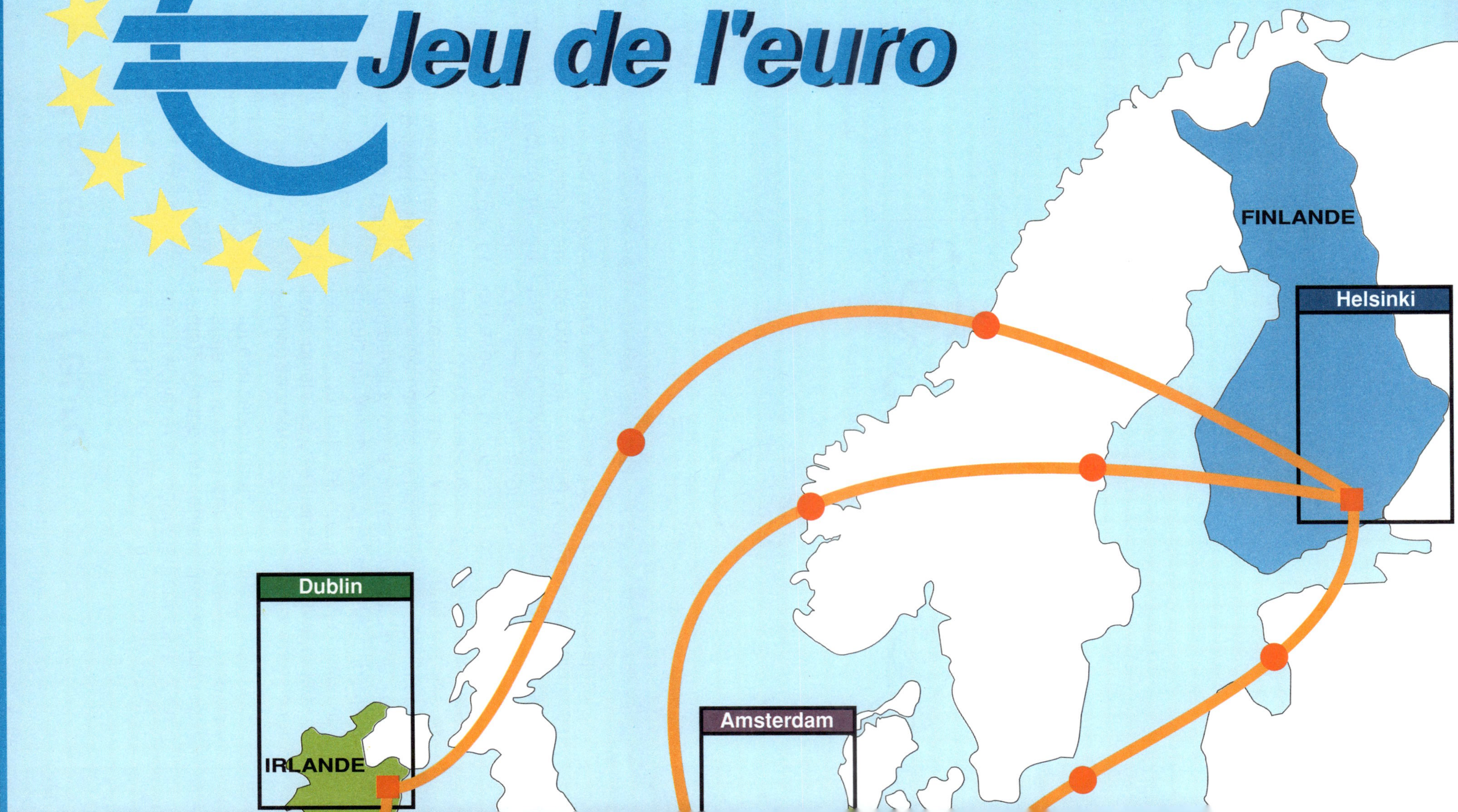

Le Jeu de l'euro

Nombre de joueurs : 2 ou plus.

Matériel : Par joueur, une piste de jeu, un pion (ou jeton), un stock de 11 « cartes postales » des capitales de l'Euro. Par groupe de joueurs, un dé reconfiguré avec deux faces , deux faces  et deux faces .

But : Le premier joueur qui a posé ses 11 « cartes postales » sur sa piste a gagné.

Déroulement : Chaque joueur place d'abord son pion sur sa piste, à Paris, qui est le point de départ (il faudra y revenir pour obtenir la carte correspondante).
À tour de rôle, chacun lance le dé et avance son pion du nombre de cases indiqué par le dé. Il va dans la direction de son choix (vers Bruxelles, vers Luxembourg ou vers Madrid). Pour gagner une carte postale, il faut s'arrêter sur une capitale (c'est-à-dire y achever un déplacement de 1, 2 ou 3 sauts). Quand un joueur gagne une carte postale, il la pose sur sa piste à l'emplacement correspondant.

Prolongements : En fin d'année, après avoir joué plusieurs fois selon le déroulement cidessus, on peut ajouter la règle suivante : quand un joueur s'arrête sur une capitale, il doit payer la carte correspondante à un « caissier » (le caissier rend la monnaie quand c'est nécessaire). Le prix de la carte est fixé au début de chaque partie. On pourra commencer avec un prix de 3 euros, puis, lors de parties suivantes, augmenter progressivement les prix. Chaque joueur reçoit alors en début de partie la monnaie factice qui lui est necessaire pour acheter les 11 cartes portales.

A

Aujourd'hui, avec :

on peut acheter un bonbon :

En 2002, avec :

on pourra acheter 6 bonbons :

et le marchand rendra des centimes d'euro (mais ce ne sera pas assez d'argent pour acheter un 7e bonbon)

Réponds par *oui* ou par *non*.

Es-tu d'accord ?

« Avec 1 euro, on est plus riche qu'avec 1 franc. » .... ____

« Avec 1 franc, on peut acheter la même chose qu'avec 1 euro. » .... ____

« 1 euro, c'est plus d'argent que 1 franc. » .... ____

« Avec 5 francs, on peut acheter plus de choses qu'avec 1 euro. » ...... ____

« Avec 8 francs, on peut acheter plus de choses qu'avec 1 euro. » ...... ____

« Avec 10 francs, on peut acheter plus de choses qu'avec 2 euros. » ... ____

« Avec 15 francs, on peut acheter plus de choses qu'avec 2 euros. » ... ____

B

A Ce jeu aide les enfants à se familiariser avec les pays de l'Europe concernés par l'euro en 2002. Dans la variante où il faut payer les cartes, les enfants sont amenés à composer des sommes de diverses manières (pour 7 euros, par exemple : 2 + 2 + 2 + 1 ou 5 + 1 + 1 ou 5 + 2, etc.). Lorsqu'il faut rendre la monnaie sur un billet de 10 euros, ce jeu favorise aussi la mémorisation des décompositions de 10.

B Bien que la notion de valeur reste difficile à saisir au CE1, on s'efforce de faire comprendre que celle du franc est inférieure à celle de l'euro en utilisant le bonbon à 1 F comme intermédiaire.

Suppose que nous soyons en 2002…
Mathilde dépense 12 euros exactement. Écris ce qu'elle peut acheter.

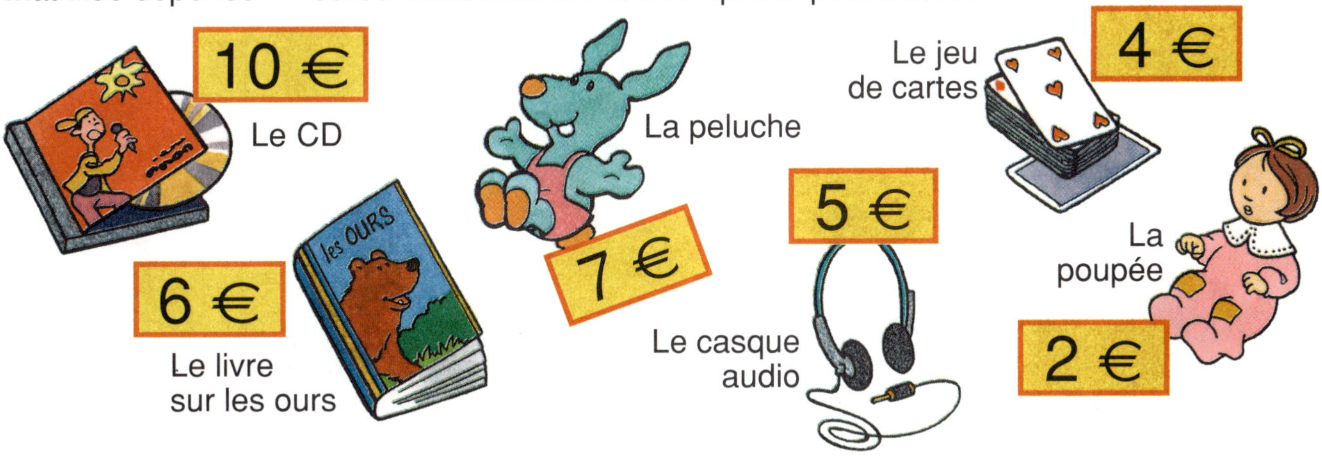

Première possibilité : ______________________

Écris l'égalité : ______________

Deuxième possibilité : ______________________

Écris l'égalité : ______________

Si tu trouves d'autres solutions, écris-les sur ton cahier.

A

Combien y a-t-il d'euros ici ?

Il y a ______________

Est-ce assez pour acheter un vélo à 61 euros ? ________

Et là ?

Il y a ______________

Est-ce assez pour acheter un jeu vidéo à 85 euros ? ________

Pour chacune de ces sommes, trouve d'autres façons de la former avec les billets et les pièces prédécoupées. Quelle est celle où l'on utilise le moins de billets et de pièces ?

B

A Activité similaire à celle de la page 14 du fichier. On pourra proposer le prolongement suivant sur le cahier : Mathilde peut acheter plusieurs exemplaires d'un même objet.
On peut donc aboutir ainsi à 12 = 4 + 4 + 4 ; 12 = 5 + 5 + 2 ; 12 = 2 + 2 + 2 + 2 + 2 + 2, etc.

B Décompositions décimales : sommer des « dix ». Cette activité peut être proposée après celles de la page 21 du fichier.

Forme la somme d'argent nécessaire pour acheter l'objet que le maître désigne.

29 €
L'encyclopédie des animaux en 2 volumes

La boîte à magie
31 €

38 €
Le baladeur

Le jeu de construction
45 €

La paire de rollers

62 €

48 €
La tenue de judo

74 €
Le VTT

L'appareil photo
89 €

66 €

La guitare

A

A Cette activité ne peut être proposée qu'après la page 45 du fichier. Elle peut prendre trois formes successives : 1°) en n'utilisant que des billets de10 € et des pièces de 1 € ; 2°) en utilisant le moins possible de billets et de pièces ; 3°) en faisant dessiner les pièces et les billets sur le cahier du jour, ce qui amènera les enfants à prendre conscience des pièces et billets qui existent et de ceux qui n'existent pas.

Forme la somme d'argent nécessaire pour acheter l'objet que le maître désigne.

A Même activité que page VI avec des prix qui conduisent à des décompositions avec 100. Elle peut prendre les mêmes formes successives : 1°) en n'utilisant que des billets de 100 € et de 10 € ; 2°) en utilisant le moins possible de billets et de pièces ; 3°) en faisant dessiner les billets et les pièces.

Conseils aux enseignants et aux parents

Comment bien préparer les enfants à l'euro ?

Les activités complémentaires proposées ici visent à préparer les enfants à l'utilisation de l'euro. Quels sont les objectifs d'une telle préparation ?

Un premier objectif est de *familiariser les élèves avec le « territoire » de l'euro*, c'est-à-dire les onze pays participant à la monnaie unique, et, plus généralement, de les amener à mieux connaître cette partie de l'Europe. C'est le but du « Jeu de l'euro ».

Un deuxième objectif est d'amener les enfants à comprendre que *l'euro n'a pas la même valeur que le franc*. Ce n'est pas parce que 1 = 1 que 1 euro = 1 franc.

Pour les adultes, c'est la principale difficulté engendrée par le changement de monnaie. Afin de se donner une idée de la valeur des marchandises libellées en euros, au moins dans un premier temps, ils feront la conversion euros → francs (il faut multiplier par 6,6 environ).

Mais ces conversions ne sont pas du tout à la portée des enfants de 7 - 8 ans. De plus, comme ils n'ont pas encore de bonnes connaissances sur la valeur des marchandises exprimées en francs, elles n'auraient guère de sens pour eux et risqueraient plutôt de retarder leur familiarisation avec les valeurs exprimées en euros.

Pour faire saisir qu'il y a une différence de valeur entre le franc et l'euro, nous avons privilégié la situation suivante : on compare ce qu'on peut acheter avec 1 franc et avec 1 euro en prenant le bonbon à 1 F comme intermédiaire (voir page IV de ce cahier).

Un troisième objectif est *d'amener les enfants à réutiliser, avec les euros, les connaissances* qu'ils acquièrent au cours du cycle 2, *dans le maniement de la monnaie* avec les francs.

Or, pour un enfant de 7 ans, il n'est pas évident *a priori* qu'avec l'euro, « ça marche pareil » qu'avec les francs. C'est pourquoi nous avons repris, avec l'euro, plusieurs activités sur la monnaie qui figurent dans le fichier du CE1 avec les francs. C'est par exemple le cas des problèmes dans lesquels un prix total et celui de divers objets sont donnés et où il faut chercher plusieurs façons d'aboutir au prix total (activité [A] page V). Ou encore, de l'usage de la monnaie pour l'apprentissage des décompositions d'un nombre sous la forme : 10 + 10 + 10 + 10 + 10 + n ou 100 + 100 + 100 + 10 + 10 + n (pages VI et VII).

Un quatrième objectif est d'*éviter que l'appropriation de cette nouvelle monnaie ne perturbe un apprentissage fondamental, celui de la numération décimale.*

En effet, la manière dont est noté le centième d'euro sur les pièces correspondantes (« cent ») est susceptible de gêner cet apprentissage du fait que le même mot « cent » désignera deux notions très différentes : la centaine, d'une part (100), et le centième d'euro, de l'autre (0,01 €).

Le fait qu'un même mot ait des sens différents rend les énoncés ambigus. Si un énoncé mathématique comporte le mot « cent », l'attention que l'enfant va consacrer à lever cette ambiguïté risque de manquer à la compréhension de l'énoncé lui-même. La polysémie du mot « cent » peut ainsi faire obstacle à la compréhension en mathématiques.

Aussi conseillons-nous de ne *jamais* employer, ni à l'oral, ni à l'écrit, le terme « cent » pour désigner le centième d'euro. Rappelons que l'écriture et la prononciation « centime » ou « eurocentime » sont autorisées. Elles doivent, selon nous, être systématiquement utilisées, ainsi que l'abréviation « c. » (lue « centime » et non « cent »).

De même, *on se méfiera d'une utilisation pédagogique des pièces en eurocentimes.* En effet, celles-ci comportent le mot « cent », écrit en toutes lettres sur la face qui indique la valeur de la pièce. Conformément à la recommandation précédente, il faudrait que l'enfant, qui voit « cent » sur la pièce, pense et prononce « centime ». Le mot « cent » devrait donc fonctionner sur cette pièce comme abréviation de « centime ». La difficulté est importante car cette situation est comparable à la suivante : l'enseignant donne à un jeune enfant un schéma du corps humain pour qu'il en apprenne les différentes parties, mais sur ce schéma, on utilise « cou » comme abréviation de « coude » !

En résumé, le choix de dénommer à l'identique la centaine et le centième d'euro rend notre façon de « parler » les nombres ambiguë. Pour favoriser chez les enfants la compréhension des énoncés comportant le mot « cent », nous conseillons aux éducateurs de s'astreindre à la rigueur d'expression que nous venons de décrire.

Les auteurs

Cartes du Jeu de l'euro

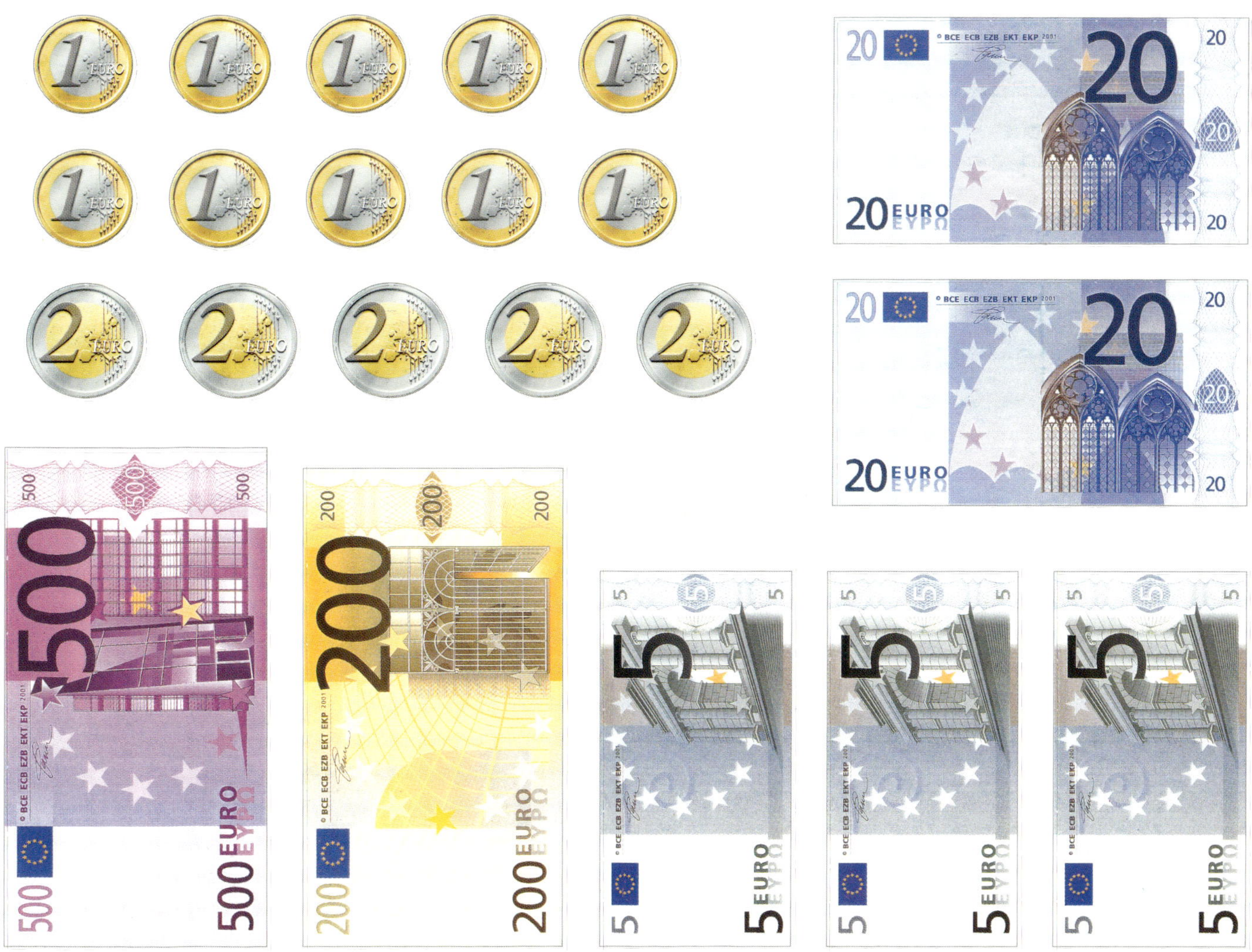

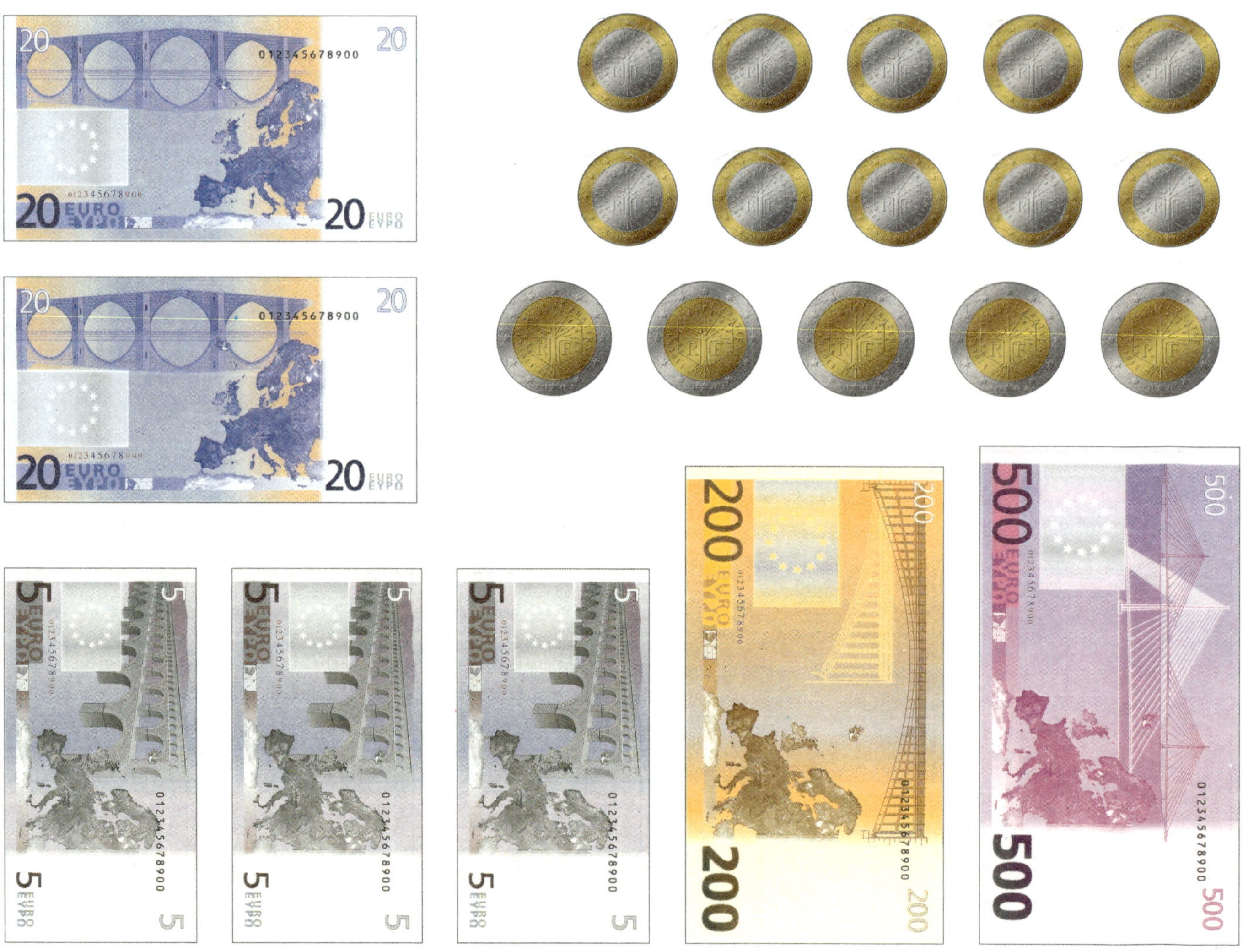
20 EURO
5 EURO
200 EURO
500 EURO